Le Mange-Tout

타니 노보루 셰프의
비스트로풍 완전 레시피

누구나 쉽게 만드는 프랑스 요리 레시피 **120**

타니 노보루 지음 | 최선영 옮김

시그마북스

여는 글

맛있는 요리는 진정한 행복의 기초다

― 오귀스트 에스코피에* ―

'레스토랑의 요리는 시대와 함께 변한다. 가장 중요시하고 싶은 건 가정 요리와 향토 요리다'. 지금도 소중하게 간직하고 있는 은사님의 말씀입니다.

이 책에서 소개하고 싶은 것은 이 말처럼 마음에 남는 요리, 가정에서 여러 번 만들어보기를 바라는 요리, 무엇보다 저 자신이 좋아하고 소중하게 여기는 요리입니다.

프라이팬으로 굽고 소스도 곁들일 필요도 없는 아주 간단한 한 접시 요리부터, 시간을 들여 만들고 싶은 향토색 짙은 조림 요리까지. 그리고 비스트로의 단골 요리인 달걀에 마요네즈를 뿌리기만 해도 되는 전채요리나, 치즈가 녹아내리는 어니언 그라탱 수프와 같은 프랑스인의 국민 음식, 그리고 동시에 일본인의 국민 음식인 일본식 양식도 담았습니다.

이 레시피들은 제 가게인 '르 망쥬 투'에서 내놓는 요리와는 다르지만, 사고방식만은 똑같습니다. 가정에서 만들어보기를 바라는 이 요리들을 통해, 제가 프랑스 요리 셰프로서 갈고 닦아온 '맛있는 요리를 만드는 데 중요한 것'을 전부 전달하고 있으니까요.

요리에는 하나하나의 공정에 의미가 있습니다. 헛수고는 하지 않아도 괜찮으니, 중요한 것을 확실하게 몸에 익히면 좋겠습니다. 그래서 마치 제 주방에 들어와서 만드는 방법을 직접 보는 것처럼 과정을 사진으로 담아 각 작업의 의미를 전달했습니다.

우선 제가 알려드린 대로 충실하게 만들어보세요. 분명히 맛있게 만들 수 있을 겁니다.

자신만의 방법대로 해서 조금씩 오차가 생기면 마지막 마무리에서 큰 차이가 생기고 다른 요리가 되어버립니다.

다만 저는 요리책은 어디까지나 참고서라고 생각합니다. 그래서 여러분들 각자가 좋아하는 맛이나 향을 낼 수 있도록, 가능하면 심플하게 간을 하고 있습니다. 잘 된다면 '다음은 허브를 더 넣어보자, 재료나 조미료를 조금 더 첨가해보자' 하는 식으로 응용해보세요. 그렇게 자신만의 맛을 만들어가세요.

요리가 아주 잘 되었을 때 '아궁이의 여신이 미소 짓는다'라고 표현한다는데, 요리의 여신이 미소 짓고, 만든 사람도 먹는 사람도 웃음 짓게 되는……. 그런 행복한 시간에 이 책이 조금이나마 도움이 된다면, 더할 나위 없이 기쁠 것입니다.

* Auguste Escoffier: 요리의 제왕으로 알려진 프랑스 요리장.-옮긴이

타니 노보루

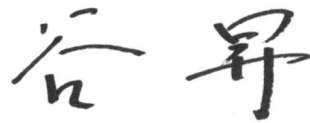

누구든지 요리를 맛있게 만들 수 있는
몇 가지 힌트

재료를 알자

채소에는 개체의 차이가 있습니다. 산지나 계절에 따라 단맛도 향기도 수분량도 다릅니다. 예를 들면, 양파는 볶을 때 물을 더하는데(p.237 참조) 햇양파는 충분히 수분을 머금고 있고, 저장해둔 양파는 저장 시기에 따라 차이는 있으나 수분이 적습니다. 그것을 고려하면서 물의 양을 조절합니다. 간을 맞추는 것도 그렇습니다. 무게가 같다고 하지만 각각의 성질에 따라 맛을 느끼는 방법이 다를 수가 있습니다. 고기도 생선도 같습니다. 당연히 각 단계에서 간을 봐야겠지만, 최종적으로는 자신의 판단을 믿으세요.

완성 후를 상상하고 나누자

양지머리 맥주 조림을 예로 들어보겠습니다. 양지머리는 조리면 2/3 정도로 줄어듭니다. 그래서 완성한 모습을 상상해서 나누는 크기를 정하는 것이 중요합니다. 특히 덩어리 고기는 모양도 크기도 제각각이기 때문에, 균등하게 나누어지지 않습니다. 고기의 특성을 잘 보고 최종적으로 부피가 같아질 수 있도록 나눕니다. 채소도 마찬가지입니다(p.239의 양파 써는 방법 참조).

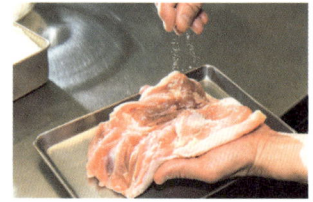

손에 쥐다

재료의 무게와 감촉을 느껴보는 것은 중요합니다. 생선도 채소도 손에 쥐면 수분이 너무 많거나, 시간이 지나서 말라 있거나 그 상태를 알 수 있습니다. 재료의 상태를 파악할 수 있다면 조절할 수도 있습니다. 즉, 실패를 막을 수 있게 되는 것이지요. 예를 들면, 닭고기에 소금을 뿌릴 때 왼손에 들고 오른손으로 뿌리는데, 저는 100인분이라도 100개 전부를 손에 쥐고 소금을 뿌립니다.

'소금후추'라는 단어는 사전에 없다

'소금후추'라는 단어는 없습니다. 소금과 후추는 절대 세트로 사용하는 것이 아닙니다. 후추는 향을 원할 때 씁니다. 저는 후추를 매우 좋아하기 때문에 제대로 사용해주기를 바랍니다. 특히 굽는 요리의 경우 고온에서 가열하면 탄내가 나고, 조림 요리에는 처음부터 넣으면 쓴맛이 남게 됩니다. 후추를 사용할 때는 필요성과 타이밍을 생각해주세요.

소금은 겹겹이 쌓는다

마지막에 소금을 한꺼번에 더하면 날이 선 맛이 납니다. 재료를 더할 때마다 조금씩 소금을 뿌리면 맛이 잘 배어 어우러지게 됩니다. 조금씩 쌓아 올린 결과는 큽니다. 자신의 감각으로 매번 소금을 더하다 보면 '너무 진해지지는 않을까' 불안해하기도 하는데 레시피가 있으니까 괜찮습니다. 소금을 미리 사용할 만큼 작은 그릇에 준비해두고 사용해보는 것부터 시작하면 어떨까요.

밑간은 어디를 먹어도 맛있도록

잘라서 담아내는 요리라면, 어디를 먹어도 균일하게 맛이 배어 있을 수 있도록 그릇 위의 모습을 생각해서 소금을 뿌립니다. 덩어리 고기라면 밑간의 단계에서부터 자르는 방향도 생각합니다. 또한 닭고기의 껍질은 소금이 침투하기 어려우므로 살코기 쪽에 확실하게 소금을 뿌리는 등 두루두루 생각해야 합니다. 부분적으로 맛이 강해지거나, 또는 조리 중에 떠내려가 버리지 않도록 재료의 특성도 고려합니다.

불필요한 것을 제거한다

거품을 걷고, 굽는 도중에 녹아 나오는 기름을 버립니다. 자주 나오는 공정이지만, 그 의미를 생각해본 적이 있습니까? 거품이나 여분의 기름을 핥아보세요. 맛이 없을 겁니다. 필요 없는 것은 주의 깊게 주저하지 않고 제거합니다. 맛있는 요리로 가는 과정 중 하나입니다.

부글부글 끓이지 않는다

조림 요리나 감자를 삶을 때, 부글부글 끓도록 불을 올리지 않습니다. 조림 냄비 안의 재료가 튀어 올라 국물이 탁하고 흐물흐물해져서 마무리도 아름답지 않으며 식감도 즐길 수가 없습니다. 조림 요리는 센 불로 하지 않는 것이 철칙입니다.

먹음직스러운 색

굽든 튀기든 저는 '먹음직스러운 색'이 중요하다고 생각합니다. 속까지 익었는지 안 익었는지는, 시간이나 탄력이나 거품의 모양이나 그 외에도 확인할 방법은 있습니다. 그렇지만 마무리 색은 그릇 위를 지배하며, 맛에도 깊이 연관되어 있습니다. 완성 후 '먹음직스러운 색'이 되는 것을 목표로 해주세요.

오감을 사용한다

요리는 눈으로 보고, 귀로 소리를 듣고, 코로 냄새를 맡고, 혀로 맛을 보고, 손으로 모든 것을 느끼는 것! 오감을 전부 사용합니다. 극단적으로 이야기하자면, 지글지글 굽는 소리나 수분이 기름에 닿아 튀는 소리를 듣고 굽는 냄새를 맡고 있다면, 한눈팔고 있어도 괜찮습니다.

맛은 기억이다

요리는 기억입니다. 경험을 쌓아서 성장해가는 것! '이럴 때는 이런 맛이구나'라고 경험하는 것입니다. 기억이 있다면 성공도 실패도 순식간에 '아 이랬구나'라고 떠올릴 수 있습니다. 즉, 다음에 이어질 실패를 피하기 위해서 맛을 봅니다. 겉보기에는 모양이 별로지만 먹어보니 그래도 괜찮은 경우도 있습니다. 그때마다 맛을 본다면 오차도 줄어듭니다. 일단 맛을 보고 경험치를 높여주세요. 위인의 말을 빌리자면, 실패는 성공을 위한 과정입니다.

차례

3   여는 글 _ 맛있는 요리는 진정한 행복의 기초다
4   누구든지 요리를 맛있게 만들 수 있는
    몇 가지 힌트

Chapitre 1
프라이팬 하나로
프랑스 요리를

12 **기본 레슨**
    맛있게 '굽기' 위한 5가지 비법
14 닭다리 소테
18 닭가슴살 허브구이
22 포크 소테
24 비프 스테이크
26 참돔 포와레
30 연어 뫼니에르
32 로스트 비프
35 ▶ 등심이 덩어리째 있다면
36 로스트 치킨
40 ▶ 닭 모양을 가다듬는 방법
41 ▶ 로스트 치킨이 구워졌다면

Chapitre 2
채소와 달걀,
일상의 맛에 통달하다

44 믹스 샐러드
47 ▶ 양상추 샐러드
48 당근 라페
50 당근 포타주
53 ▶ 당근 글라쎄

54 시금치 소테
56 파프리카 무스 │ 토마토 무스
60 감자와 양송이, 양파 버터 소테
64 기본 오믈렛
67 ▶ 프라이팬을 올바르게 잡는 방법
68 스크램블드에그
70 삶은 달걀
71 ▶ 달걀 샌드위치
    ▶ 반숙란 시금치 샐러드
72 수란
73 ▶ 수란을 얹은 멜로키아 냉수프

Chapitre 3
모두가 사랑하는 일본식 양식
비스트로 스타일

76 햄버그 스테이크
78 오므라이스
79 ▶ 치킨라이스
80 유럽식 비프카레
82 필라프
84 씨푸드 마카로니 그라탱
86 양배추롤
88 조림 햄버그
90 클램차우더
92 새우튀김
94 게살 크림 크로켓
96 감자크로켓
98 감자샐러드
    ▶ 가루 감자

Chapitre 4
비스트로풍의 기본 프랑스 요리

- 100 어니언 그라탱 수프
- 102 수프 노르망드
- 103 ▶ 미네스트로네 파스타
- 104 라따뚜이
- 106 ▶ 달걀을 넣은 라따뚜이
  - ▶ 냉파스타
- 107 프레시 라따뚜이
- 108 따뜻한 푸른 채소 샐러드
- 109 그린 아스파라거스 소테
- 110 감자 퓌레
- 111 ▶ 아시 파르망티에
- 112 감자 크림 그라탱
- 114 독일식 감자 오믈렛
- 116 감자와 소금에 절인 돼지고기 소테
- 117 아삭아삭 감자채 샐러드 | 뽐므 알뤼메트
- 118 트레디셔널 키쉬 | 오리지널 키쉬
- 120 가리비 포와레
- 121 ▶ 날개살 향채소 소테
- 122 에스카베슈
- 124 참치 타르타르 2종
  참치와 아보카도 와사비간장 타르타르
- 125 루이유풍 참치 타르타르, 프레시 라따뚜이 곁들임
- 126 연어 포와레
- 127 ▶ 연어 리에뜨
- 128 가자미 뫼니에르
- 130 바지락 마리니에르
- 132 쥐노래미 허브찜
- 134 허브 포크 소테
- 135 ▶ 견과류와 말린 과일과 돼지고기 볶음
- 136 뿔레 오 비네그레
- 138 쿠스쿠스
- 140 뵈프 스트로가노프
- 142 비토크
- 144 간단 소시지
- 146 미트 소스
- 148 ▶ 타르틴
  - ▶ 미트 소스 스파게티
- 149 ▶ 무사카풍 가지
- 150 닭다리 콩피
- 152 닭다리 콩피 로스트

Chapitre 5
일품 조림 요리 전통 요리의 저력

- 154 **기본 레슨**
  맛있게 '끓이기' 위한 5가지 비법
- 156 포토푀
- 158 양지머리 맥주 조림
- 160 닭고기 크림 스튜
- 162 소금에 절인 돼지고기 포테
- 164 ▶ 팡 그라탱
- 165 ▶ 니수아즈풍 샐러드
- 166 뵈프 부르기뇽
- 168 ▶ 간단 치즈 파스타
- 169 ▶ 외프 앙 물렛
- 170 ▶ 뵈프와 말린 과일 타르트
- 171 파트 아 퐁세
- 172 부야베스
- 174 ▶ 빠에야
  - ▶ 아로스
- 176 ▶ 해산물 무스
- 178 굴라쉬
- 180 ▶ 파프리카와 소고기 테린느

Chapitre 6
맛이 깊어지는 소스와 콩디망

유화 소스
- 184 [비네그레트 소스]
- 184 혀가자미 뫼니에르
- 186 삶은 돼지고기와 잎채소 샐러드
- 188 프라이드 치킨
- 190 [마요네즈 소스]
- 191 외프 마요네즈
- 192 바나나와 사과 샐러드
- 190 [루이유 소스]
- 193 주키니와 파프리카 샐러드
- 194 [홀랜다이즈 소스]
- 194 데친 화이트 아스파라거스
- 195 두부 그라탱
- 196 [베아르네즈 소스]
- 197 스테이크 프리트

채소 소스
- 198 [쿨리 드 토마토]
- 199 토마토 샐러드
- 200 새우 석쇠구이
- 202 [피스투 소스]
- 202 자몽 샐러드
- 204 꽁치와 사과 마리네
- 206 [토마토 소스]
- 207 가지와 양파 조림
- 208 양 등심 허브 구이

감칠맛 소스
- 210 [타프나드 소스]
- 211 돼지고기와 버섯 타르틴
- 212 오리 가슴살 로스트
- 214 [발사믹 소스]
- 214 구운 채소
- 216 돼지다리살과 뿌리채소 볶음
- 218 코틀레트
- 219 [라비고트 소스]
- 220 오징어와 셀러리 샐러드
- 221 전갱이 튀김

화이트 소스
- 222 [방 블랑 소스]
- 223 대구 바푀르
- 224 민꽃게 방 블랑
- 226 [베샤멜 소스]
- 228 콩테 치즈와 생햄 크레이프
- 226 [모르네 소스]
- 230 토란 그라탱
- 227 [알망드 소스]
- 231 수플레
- 227 [수비즈 소스]
- 232 닭고기와 버섯 프리카세

그 밖의 콩디망
- 234 [허브 퓌레]
-     [마늘 오일]
- 235 [세미 드라이 토마토]
-     [시트론 살레]
-     [마늘과 그린 올리브 콩피]

기본 테크닉

236 [루 블랑]
　　[뵈르 누와제트(태운 버터)]
237 [미로와]

채소 손질법

237 감자 삶아서 껍질 벗기기　|　양파 볶기
238 토마토 데쳐서 껍질 벗기기　|　토마토 구워서 껍질 벗기기　|　파프리카 구워서 껍질 벗기기　|　통조림 토마토 거르기　|　화이트 아스파라거스 껍질 벗기기　|　아스파라거스 손질법
239 채칼로 채 치기　|　브로콜리를 작게 나누기　|　양파 써는 법　|　줄무늬 넣기　|　모서리 깎기　|　양파·오이의 소금 밑간　|　오크라 도마 굴리기

Colonne
타니 셰프의 키친

10 　조리도구와 규칙 등
42 　기본 조미료
74 　향을 내는 조미료
182 　진하고 깊은 맛의 조미료

이 책에서의 규칙

- 큰 술 = 15mL, 작은 술 = 5mL입니다.
- 소금은 천연소금, 버터는 무염을 사용하고 있습니다.
- 올리브유라고 표기된 것은 전부 엑스트라 버진입니다.
- 단지 식용유, 또는 튀김기름이라고 기재되어 있는 것은 해바라기유, 카놀라유, 포도씨유, 현미유 등 기호에 맞는 식물성 기름을 사용해주세요.
- 밀가루의 종류는 재료표에 기재되어 있으나, 기본적으로는 강력분을 사용하고 있습니다.
- 달걀은 L사이즈*를 사용하고 있습니다.
- 닭뼈 육수는 끓는 물 1L에 닭뼈 육수 파우더(과립) 10g을 풀어 사용하고 있습니다.
- 재료표의 중량은 따로 기재되어 있지 않다면 폐기분(껍질이나 심줄, 씨, 힘줄 등)을 포함한 것입니다.
- 만드는 방법에는 채소를 씻는다, 껍질을 벗긴다, 꼭지를 제거한다 등의 기본적인 손질은 생략되어 있습니다.
- 냄비는 구체적으로 지정하지 않는 한 표기된 크기가 기준입니다. 참고해주세요. 프라이팬은 기본적으로 불소수지 코팅된 것을 사용하고 있습니다.
- 재료의 분량은 2인분, 또는 만들기 쉬운 분량입니다. 완성 사진과는 다를 수 있습니다.
- Déclinaison(파생)은 많이 만들어서 다음날에 만들고 싶은 리메이크 요리입니다. 또는 남은 식자재로 만드는 또 하나의 요리를 소개하고 있습니다.
- Bonne idée(좋은 아이디어)는 알아 두면 득이 되는 아이디어입니다, 에피소드 등 만드는 방법에서는 소개할 수 없었던 셰프의 코멘트 등을 정리하고 있습니다.

* 일본에서는 보통 64g~70g -옮긴이

조리도구와 규칙 등

냄비와 프라이팬

이 책의 요리는 전부 불소수지 코팅이 된 프라이팬을 사용하고 있습니다. 코팅된 프라이팬을 사용하면 실수가 훨씬 적습니다. 저는 가게에서도 코팅된 프라이팬을 사용하고 있습니다. 고급품일 필요는 없습니다. 저렴한 것을 사서 코팅이 벗겨지면 다시 삽니다. 그리고 레시피도 불소수지 코팅된 프라이팬을 전제로 해서 식용유 분량 등을 정하고 있습니다. 코팅하지 않은 프라이팬을 사용하고 있다면, 거기에 맞는 사용법으로 요리해주세요. 냄비는 가정에 있는 것으로도 괜찮습니다. 재질도 특별히 지정된 것은 없습니다. 이 책의 레시피에는 구체적으로 사용한 크기를 표기하고 있으므로 참고해주세요.

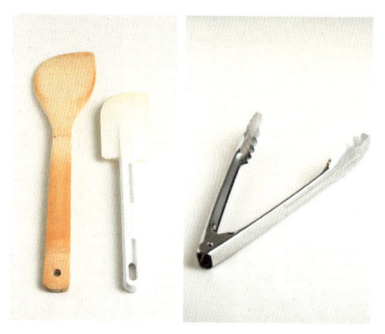

나무 주걱, 고무 주걱, 집게

나무 주걱은 필수입니다. 볶기, 섞기 등 기본적인 조리는 물론, 냄비 바닥의 감칠맛을 긁어낼 때도 활약합니다. 거르기, 섞기, 냄비 안의 요리를 남김없이 깨끗하게 옮길 때 등 고무 주걱의 유연성이 필요할 때도 있습니다. 주걱은 얇고 부드러운 편이 사용하기 편하며, 손잡이와 일체로 되어 있으면 오염물이 틈새로 들어가지 않아 위생적입니다. 집게는 나무젓가락보다 단단히 집을 수 있어 작업이 원활합니다. 빼놓을 수 없는 도구입니다.

시노와와 체

시노와는 원뿔 모양으로 그물망이 촘촘한 금속제 거름망입니다. 프랑스 요리에서 '거르는' 장면에서는 시노와가 등장하지만, 가정이라면 일반적으로 체를 대신 사용해도 좋습니다. 다만, 그물망은 가능하면 촘촘한 편이 좋습니다.

디스펜서

저는 올리브유나 드레싱 등은 언제나 디스펜서로 사용하고 있습니다. 끝부분을 원하는 대로 가늘게 자를 수가 있어서 뿌리는 정도를 조정할 수 있고, 샐러드 볼의 가장자리에 돌려 뿌릴 때도 편리합니다. 드레싱이 분리되었다면 끝부분을 막고 흔들어주면 순식간에 유화된 상태로 되돌아갑니다.

화력

가게 주방에 있는 화로는 이중으로 된 전문가용이지만, 더욱 현실적인 과정을 소개하기 위해 가정의 화력에 가깝게 안쪽의 불만 사용해 조리했습니다. '가게랑 화력이 다르니까 똑같게 만들 수는 없을지도…' 이런 걱정은 안 하셔도 됩니다.

소금 한 꼬집

'소금 한 꼬집'은 엄지손가락, 검지, 중지의 세 손가락으로 잡은 양으로, 작은술 1/5~1/4 정도입니다. 작은술 1이 6g이므로 약 1.2g~1.5g입니다. 저의 경우는 1g. 감각으로 기억하고 있어서 그때그때 재는 것은 아닙니다. 반대로 생각해서 1g이라고 한다면 한 꼬집이면 됩니다. 자신의 '한 꼬집'을 알아 두는 것이 편리합니다.

Chapitre 1

프라이팬 하나로
프랑스 요리를

프랑스 요리라 하면 '만들기가 힘들어!'라고 생각되는 대표적인 요리일지도 모릅니다. '오븐을 사용하기가 귀찮고, 소스도 곁들임도 잔뜩 있어서 집에서 만드는 건 절대 못 해!'라고 단정해버리지 않았나요? 괜찮습니다. 지금부터 알려드리는 요리는 프라이팬 하나, 냄비 하나, 직화 조리로 만들 수 있습니다. 조미료도 소금과 후추, 버터, 가끔 와인 식초가 전부입니다. 일부러 만드는 소스도, 곁들임도 없습니다. 이런 요리라면 날마다라도 만들고 싶어지지 않을까요? 맞습니다. 프랑스에서도 매일 먹는 가정 요리거든요. 이 지극히 간단한 요리를 통해서 제가 프랑스에서 갈고 닦아온 '맛있는 요리를 만드는 데 중요한 것들'을 여러분께 전해드리고자 합니다.

기본 레슨

맛있게 '굽기' 위한
5가지 비법

고기나 생선이나 굽는 테크닉은 거의 같습니다.
저는 구울 때는 기본적으로 불소수지 코팅 프라이팬을 사용합니다. 일반 가정용입니다.
오븐은 거의 사용하지 않습니다. '거짓말!'이라고 하시겠지만 정말입니다.
제가 알려드리는 대로 만든다면, 반드시 맛있게 구울 수 있습니다.

1 │ 소금을 뿌리는 것은 살코기에만, 재료가 바뀌어도 같다

'밑간할 때 소금은 살코기에만 뿌린다, 껍질에는 뿌리지 않는다' 이것이 원칙입니다. 껍질에 뿌리면 배지 않고 튕겨 나가기 때문에 구울 때 식용유로 옮겨가서 타버립니다. 이런 '탄 기름소금' 속에 재료를 구우면, 그 싫은 맛이 엉겨 붙게 됩니다. 저에게는 있을 수 없는 일입니다. 또한 살코기에 소금을 뿌린 후 가능하다면 15분에서 30분 정도 그대로 두세요. 소금이 배어 이것만으로도 간이 됩니다.

2 │ 불소수지 코팅 프라이팬은 차가울 때 재료를 넣어도 괜찮다

프라이팬을 뜨겁게 달구고 나서 재료를 넣어야 한다고 생각하시는 분들이 많습니다. 이것은 무쇠 프라이팬을 사용할 때입니다. 잘 달구어놓지 않으면 재료가 눌어붙기 때문이지요. 하지만 불소수지 코팅 프라이팬을 사용하면 괜찮습니다.

뜨거운 프라이팬에 재료를 넣으면, 순간적으로 '칙' 하는 소리가 들리지요. 이것은 재료에서 나온 단백질을 머금은 수분이 한꺼번에 증발하는 소리입니다. 아주 짧은 시간에 굽는 소고기나 얇은 돼지고기, 수분이 많은 채소는 다르지만, 껍질이 붙어 있거나 덩어리째 고기, 생선을 요리할 때는 프라이팬을 데우는 작업을 하지 않습니다. 특히 살코기는 부드럽게 가열해 감칠맛 나는 즙(수분)을 놓치지 않으면서 가장 안쪽까지 열을 가해야 하므로 서서히 온도를 올리는 편이 이치에 맞습니다.

그러기 위해서라도 고기도 생선도 굽기 전에 상온에 놓아둡시다.

3 | 굽는 방법은 재료가 바뀌어도 원칙은 그대로

구울 때는 식용유가 필수입니다. 프라이팬이 아니라, 달구어진 식용유를 매개로 해서 재료를 익히기 때문입니다.

　구체적으로는 껍질이 붙어 있는 재료는 프라이팬에 필요한 최소한의 식용유를 넣고 껍질이 아래로 가게 해서 굽기 시작합니다. 껍질이 살코기를 지켜주기 때문에 부드럽게 열이 가해집니다. 돼지고기나 소고기같이 양면 다 살코기인 경우는 그릇에 담았을 때 위로 올라가는 쪽을 아래로 합니다. 프라이팬을 앞뒤로 흔들거나, 집게로 고기를 들어 올려서 식용유를 둘러주고 재료 밑에 항상 식용유가 있는 상태를 유지해가며 굽습니다.

　프라이팬을 흔들지 않고 그대로 놔두면 어떻게 될까요? 집게로 집어 올린 고기의 밑을 봐주세요. 고기의 모양을 따라 식용유가 없어진 상태일 것입니다. 이 상태라면 곧 타버립니다. 굽는 요리를 할 때 꼭 명심해주세요.

4 | 재료에서 나오는 소리를 듣는다

구울 때는 온도도 중요합니다. 그 기준이 되는 것은 '치익치익' 하는 소리입니다. 이것은 재료에서 나온 수분이 식용유에 튀겨져 증발할 때 나는 소리입니다. 식용유가 너무 뜨거우면 음량이 크고 빠른 리듬으로, 덜 뜨거우면 작고 느린 리듬으로 소리가 납니다. 소리가 나지 않는다면 재료에 수분이 없어졌다는 증거입니다. 이때부터는 쉽게 탑니다. 이렇게 재료가 내는 소리를 잘 들으면서 구워주세요. 저는 구울 때 이 소리의 변화를 듣는 것이 가장 큰 즐거움입니다.

5 | 고기와 생선, 굽는 방법의 가장 큰 차이는 '알로제'를 하느냐 하지 않느냐

껍질이 붙어 있는 재료를 구울 때는, 기본적으로 껍질 쪽만 프라이팬에 닿게 합니다. 섬세한 살코기를 200℃ 가까운 온도에 직접 닿게 하고 싶지 않기 때문입니다. 그래서 껍질이 어느 정도 구워지면 뜨거운 기름을 떠서 재료에 뿌려가며 살코기에 간접적으로 열을 가합니다. 이렇게 해서 재료의 안쪽 부분이 단백질이 변하기 시작하는 온도 60~70℃가 되게 합니다.

　이 작업을 '알로제'라고 합니다. 다만 알로제를 하는 것은 고기뿐입니다. 생선에는 하지 않습니다. 알로제의 또 하나의 중요한 목적이 식용유에 녹아 나온 감칠맛이나 단백질을 고기로 되돌려주는 것이기 때문입니다. 생선의 경우는 비린내도 녹아 있어서, 절대 하면 안 됩니다. 또한 알로제를 할 때는 식용유가 튀는 경우가 있으니 조심해야 합니다.

닭다리를 굽는다면, 반드시 뼈가 있는 것으로!
뼛속에서 감칠맛이 우러나와 훨씬 맛있다

닭다리 소테

Sauté de cuisses de poulet

**소스도 곁들임도 없이,
가정에서 만드는 프랑스 요리는 이것으로 충분**

프렌치 비스트로의 정석, "뿔레·소테". 감칠맛을 꽉 잡아 촉촉하고 육즙이 풍부한 고기와 바삭하고 맛있고 고소하게 구워진 껍질. 굽기만 하고 소스 없이 단순한 메뉴로 꼭 즐겨보세요. 프랑스에서도 가정 요리는 이러한 스타일입니다. 소스도 곁들임도 없이. 그걸로도 충분히 맛있거든요.

닭다리살은 뼈를 발라낸 상태로 팔리는 제품이 많습니다. 그러나 정말 맛있게 먹고 싶다면, 꼭 뼈가 붙어 있는 것으로! 뼈 있는 닭다리살을 사용해주세요. 굽는 동안에 뼛속에서 감칠맛과 콜라겐이 서서히 빠져나오고, 고기에 스며들어 맛이 훨씬 좋아집니다. 식감도 촉촉해지지요. 다만, 센 불에서 서두르는 것은 금지! 절대 서두르지 마세요.

**육질이 다르면 따로따로 굽는다,
이것만으로도 요리가 간단**

그리고 닭다리살의 큰 특징이 관절의 허벅지 쪽과 정강이 쪽을 익히는 방법이 다르다는 것입니다. 허벅지 쪽은 근섬유가 가늘고, 껍질과 살코기의 사이에 얇은 힘줄이 있어서 귀찮지요. 껍질 쪽만 가열해 구워내고 싶지만, 갑자기 껍질부터 구우면 그 얇은 힘줄이 오그라들어 젖혀지며 휘어집니다. 그래서 허벅지 쪽만은 아주 가볍게 살코기 쪽에서부터 열을 가해 그 휘어짐을 방지합니다. 반면에 정강이 쪽은 자주 움직이는 부위이므로 근육질입니다. 아킬레스건이나 힘줄, 근섬유가 많이 있어서 감칠맛이 강하지만, 육질은 균일하지 않아서 의외로 촉촉하게 만들기가 어렵습니다. 이처럼 육질이 다른 두 고기를 같이 서로에게 최상인 상태로 구워내는 것은 무리! 그래서 저는 관절을 기준으로 둘로 나누어서 굽습니다. 이렇게 익히기 쉬운 상태로 만들면 요리가 간단해집니다. 그리고 맛있게 구워집니다.

재료 만들기 쉬운 분량

뼈 있는 닭다리(1개 220g) - 2개

소금 - 5g

식용유 - 2작은술

감자(껍질 있는 채로 큰 한입 크기로 자른다) - 3개

흑후추 - 적당량

🍳 지름 24cm 프라이팬

닭다리살의 묘미는 뼈가 붙어 있어야만 맛볼 수 있습니다. 꼭 뼈 있는 닭다리를 사용해주세요. 마트 정육 코너나 정육점에 문의하면 대개는 구할 수 있습니다. 없다면 뼈가 발라진 닭다리살도 괜찮습니다. 뼈가 없어도 굽는 방법은 똑같습니다.

닭다리 소테 만드는 방법

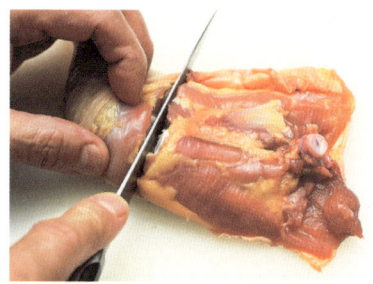

1 관절을 기준으로 허벅지 쪽과 정강이 쪽으로 나눈다.

정강이 쪽을 왼쪽으로 놓고, 앞부분의 기름 덩어리의 살코기 왼쪽(정강이 쪽)에 있는 관절을 확인 후 관절에 칼을 댄다. 이렇게 간단하게 나눌 수 있다.

- 정강이 쪽과 허벅지 쪽은 근섬유의 방향이나 들어가는 방향이 다르므로 따로따로 굽는 편이 간단.

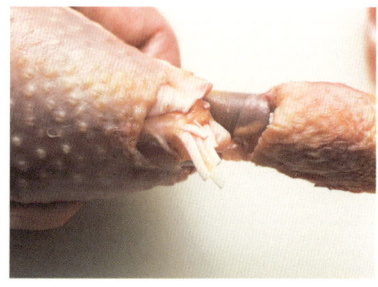

2 발목의 아킬레스건을 자른다.

정강이 쪽의 끝에서 약 2cm 부분에 칼집을 넣고 한 바퀴 돌려서 아킬레스건을 자른다. 칼끝으로 고기를 가장자리로 밀어서 둥글게 모양을 가다듬는다.

- 아킬레스건은 강하고 두꺼워서 자르지 않으면 가열했을 때 바짝 수축해 살코기가 딸려가서 굽기가 어려워집니다.

3 허벅지 쪽 살코기 부분만 소금을 뿌린다.

허벅지살 1개당 1g을 균일하게 뿌린다. 껍질에는 뿌리지 않는다.

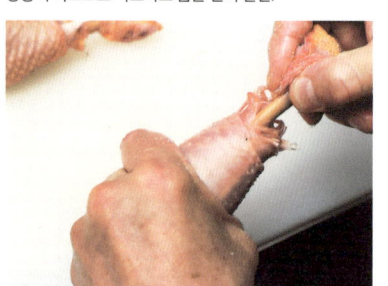

4 정강이 쪽의 단면에도 소금을 뿌린다.

정강이 쪽의 단면(살코기) 1개당 0.5~1g의 소금을 뿌린다. 전체를 손으로 여러 번 훑어서 모양을 가다듬는다.

5 허벅지 쪽부터 살짝 가열.

프라이팬에 식용유를 두르고 약하게 중간 불로 올리고 바로 3의 허벅지 쪽을 살코기 부분을 아래로 해서 넣는다. 표면이 살짝 하얗게 될 때까지 가열한다.

- 굽는 것이 목적이 아니라 살코기와 껍질 사이의 얇은 막에 살짝 열을 가해, 굽기 시작했을 때 고기가 뒤집혀 젖혀지는 것을 방지합니다.

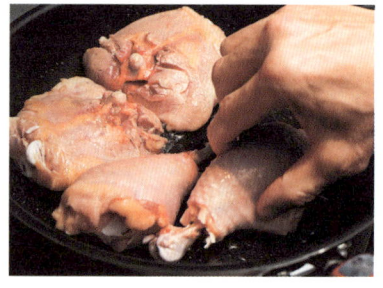

6 껍질부터 굽기 시작한다.

5를 뒤집어서, 껍질을 아래로 하고 굽기 시작한다. 정강이 쪽도 넣는다.

- 불소가공 코팅 프라이팬은 미리 달구지 않습니다. 이것은 뼈 있는 닭고기를 구울 때의 철칙입니다.

7 밑으로 기름을 흘러내리게 하며 계속 굽는다.

허벅지 쪽은 가장 튀어나온 부분을 프라이팬의 커브에 대고 집게로 들어 올려 밑으로 기름을 흘러내리게 하며 굽는다. 정강이 쪽은 노릇노릇하게 구워지면 집게로 뒤집어주고 전체적으로 굽는다.

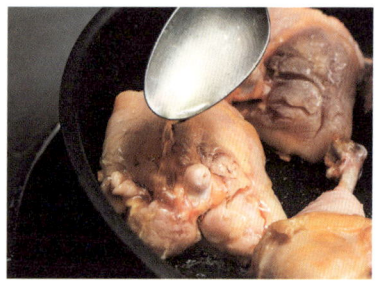

8 뜨거운 기름을 떠서 끼얹는다.

프라이팬을 비스듬히 기울여서 뜨거운 기름을 숟가락으로 떠서 닭고기에 끼얹으며 익힌다(알로제라고 함).

- 뜨거우니 화상 입지 않도록 주의해주세요. 크고 손잡이가 긴 숟가락이 안전합니다.

9 감자를 넣는다.

정강이 쪽이 어느 정도 노릇노릇해지면, 감자를 넣는다. 프라이팬을 흔들며 기름을 입혀가며 굽는다.

- 감자에도 닭고기의 맛있는 육즙을 나누어주세요. 마늘을 껍질째 넣으면 더욱 좋아요. 1쪽이든 1개 통째로든!

10 허벅지 쪽의 열 전달 상태를 확인.

허벅지 쪽을 손가락으로 눌러 탄력이 있는지 열이 안까지 전해졌는지를 확인한다. 껍질이 먹음직스럽게 노릇노릇해질 때까지 굽는다.

• 닭 껍질은 제대로 굽지 않으면 맛이 없습니다. '먹음직스럽게'라고 생각되는 바삭하고 고소한 상태가 되도록 구워주세요.

11 허벅지 쪽 다리를 꺼낸다.

허벅지 쪽이 거의 다 익으면 먼저 꺼낸다.

• 뼈가 붙은 정강이 쪽은 익는 데 시간이 걸립니다. 허벅지 쪽에 열이 너무 많이 가해지지 않도록 일단 꺼내서 마무리할 때 다시 프라이팬에 넣습니다.

12 소금을 뿌리고 더 굽는다.

소금 1g을 뿌리고 계속 굽고, 감자가 노릇노릇해지면 나무 꼬치로 찔러서 딱딱한지 확인해본다.

• 감자는 균일하게 열이 가해지지 않아도 괜찮습니다. 색도 단단함도 달라도 됩니다. 때로는 폭신폭신하게, 때로는 서걱서걱하게. 그런 맛의 다양함도 즐거움 중 하나!

13 정강이 쪽의 뼈 주변을 익힌다.

정강이 쪽의 뼈 주변에 붉은 피가 남아 있다면, 뜨거운 기름을 끼얹어가며 확실하게 익힌다.

14 허벅지 쪽을 다시 넣고, 마무리에 들어간다.

꺼낸 11을 다시 넣고, 프라이팬을 흔들어 수분을 날려가면서 굽는다.

• 여기서부터는 기름을 이용해서 익혔던 것을 철판 위에서 마무리하는 모습입니다.

15 기름을 닦아낸다.

여분의 기름을 키친타월로 깨끗하게 닦아낸다.

• 닭고기와 감자가 감칠맛을 충분히 머금고 있으므로 여분의 기름은 방해가 될 뿐입니다. 깨끗하게 닦아 내주세요.

16 감자의 구워진 색을 조절.

몇 번 더 프라이팬을 흔들며 감자에 먹음직스럽게 색이 나도록 한다.

• 내가 보고 있는 것은 감자의 색깔뿐. 닭고기는 이미 충분히 익었으니까 신경 쓰지 않아도 괜찮습니다. 기름이 없어지면서 14번부터 바뀌는 소리에도 귀를 기울입시다.

17 불을 끄고, 흑후추를 뿌린다.

불을 끄고, 흑후추를 여러 번 갈아서 프라이팬을 살짝 돌려가며 뿌려 잔열로 향기가 감돌게 한다.

• 후추를 뿌리는 것은 불을 끄고 나서부터. 다진 파슬리가 있다면 후추와 함께 더해도 맛있습니다.

Bonne idée

구워진 닭다리의 단면을 잘 관찰해보세요. 힘줄에 열이 가해져서 투명해졌을 것입니다. 이것이 콜라겐입니다. 닭이 항상 움직이는 부위라서, 이렇게 근육질이지요. 제대로 가열해준다면 닭다리의 감칠맛이 훨씬 강해지고 맛있어집니다.

17

닭가슴살은 퍼석퍼석하다? 그렇지 않습니다
부드럽고 촉촉한 본래의 육질대로 구워냅니다

닭가슴살 허브구이

Suprêmes de poulet sautés aux fines herbes

서로 다른 육질이 함께 있으므로
나누어 굽는다

닭고기에서 또 하나, 여러분들이 많이 사용하는 것이 가슴살이지요. 닭다리와 비교해서 잘 움직이지 않는 부위이므로, 육질이 부드럽고 촉촉합니다. 힘줄이 거의 없어서 같은 닭고기이지만 '마치 다른 고기인 듯'합니다.

잠깐 떠올려보세요. 가슴살이라고 해도 오른쪽이나 왼쪽, 한쪽이 솟아 올라와 있지 않나요? 좌우로 육질이 다르기 때문입니다. 닭다리 소테(p.14 참조)에서도 말했지만, 다른 육질을 함께 구우면 어느 한쪽도 맛있게 구워내기가 힘듭니다. 그렇다면 어떻게 해야 좋을까요. 닭다리 때와 똑같이 따로따로 구우면 됩니다. 간단해요. 그렇지만 너무 중요하지요.

제대로 구우면
고기가 부풀어서 커진다!?

그럼 구체적으로 어떻게 하면 좋을까요. 우선 근섬유를 살펴보지요. 근섬유가 배열된 방식이 다릅니다. 큰 쪽은 섬유가 가늘고 같은 방향으로 정연하게 들어가 있어서, 식감이 매우 복잡합니다. 작은 쪽*은 근섬유가 들어가 있는 방향이 제각각이라 식감이 푸석푸석하고 거칩니다.

그래서 가슴살은 큰 쪽과 작은 쪽을 시차를 두고 프라이팬에 넣어 굽습니다. 굽는 방법 자체는 어렵지 않습니다. 원칙대로 굽는다면, 고기의 세포막이 깨지지 않아 수분이 고기 안에 머뭅니다. 그 수분이 팽창하면서 점점 둥그스름해지고 굽기 전보다 커지지요. 그 변화도 꼭 즐겨주세요.

이상적으로 구워지면 굽기 전의 재료의 질 그대로를 살려 부드럽고 육즙이 풍부한 상태입니다. 칼로 자르면, 닭고기가 원래부터 가지고 있던 수분이 단면에서 투명한 방울이 되어 떨어지는 것을 볼 수 있습니다. 이것이 프랑스 요리에서 말하는 본래의 쥬**입니다. 일품이니 소스처럼 찍어서 남김없이 먹어보세요.

* 닭이나 오리의 양 날개로 안기는 부분에 해당하기 때문에 '안는 살'이라고 한다.-옮긴이
** jus: 육즙이라는 뜻.-옮긴이

재료 2인분

닭가슴살(1장 330g) - 2개
소금 - 6g
식용유 - 2큰술
마늘(껍질째) - 4쪽

허브
로즈마리 - 2~3 줄기
타임 - 적당량
월계수 잎 - 10장 정도

🍳 지름 24cm 프라이팬

마늘의 맛이나 향을 직접 내고 싶지 않은 경우는 껍질째 사용해, 천천히 기름에 넣어줍니다. 이 껍질을 벗기지 않은 마늘을 프랑스어로는 '셔츠 입은 마늘'이라는 의미의 아이유 앙 슈미즈(ali en chemise)라고 합니다.

닭가슴살 허브구이의 만드는 방법

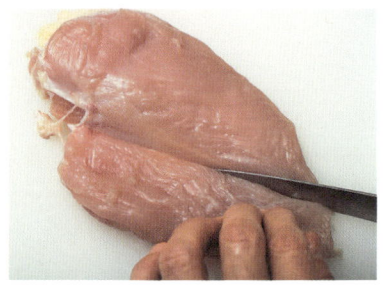

1 닭가슴살을 둘로 나눈다.

닭가슴살의 껍질을 아래로, 가늘게 점차 좁아지는 부분을 오른쪽으로 둔다. 굵은 힘줄 부분을 따라 살코기의 경계선을 잘라서 나누어 분리한다.

• 한 재료에 두 가지 요소가 들어 있는 것을 저는 좋아하지 않습니다. 먼저, 큰 살코기와 작은 살코기(안는 살)로 나눕니다.

2 큰 살코기의 굵은 힘줄을 떼어낸다.

큰 살코기에는 왼쪽 위에서 아래로 향하는 굵은 힘줄이 들어 있다. 칼은 칼날을 밖으로 향하게 쥐고 먼저 왼쪽 위의 힘줄을 고기에서 떼어낸다.

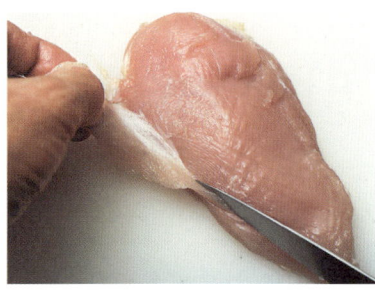

3 굵은 힘줄과 여분의 껍질을 제거한다.

왼손으로 2의 힘줄 자투리를 잡아당기면서 칼로 힘줄을 분리한다. 여분의 껍질도 잘라낸다.

• 이 힘줄은 질기고 다루기 쉽지 않으니까 꼭 제거해주세요. 제거하지 않으면 입안에서나 치아에 걸리적거립니다.

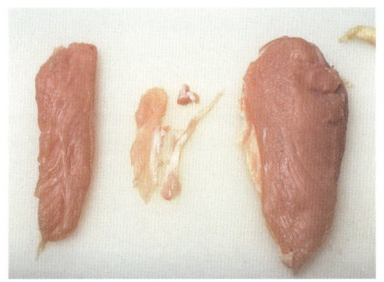

4 살코기에 소금을 뿌린다.

나뉜 상태. 오른쪽이 큰 살코기, 왼쪽이 안는 살, 가운데가 힘줄. 큰 살코기의 안쪽에 소금 2g을 뿌린다. 안는 살은 양면에 소금 약 1g 정도를 뿌린다.

• 여기에서도 힘줄에는 소금을 뿌리지 않습니다. 그것이 원칙!

5 마늘에 구멍을 뚫는다.

껍질을 벗기지 않은 마늘을 금속 꼬치나 포크로 여러 군데 찔러 구멍을 낸다.

6 식용유에 마늘 향을 입힌다.

프라이팬에 식용유 2큰술과 5의 마늘을 넣고 중간 불에 올린다. 프라이팬을 기울여서 마늘이 식용유 안에 잠기도록 한다.

• 마늘로 '프로방스의 바닐라' 향을 이끌어내기 위해 천천히, 천천히, 뜸 들이는 마음으로 익힙니다.

7 껍질에 색이 날 때까지 익힌다.

차차 마늘의 주위에서 지글지글, 보글보글하는 소리가 나며 거품이 생긴다. 거품이 잔잔해지면서 껍질이 갈색을 띠면 OK.

• 마늘에서 나오는 소리를 들어보세요. 이것은 수분이 기름에서 튀는 소리입니다. 마늘에서 수분이 나오기 시작했다는 증거이지요.

8 불을 끄고 허브를 넣는다.

불을 끄고 나서 먼저 월계수 잎을 넣고, 이어서 로즈마리와 타임도 넣는다. 기름이 튀므로 조심할 것.

9 기름에 허브의 향기를 입힌다.

뜨거운 기름을 둘러 가며, 향을 입힌다. 타임에서 나는 소리가 들리지 않게 되면 건져낸다.

• 잔열로 부드럽게, 고상한 향만 옮깁니다. 센 불에 지글지글 볶지 않습니다. 기름에 남은 자잘한 허브도 남김없이 전부 제거합니다.

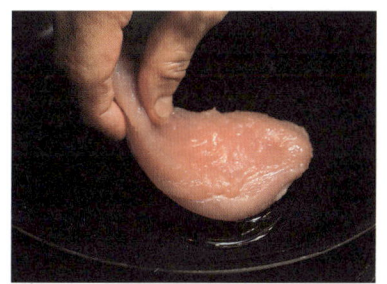

10 큰 살코기를 굽기 시작한다.

큰 살코기의 껍질을 아래로 가게 해서 9에 나란히 넣고 중간 불에 올린다.

• 아주 뜨겁게 달군 프라이팬에 넣는 것은 금물. 껍질이 순식간에 줄어듭니다.

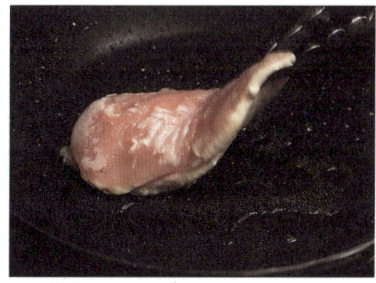

11 고기 밑으로 기름을 흘러내리게 한다.

프라이팬을 흔들며, 고기 밑으로 기름을 흘러내리게 하며 굽는다.

• 고기 밑을 보세요! 고기의 모양을 따라 기름이 없어졌을 거예요. 기름이 없는 상태에서 계속 구우면 탑니다. 항상 고기 밑에는 기름이 있게 합시다.

12 마늘을 넣는다.

11의 고기 가장자리가 살짝 하얗게 되면 9의 마늘을 넣고 함께 굽는다.

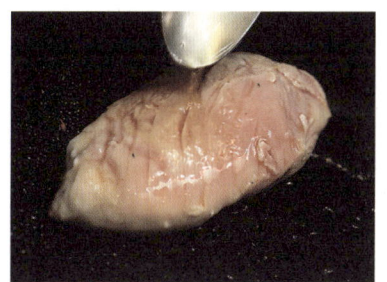

13 뜨거운 기름을 끼얹어가며 굽는다.

프라이팬을 비스듬히 기울여서 뜨거운 기름을 숟가락으로 떠서 끼얹으며 익힌다(알로제).

• 알로제의 목적은 간접적으로 부드럽게 열을 가하는 동시에 기름에서 나오는 닭고기의 감칠맛을 고기로 되돌려주어 맛있게 만드는 것.

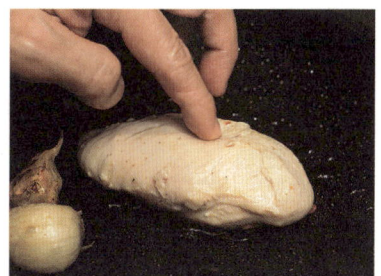

14 닭가슴살이 부풀어 오른다.

점차 고기가 둥실 부풀어 둥글어진다. 가볍게 눌러 탄력을 확인한다.

• 프라이팬의 열을 껍질이 보호해 간접적으로 열이 가해지므로 세포막이 잘 깨지지 않아 수분이 안에 머뭅니다. 그 수분이 가열되어 팽창하면서 고기가 부푸는 것이지요.

15 작은 살코기를 굽기 시작한다.

14에 탄력이 생기고 거의 익었다면 끝쪽을 갖다 대면서 작은 살코기(안는 살)를 넣고 프라이팬을 흔들면서 굽는다.

16 큰 살코기가 잘 구워지면 꺼낸다.

큰 살코기의 껍질 쪽을 확인해 먹음직스럽게 노릇노릇 구워졌다면 꺼낸다.

• 고기의 중심에는 이미 열이 가해져 있으므로 여러분이 느끼는 '먹음직스러운 색'이 되었다면 다 구워진 것입니다.

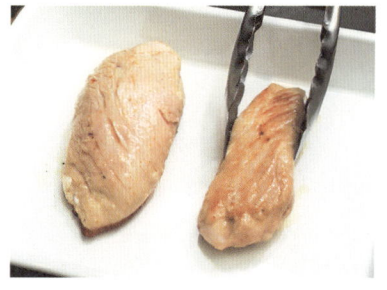

17 작은 살코기를 양면으로 굽고 꺼낸다.

작은 살코기를 양면 모두 구워서 꺼낸다. 뒤집어서 구운 면을 위쪽으로 해서 16의 큰 살코기와 함께 가능하면 따뜻한 곳에 몇 분 두어 휴지시킨다. 허브, 마늘과 함께 그릇에 담는다.

Bonne idée

시간이 있을 때 한꺼번에 구워서 얇게 썰어서 냉장고나 냉동실에 보관하면 편리합니다. 비네그레트(p.45, 184 참조)를 입혀주면 닭고기 샐러드가 되고, 프랑스 요리는 아니지만 깨소금을 뿌려도 좋습니다. 또한 갓 구운 것을 한입 크기로 썰어 믹스 샐러드(p.44 참조)에 조합해본다면 훌륭한 요리가 됩니다.

돼지고기를 굽는다면 목살!
힘줄을 자르지 않아도 된다

포크 소테

Sauté de porc

저는 돼지고기를 직접 굽는다면 목살이 좋습니다. 센 불로 단시간에 구운 후, 잔열로 부드럽게 익히면 예쁜 핑크색 속은 부드럽고 육즙이 풍부하며, 씹으면 맛이 입안에 퍼집니다. 목살은 돼지고기에서도 아미노산이 많이 함유된 부위이므로 감칠맛이 강해서 돼지고기의 참맛을 느낄 수 있지요.

오른쪽 페이지의 만드는 방법 3을 봐주세요. 고기 한 장 안에 여러 가지 육질이 있습니다. 솔직히 전부 조각내서 따로따로 굽고 싶지요. 그러나 '이런 부위이니까'라며 체념하고 그대로 사용합니다. 곳곳에 힘줄이 있습니다만, 잘라내지 않습니다. 고기의 세포막을 파괴해 안에서 맛있는 즙(수분)을 필요 이상으로 덜어내기 때문입니다. 프라이팬에 남은 맛있는 즙도, 돼지고기의 은혜이지요. 소스로 만들어서 남김없이 먹습니다.

재료 2인분

돼지 목살(약 1cm 두께, 1장 170g) - 2장
소금 - 3g
식용유 - 1 ~ 1과 1/2 큰술
흑후추 - 적당량
올리브유 - 소량

🍳 지름 24cm 프라이팬

돼지 목살은 살짝 두께가 있는 편이 맛있어서, 적어도 1cm는 되어야 합니다. 정육점에 부탁하면 원하는 두께로 썰어줄 거예요.

1 돼지 목살 양면에 소금을 뿌린다.

돼지 목살의 양면에 한 장당 소금 1.5g을 뿌리고 부드럽게 문지른다.

2 5분 정도 두어서 스며들게 한다.

살짝 놔두면 삼투압으로 고기의 표면에서 희미하게 즙(수분)이 나와 촉촉해진다. 힘줄은 잘라내지 않아도 괜찮다.

• 이것은 단백질을 포함한 수분입니다. 구웠을 때 서서히 기름에 닿아 순식간에 단백질이 응고되고 벽이 생깁니다.

3 프라이팬을 달구고 고기를 넣는다.

프라이팬에 식용유를 두르고, 센 불로 프라이팬을 돌려가며 기름 온도를 올린다. 확 연기가 나면(약 200℃), 돼지고기를 넣는다.

• 이때는 '치익' 하는 소리가 날 정도로 아주 뜨겁게 달구어주세요.

4 고기를 너무 움직이면 안 된다.

자주 고기에 기름을 끼얹거나(알로제), 집게로 들어 올리며 밑으로 기름을 흘러내리게 하며 가열한다. 너무 움직이지 않는다.

5 뒷면도 굽는다.

굽고 있는 면에 보기 좋게 노릇노릇해지면 뒤집어서, 여러 번 알로제하며 가열한다.

• 굽기의 정도는 처음에는 아래쪽(그릇에 담으면 겉이 되는 면)의 구워진 색으로 정합니다. 목살은 균일하게 구워지지 않는 부위라서 색이 고르지 못해도 괜찮습니다.

6 고기를 꺼내어 휴지시킨다.

뒷면도 익으면 꺼내서, 따뜻한 곳에 3분쯤 휴지시켜 육즙을 가라앉힌다.

7 흑후추를 뿌리고 마무리한다.

프라이팬에 기름을 두르고 중간 불에 올려서, 6을 다시 넣는다. 흑후추를 한 번 갈아 넣고, 프라이팬에도 한 번 둘러서 향을 낸다. 고기를 꺼내서 따뜻한 장소에 몇 분 정도 둔다.

• 후추는 굽기 전에 뿌리지 않아요! 향을 내고 싶으면 마무리에 뿌려주세요.

8 육즙으로 소스를 만든다.

7의 프라이팬에 소량 남은 육즙을 볼에 덜어서 올리브유를 섞는다. 7의 고기를 잘라서 그릇에 담고, 소스를 끼얹는다.

• 돼지고기의 감칠맛을 살리기 위해 올리브유는 아주 조금 향을 내는 정도로만 사용합니다.

Bonne idée

만약 구운 고기를 잘랐을 때, 설익었다면 어떻게 할까요? 뭉텅뭉텅 잘라서 다시 소테하면 됩니다. 언제나 임기응변으로! 요리에 '절대'라는 것은 없지요.

직화와 아주 뜨겁게 달군 석쇠가
맛있게 구워준다

비프 스테이크
Steak minute

얇게 썬 소고기를 굽는 것은 원래는 빠르고 간단합니다. 덩어리 고기와 다르게 직화에 1분 이내, 순식간에 스테이크로 만드는 '스테이크 미닛'이 원칙입니다. 한쪽 면을 구우면, 뒤집어서 굽고 끝이지요. 거기에 굽기 정도를 운운하는 것은 없습니다. 약한 불로 천천히 굽다가는 지나치게 구워집니다. 아주 뜨겁게 달군 프라이팬으로도 구울 수 있지만, 기본은 석쇠 위에서 직화로 굽습니다. 직화로는 800℃ 정도에서, 프라이팬으로는 대체로 200℃에서. 석쇠에 구우면 프라이팬과는 완전히 다른 향을 띠고, 먹음직스럽게 노릇노릇해집니다. 고온에 굽는 이유는 순식간에 단백질이 '눌어붙기' 때문입니다. 스테이크는 '석쇠로 굽는다'라는 마음가짐으로 만들 수 있는 요리이지요. 그 대신에 석쇠가 아주 빨갛게 될 때까지 잘 달구어지고 나서 고기를 올리는 것이 중요합니다.

재료 2인분

소 등심(1장 270g) - 2장
소금 - 4g
올리브유 - 소량

[뽐므 알뤼메트]
감자 - 적당량
튀김기름 - 적당량

🍳 **지름 24cm 프라이팬**

뽐므 알뤼메트란 감자를 성냥개비 모양으로 잘라서 바삭하게 튀겨낸 것(p.117 참조)입니다. 프랑스인이 아주 좋아하는 스테이크 곁들임입니다. 로스트 비프에도 추천합니다. 포크로는 먹기 어려우니, 손으로 드셔보시기 바랍니다.

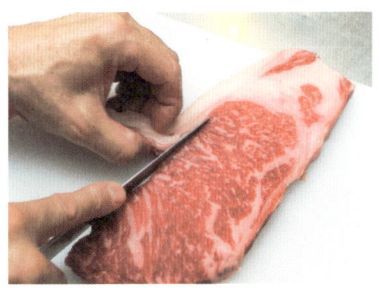

1 고기의 지방이나 힘줄을 제거한다.
소 등심의 모양을 따라, 주위의 지방이나 힘줄을 제거한다.

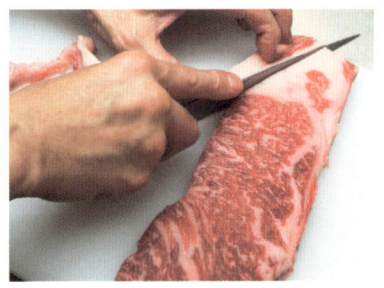

2 모양을 가다듬는다.
좁은 쪽의 지방을 조금 남기고, 모양을 가다듬는다. 지방 제거 후 무게는 180g이다. 이 마무리 형태를 뉴욕컷이라고 한다.

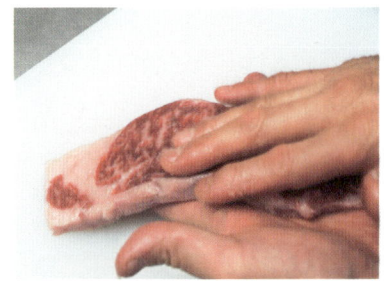

3 소금을 뿌리고 배어들게 한다.
2의 양면에 한 장당 2g의 소금을 뿌리고, 부드럽게 스며들게 해서 잠깐 둔다.

• '소금후추로 굽는다'라는 표현은 잊어버립니다! 특히 굽기 전 후추를 뿌리는 것은 금지. 굽는 동안 분명히 탑니다. 마무리 때 뿌려주세요

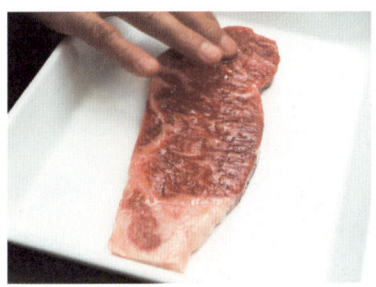

4 고기에 올리브유를 바른다.
3의 양면에 올리브유를 소량 뿌리고, 얇게 펴 바른다.

• 석쇠에 달라붙는 것을 방지하기 위한 기름입니다. 최소한으로만 사용해야 하니 양면에 얇게 바를 정도의 양이면 충분.

5 석쇠를 달구고 고기를 올린다.
석쇠를 센 불에 새빨갛게 될 때까지 달구어 4를 올린다.

• 만약 철로 된 석쇠가 있다면 사용하는 것을 추천합니다. 온도가 더 올라가기 때문에 순식간에 구울 수 있어 먹음직스러운 색이 입혀집니다.

6 단시간에 굽는다.
20초 정도 두었다가 90도로 돌리고 다시 20초 정도 굽는다. 격자무늬가 되도록.

• 굽기 정도를 생각하는 것보다는 일단은 센 불에 빠르게!

7 뒤집어서 6과 같이 굽는다.
뒷면도 단시간에 격자 모양이 되도록 굽는다.

• 격자모양의 ×자 사이 고기가 레어한 상태로 구워지는 것이 베스트!

8 마무리로 지방을 굽는다.
고기가 익으면 집게로 들어 올려서 2에 남겨둔 지방을 살짝 굽는다. 그릇에 담고 뽐므 알뤼메트를 곁들인다.

Bonne idée

홈이 패여 있는 프라이팬 타입의 그릴은 추천하지 않습니다. 굽고 있는 동안 지방이 홈에 떨어져 고이고 그 지방으로 고기가 그을리게 되면, 고기에서 냄새가 납니다.

바삭바삭한 껍질과 촉촉하게 육즙이 풍부한 살,
이 그러데이션이 이루어지면서 완벽하게 구워진다!

참돔 포와레

Pavé de dorade poêlé

굽는 것만으로도,
심플한 단골 생선 요리의 맛

프렌치 비스트로의 생선 요리라고 한다면, 흰 살 생선 포와레가 대표적입니다. 포와레는 지금은 일반적으로 적당량의 기름으로 프라이팬에 굽는 것을 말합니다. 가정이라면 토막 생선을 사용하는 것이 간편합니다. 소스도 곁들임도 필요 없지요. 이번에도 곁들일 것은 레몬뿐, 그만큼 주인공인 생선을 잘 굽는 데 집중합니다. 안쪽까지 완전히 가열해서 전체적으로 퍼석퍼석해진다면 실패입니다.

저에게 있어 가장 잘 구워진 상태의 기준은 껍질은 바삭바삭하게, 살은 놀랄 만큼 촉촉하게, 그리고 중심 5mm만 반쯤 익었고, 칼로 자르면 도미의 즙이 뚝뚝 떨어지는 상태입니다. 이런 식으로 맛이 그러데이션된다면 대성공! 도미는 특히 껍질이 질기므로 바삭하게 구워주세요.

생선에는 알로제를 하지 않아요
이것이 고기의 굽는 방법과 가장 큰 차이!

그렇다면 이런 식으로 잘 구우려면 어떻게 해야 좋을까요? 닭고기와 같습니다. 껍질은 아래로, 중간 불로 굽기만 하면 됩니다. 다만 큰 차이가 하나 있습니다. 생선은 알로제를 하지 않습니다. 닭고기는 감칠맛을 함유한 수분이 기름에 나옵니다. 그러나 생선은 비린내를 함유한 수분이 나오지요. 겨우 비린내를 뺐는데, 기름을 끼얹어 다시 되돌리는 일은 있어서는 안 됩니다. 오히려 프라이팬의 기름에서 냄새가 나는 것 같다면 키친타월로 계속 닦아내고 새로운 식용유를 더해주세요.

그리고 하나 더 '껍질을 바삭바삭하게 굽기'를 위해 뒤집개로 누르는 분들도 있습니다만, 살이 연해서 부서지거나 수분이 나와 푸석푸석해지니 하면 안 됩니다.

재료 2인분

참돔 - 2토막

소금 - 2g

올리브유 - 적당량

레몬 - 적당량

🍳 지름 24cm 프라이팬

참돔 포와레 만드는 방법

1 참돔 살코기에 소금을 뿌린다.

참돔 한 토막당 1g의 소금을 살코기 쪽에만 뿌리고, 10분 정도 둔다.

• 도미나 광어 등 흰 살 생선 껍질에는 소금을 뿌리지 않습니다. 살이 연하기 때문에, 문지르지 않습니다. 살에 상처가 생겨 살코기가 으스러지게 됩니다.

2 굽기 시작한다.

프라이팬에 올리브유 1큰술을 넣고, 중간 불에 올려서 바로 1의 참돔 껍질을 아래로 해서 나란히 둔다.

• 프라이팬을 달구어둘 필요는 없습니다. 생선을 넣었을 때 '치익' 하는 소리가 날 정도로 온도가 높으면 안 됩니다.

3 기름을 밑으로 흘러내리게 하며 굽는다.

2의 참돔을 집게로 들어 올리거나 프라이팬을 흔들며, 밑에 항상 기름을 흘러내리게 하며 굽는다.

• 생선이 아주 신선할 때나 육질에 따라서, 뒤집을 수도 있습니다. 그럴 때는 프라이팬의 가장자리를 이용해서, 모양을 잡습니다.

4 비린내가 나면 기름을 닦아낸다.

비린내가 나거나 기름의 색이 탁해지면, 키친 타월로 기름을 깨끗하게 닦아낸다. 기름에 생선 비린내가 섞여 있다.

• 대구같이 수분이 많이 나오는 생선은 특히 주의.

5 새 기름을 더하고, 계속 굽는다.

올리브유를 넣고 똑같이 계속 굽는다. 가끔 생선을 들어 올려, 껍질이 구워진 정도를 확인. 알로제는 하지 않는다.

• 알로제를 하지 않는 것이 고기와 생선을 굽는 방법에서 가장 큰 차이입니다. 생선은 기름에 비린내가 섞여 있기 때문입니다.

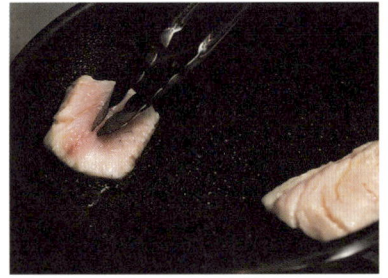

6 익지 않은 부분을 굽는다.

살의 두툼한 가운데가 아직 익지 않았다면, 프라이팬의 가장자리에 맞추어 대어가며, 집중해서 굽는다.

7 껍질이 바삭바삭해질 때까지 굽는다.

프라이팬의 기름을 닦아내고, 새로운 기름을 더한다. 탁탁거리는 소리가 작아졌다면 껍질이 바삭하게 구워졌다는 증거.

• 껍질이 구워지면 수분이 없어짐에 따라, 소리도 작아진다. 살의 약 2/3가 하얗게 된 상태.

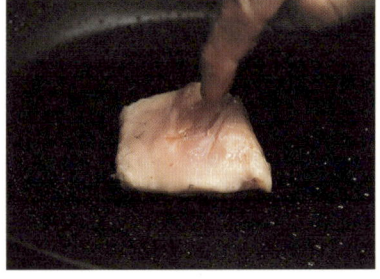

8 뒤집어서 잔열로 몸 안쪽을 굽는다.

불을 끄고 뒤집어서, 몸통 쪽을 3초 정도 굽는다. 지글지글한 소리가 난다면 뒤집고, 손가락으로 부드럽게 누르며 탄력을 확인한다.

• 생선을 뒤집는 것은 불을 끄고 나서입니다. 굽는 것이 아니라 잔열로 여분의 수분을 증발시키는 것이지요.

9 다시 잔열로 굽고, 불의 세기를 조절.

탄력이 부족하다면 다시 뒤집고, 잔열로 조금 더 익혀서 굽는다. 그릇에 담고 레몬을 곁들인다.

Bonne idée

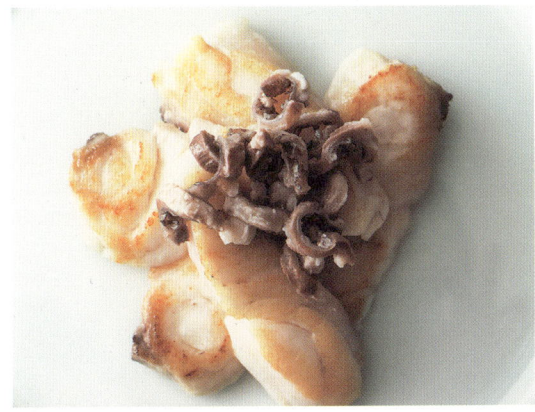

고기를 구울 때 말씀드렸지만, 생선도 살코기의 두께나 근섬유의 질, 고기에 들어간 방향이 다른 부위를 함께 구우면 잘 구워지지 않습니다. 생선 반 마리가 있다면 크게 다섯 개로 나누어, 각각을 맛있게 요리해서 먹어보세요. 도미를 예로 들어 설명하겠습니다.

토막 생선이라면 도시락용 연어 같은 형태가 있습니다. 반을 갈라서 길게 얇게 자른 상태입니다. 그 형태라면 껍질을 아래로 해서 구울 수가 없고, 다른 육질이 복잡하게 섞여 있기 때문에 포와레에는 적합하지 않습니다. 그럴 때는 껍질과 살코기를 따로따로 조리해서 함께 그릇에 담아내는 것이 좋습니다. 살코기는 얇아서 한쪽 면에 15초 정도만 가열해도 괜찮습니다. 레몬즙을 짤 때는 레몬 껍질에 있는 상큼한 향이 요리에 뿌려질 수 있도록 껍질을 아래로 향하게 해서 짭니다.

1 도미 중앙의 가운데 뼈의 흔적을 따라 반으로 잘라서 나눈다.

2 윗부분을 3등분, 아랫부분은 반으로 썬다.

3 다섯 개로 나눈 상태. 오른쪽 2토막과 왼쪽 위의 2토막이 포와레에 적합하다.

포와레에 적합하지 않은 토막의 경우

1 상기 3의 왼쪽 아래처럼 포와레에 적합하지 않은 토막은 일단 껍질을 벗기고 얇게 썬다. 살은 횟감용 크기로 나누어 썬다.

2 끓는 물에 소금을 넣어 농도를 진하게 만든 다음 껍질을 넣는다. 살짝 데쳐서 비린내를 제거하고 얼음물에 담근 후 건져 물기를 잘 뺀다.

3 살코기 전체에 소금을 뿌린다. 프라이팬에 올리브유를 두르고 중간 불에 올려 살코기를 나란히 넣는다.

4 생선 밑에 기름이 흘러내리도록 프라이팬을 돌린다. 15초 정도 후 뒤집는다.

5 레몬즙을 짜서 입힌다. 접시에 살코기를 담고 2를 올린다.

비칠 정도로 얇게 밀가루를 입힌다,
이것이 최고의 팁

연어 뫼니에르

Saumon à la meunière

뫼니에르란 재료에 밀가루를 입혀서 프라이팬에 굽는 조리법을 말합니다. 재료에 아무것도 묻히지 않는 포와레(p.26 참조)와는 달리, 밀가루 옷을 입혀 맛과 향이 새어나가지 않는 것이 큰 차이입니다. 그렇다면 뫼니에르를 만들 때 가장 중요한 것은 무엇일까요? 바삭하게 굽는 것? 아닙니다. 바로 '밀가루를 얼마나 얇게 입힐 수 있을까'입니다. 듬뿍 밀가루를 묻히고 꼼꼼하게 잘 털어줍니다.

 이 밀가루 옷은 아주 촘촘하고 비치는 듯 얇게 입힙니다. 왜냐하면 포와레에서도 말씀드렸듯이 생선에서는 비린내가 섞인 수분이 나옵니다. 비치는 듯 얇다면 수분이 통과하지만, 두껍다면 점점 수분을 흡수해 껍질을 바삭하게 구울 수가 없습니다. 쉽게 타기 때문에 프라이팬이 차가운 상태에서 굽기 시작하는 것이 중요합니다.

재료 2인분

연어 - 2토막(100g)	밀가루(강력분)
소금 - 2g	- 적당량
	식용유 - 적당량

지름 24cm 프라이팬

밀가루를 사용하는 요리의 이름은 프랑스어로 방앗간을 뜻하는 '뫼니에(meunier)'에서 왔습니다. 레몬이나 수제 마요네즈를 곁들여도 좋습니다.

 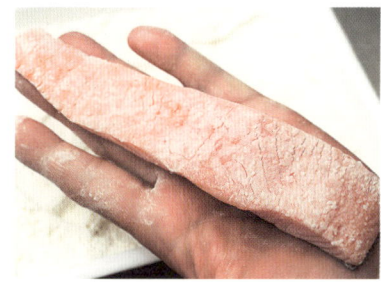 

1 연어에 소금을 뿌린다.

연어 한 토막당 소금 1g을 두꺼운 쪽에는 많게, 얇은 뱃살에는 적게 뿌린다. 부드럽게 문질러 10분 정도 둔다.

• 연어는 살이 부드러워서 소금이 파고들 만큼 세게 문지르지 않습니다. 단단하고 날카로운 소금 결정이 살을 부숩니다.

2 연어에 밀가루를 얇게 입힌다.

밧드에 밀가루를 넣고 1을 올려서 전체적으로 묻힌다. 손으로 여분의 밀가루를 남김없이 털어서 아주 얇게 입힌다. 껍질도 잊지 않도록.

• 입자가 아주 고운 밀가루를 아주 얇게 펴 발라, 막을 한 장 씌운 것 같습니다.

3 굽기 시작한다.

프라이팬에 기름을 두르고 약중불에 올려 바로 2의 연어를 껍질이 아래로 가게 해서 나란히 넣는다. 프라이팬을 흔들면서 굽는다.

• 밀가루는 쉽게 타므로 주의합니다. 연어가 익기 전에 밀가루가 타지 않도록 불 조절은 조금 약하게.

4 비린내가 나면 기름을 닦아낸다.

비린내가 나거나 기름이 탁해지면, 키친타월로 깨끗하게 닦아내고 새 식용유를 조금씩 더 하면서 굽는다.

• 저는 생선 비린내를 싫어합니다. 특히 노르웨이산 연어는 지방에 비린내가 있으니 여러 번 잘 닦아줍니다.

5 껍질은 바삭해질 때까지 굽는다.

껍질 쪽의 밀가루가 노릇노릇해지고 탄력이 생긴다. 타닥타닥하는 소리가 사라지지 않도록 합니다.

• 구울 때의 중요한 것은 이 소리. 생선에서 수분이 빠져나오면서 기름을 만나는 소리지요. 여기까지 구웠다면 더욱 힘을 내어 생선과 밀가루, 두 층을 함께 구워냅니다.

6 껍질의 가장자리와 옆면을 굽는다.

5의 연어를 옆으로 눕히고, 껍질의 가장자리와 옆면을 같은 방법으로 굽는다. 반대편의 양면도 굽는다.

• 또다시 '치익' 하고 수분이 내는 소리가 들립니다. 얇은 밀가루 막이 살을 지켜주기 때문에 살까지 굽습니다. 다만 너무 센 불은 안 됩니다.

7 껍질도 다 굽는다.

집게를 써서 껍질을 밑으로 두고, 바삭해질 때까지 굽는다. 손가락으로 옆면이나 위를 눌러서 안까지 잘 익었는지 확인한다.

• 위쪽에서 가장 불룩한 부분을 봐서 수분이 나와 젖어 있는 상태라면 슬슬 굽기를 마무리합니다.

8 가장 불룩한 부분을 굽는다.

집게로 들어 올려, 위쪽에서 가장 불룩한 부분을 밑으로 두고 굽는다. 키친타월로 기름을 깨끗하게 닦아내고, 불을 끈 후 잔열로 살을 부드럽게 익힌다.

• 칼로 잘라 주욱 수분이 나온다면 이상적으로 구워진 것입니다.

Bonne idée

제가 어렸을 적에 선배가 '두 손가락 위에 올렸을 때 똑바로 '一'자가 되어야 한다'라고 했습니다. 밀가루가 구워지면서 굳어져 철골이 들어간 것처럼 쭉 펴지는 것이 이상적인 뫼니에르라고 생각합니다. 굽는 도중에 아래 사진처럼 휘어져 있던 연어가 곧게 펴집니다.

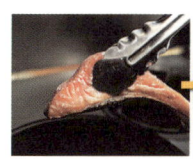 

씹었을 때 입안에 퍼지는 감칠맛이야말로 묘미,
천천히 정성스럽게 구워서 잘 휴지시킬 뿐

로스트 비프

Rosbif

**로스트 비프는
반드시 붉은 살이 많은 고기로!**

소고기를 구울 때, 너무 어렵게 생각하지 않아도 됩니다. 왜냐하면 타르타르 스테이크를 하는 것처럼 소고기는 생으로도 먹을 수 있는 식재료이기 때문입니다. 그러니까 불 조절에 신경 쓰지 말고 대충 구워도 괜찮습니다.

 맛있게 굽기 위해 가장 중요한 것은, 육질이 서로 다른 부위를 함께 굽지 않는 것입니다. 덩어리 고기를 구울 때 특히 주위에 힘줄 등이 들어 있으면 일부가 질겨지거나 근섬유가 당겨져서 맛이 없어집니다. 그러니 깨끗하게 제거합니다. 모처럼 좋은 고기를 준비했다면 가장 맛있게 먹고 싶으니까요. 그리고 프라이팬에 닿아 있는 부위를 집중해서 프라이팬과 재료 사이에 기름이 있는 상태를 유지하고 재료에서 나오는 소리를 들어보면서 구워줍니다.

 저는 소고기를 바로 구울 때는 반드시 붉은 살이 많은 고기를 고릅니다. 구운 소고기의 묘미는 씹었을 때의 감칠맛이지요. 그걸 맛보기에는 붉은 살이 딱 어울리기 때문입니다. 근간지방*이 많은 고기는 구우면 크기가 작아지고 제가 생각하는 '구이'라는 맛이 잘 발휘되지 않습니다.

**오븐은 쓰지 않고,
프라이팬에 구워낸다**

로스트 비프는 표면을 프라이팬에 구워서 굳히고 오븐에 마무리한다고 생각하는 분이 많을 겁니다. 그런데 저는 여기에서도 프라이팬으로만 마무리합니다. 센 불로 단번에 구워 굳히면 딱딱해져 맛이 없습니다. 중간 불로 천천히 제대로 구워서 중심 5mm는 반 정도 익히는 것이 좋습니다. 이 책에서는 누구든 만들기 쉽도록 프라이팬을 사용합니다만 '구이'라는 원점으로 돌아가서 비프 스테이크(p.24 참조)처럼 석쇠에 올려서 약한 불로 천천히 전체 면을 구우면 훨씬 향이 좋아지고 정말 맛있습니다.

재료 만들기 쉬운 분량

소 등심 덩어리(여분의 지방이나 힘줄을 제거한 것 p.35 참조) - 460g

소금 - 4g

식용유 - 적당량

🍳 지름 24cm 프라이팬

---

* 골격 근육 조직 사이에 있는 지방-옮긴이

로스트 비프 만드는 방법

전날 ~ 몇 시간 전

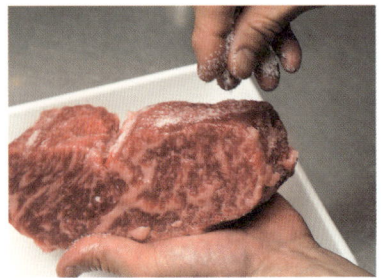

1 소고기에 소금을 뿌려서 배게 한다.

소 등심 덩어리의 위아래에 소금을 뿌리고, 손으로 가볍게 문지르며 배게 한다. 전체 면에 다 뿌리지 않는다.

• 다 구워진 것을 나누어서 잘랐을 때, 각 조각마다 짠맛이 골고루 퍼질 수 있도록 고려해 소금을 뿌린다.

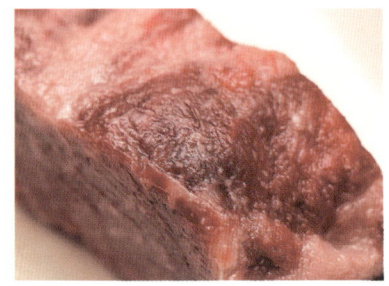

2 냉장고에 재운다.

마른 키친타월을 가볍게 덮고, 냉장고에 몇 시간에서 반나절 정도 재워서 짠맛이 안쪽까지 침투될 수 있도록 한다.

• 소고기는 육즙이 거의 나오지 않기 때문에, 키친타월로 덮어도 괜찮습니다. 랩으로 덮으면 뭉그러져서 안 됩니다.

다음날

3 고기를 실온 상태로 만들고 굽기 시작한다.

2를 냉장고에서 꺼내서, 30분 정도 두고 실온으로 만든다. 프라이팬에 식용유를 두르고 중간 불에 놓고 2를 올린다.

• 고온으로 표면을 살짝 구워서 굳히는 것이 아니라, '제대로 굽는 것'이 중요합니다. 따라서 프라이팬을 달구어 놓을 필요는 없습니다.

4 기름을 밑으로 흘러내리게 하며 굽는다.

집게로 고기를 들어 올리거나 프라이팬을 흔들며 계속해서 고기 밑에 기름이 있는 상태를 유지하며 전체 면을 굽는다.

• 소고기는 육질이 촘촘하고 수분도 잘 나오지 않아서, 구울 때 소리가 조용합니다. 섬세한 고기니까 상하지 않게 다루어주세요.

5 중간중간 기름의 상태를 확인한다.

굽고 있으면 프라이팬의 기름이 탁해지기 시작하므로, 기름이 탁해졌는지를 확인한다.

6 탁한 기름을 닦아낸다.

키친타월로 탁해진 기름과 소금을 깨끗하게 닦아낸다.

• 소고기에서 감칠맛이 밴 수분은 거의 나오지 않습니다. 이 불순물은 기름과 소금이니, 내버려두면 소금의 떫은맛이 드러나고, 까슬까슬한 식감이 남게 되므로 깨끗하게 닦아냅니다.

7 새로운 식용유를 더해서 굽는다.

새로운 식용유를 프라이팬에 두르고 마찬가지로 밑으로 기름을 흘러내리게 하며 굽는다.

• 기름은 신선한 것이 최고. 특히 소금을 머금은 기름을 깨끗하게 닦아내고 새로운 기름을 사용합니다.

8 반복하며 전체 면을 구워낸다.

4~7의 작업을 반복하며 전체 면을 굽는다. 도중에 집게로 고기를 세워서 옆면도 제대로 굽는다.

• 전체 면도 마찬가지로 제대로 구워줍니다.

9 구워진 정도를 확인.

목표로 했던 굽기 정도는 레어. 고기를 손가락으로 가볍게 눌러서 확인한다. 한 군데에만 화산처럼 피가 나오는 것이 레어의 기준.

• 곳곳에서 피가 나온다면 미디엄, 이후에 휴지시킬 텐데 조금 많이 구워진 것입니다. 이 테스트는 한 번만 할 수 있습니다.

10 다 구워지면 꺼낸다.
9에서 확인해 다 구워지면 꺼낸다.

• 후추 향을 원한다면, 지금 다 구워진 단계에서 갈아서 뿌립니다. 향이 살아 있고 구울 때 후추를 태우지 않기 위해서입니다.

11 따뜻한 곳에서 휴지시킵니다.
오븐 근처 등 따뜻한 곳에서 8~9분 정도 휴지시킨다. 잘라서 그릇에 담는다.

• 덩어리 고기라서 여러분이 생각하시는 것보다 더 휴지시킵니다. 안쪽까지 잔열로 익어서 육즙이 안정됩니다.

Bonne idée

다 구운 후 프라이팬을 보세요! 기름과 지방만 남아 있습니다. 빠져나온 육즙(쥬)은 없습니다. 이 정도로 소고기는 쥬가 나오지 않는 고기라서 구워서 굳힐 필요가 없습니다.

등심이 덩어리째 있다면

통째로 '로스트 비프를 하자'는 생각은 금물입니다. 덩어리를 몇 개의 부위로 나누어 요리나 목적에 맞게 가장 맛있게, 그리고 군더더기가 없도록 사용합니다. 등심은 지방이 두 개 층으로 되어 있습니다. 로스트 비프에는 지방과 힘줄을 제거한 덩어리를, 스테이크는 두께 1cm 정도를 사용합니다. 또한 힘줄이 많은 부분은 얇게 잘라서 구이용으로, 남은 지방은 우지로 남김없이 사용합니다.

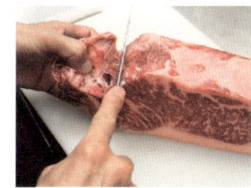
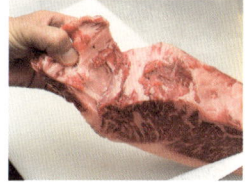
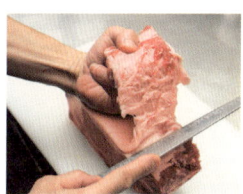

1 첫 번째 층의 두꺼운 지방을 벗긴다. 지방과 고기 사이에 손가락을 넣고 살짝 벗겨내며 칼로 가볍게 힘줄과 지방을 자른다.

2 왼손으로 쭉 잡아당긴다.

3 왼손을 위로 들며 고기를 뒤집어서 칼로 잘라내며 분리한다.

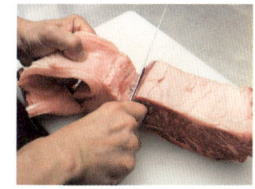

4 가장자리까지 왔다면 잘라낸다.

5 두 번째 층의 얇은 지방을 위로 두고 지방과 살코기 사이에 손가락을 넣어 살짝 벗겨내며 칼로 고기와 지방의 경계를 갈라내듯이 분리한다.

6 남은 지방은 칼날을 오른쪽으로 향하게 하고 잘라낸다.

이것이 해체! 여기까지는 정육점이나 마트에 부탁해서 손질해달라고 해도 괜찮다.

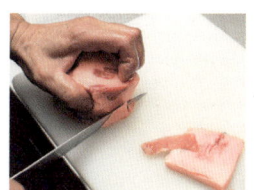
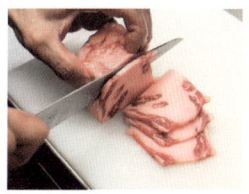

7 4의 잘라 놓은 지방에서 힘줄이 촘촘히 들어 있는 두 덩어리를 잘라낸다. 지방이 많은 쪽은 지방을 자르면서 모양을 다듬는다.

8 근섬유의 직각 방향으로 얇게 썰어서 석쇠에 구우면 맛있다.

9 지방이 많은 쪽도 적당히 자른다. 이쪽도 근섬유의 직각 방향으로 얇게 썰어서 볶거나 석쇠에서 굽는 것을 추천.

프라이팬 하나로!
풍부한 육즙의 틀림없이 맛있는 대접용 요리

로스트 치킨

Poulet rôti

닭 배 속의 빈 공간이 가열의 열쇠

제가 알자스에 있는 미슐랭 3스타 레스토랑에서 근무할 때입니다. 주말마다 방문하던 와인 양조가의 집에서 자주 만들어주던 것이 로스트 치킨이었습니다. 남편분께서 잘라주셔서 각자가 좋아하는 부위를 먹었던 추억의 요리입니다.

닭 한 마리는 익히는 방법이 다른 여러 부위의 모음입니다. 로스트 치킨은 제가 늘 얘기하는 '다른 육질은 함께 굽지 않는다'라는 사고방식과는 정반대의 요리이지요. 부위 각각의 맛을 포기한 요리이지만, 로스트 치킨에서만 맛볼 수 있는 부드럽고도 풍부한 육즙의 맛이 있습니다. 이것을 가능하게 만드는 것은, 내장을 제거한 후 비어 있는 배 속이지요. 겉은 프라이팬에 직접 굽기에 너무 뜨거워서 만질 수조차 없지만, 안쪽은 배 속에서 부드럽게 50~70℃로 데워진 공기가 맴돌아서 천천히, 부드럽게 익어갑니다. 딱딱해지지 않게 부드럽게 구워지고, 뼈에서 진액이 천천히 빠져나와 자르면 맛있는 육즙(수분)이 쭈욱 나옵니다.

닭다리의 굽기 정도로
구워진 상태를 체크

그렇다면 구워진 상태는 어디를 보면 좋을까요? 닭다리살에 주목해주세요. 익히는 데 시간이 걸리기 때문에, 닭다리살이 딱 잘 익었다면 괜찮습니다. 가슴살이 너무 많이 익혀지지만, 미디엄 웰던도 맛있지요.

오븐에서도 물론 구울 수 있지만, 저는 잘 구울 수만 있다면 프라이팬에서 굽는 것이 절대적으로 더 맛있다고 생각합니다. 솔직히 구워진 정도를 확인하는 것은 어렵습니다. 여러 번 만들고 실패하는 것 외에는 능숙해질 방법이 없습니다. 안이 보이지 않는 만큼, 특히 경험이 중요한 요리입니다.

재료 닭 1마리분

닭(내장을 제거한 것) - 1마리(1100g)

소금 - 10g

식용유 - 적당량

🍳 지름 24cm 프라이팬

로스트 치킨 만드는 방법

전날 ~ 몇 시간 전

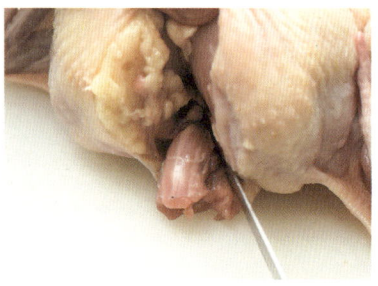

1 목뼈를 제거한다.
목뼈의 껍질을 젖히고, 목뼈 좌우로 각각 비스듬히 칼을 넣어서 제거한다.

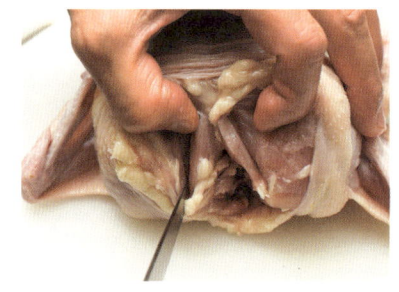

2 쇄골을 따라 칼로 자른다.
쇄골은 목살 윗부분에 팔자(八) 모양으로 붙어 있다. 그 뼈를 따라 칼끝으로 칼집을 낸다.

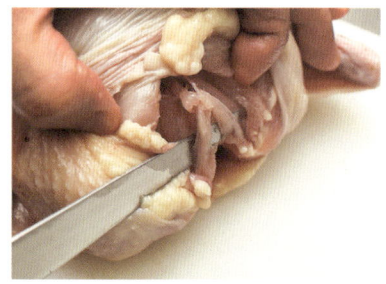

3 쇄골을 연골에서 잘라서 떼어낸다.
가슴뼈 중심부에 있는 연골에 칼로 쇄골을 분리한 뒤, 쇄골의 뒷면을 자른다.

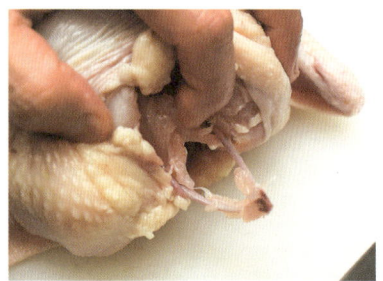

4 쇄골을 제거한다.
앞으로 잡아당기면 쇄골이 간단히 떨어진다.
• 구운 후에는 쇄골이 잘 빠지지 않아서 먹을 때 손질하기 어려우므로, 이 단계에서 제거해 놓습니다.

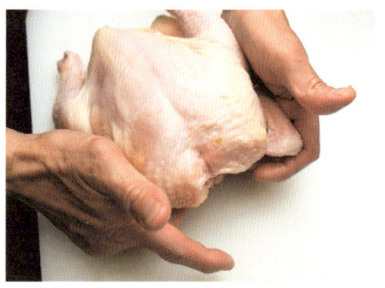

5 명주실로 묶어서 모양을 가다듬는다.
닭 날개를 펼친 후 접어서 등 쪽(아래쪽)에 깔끔하게 넣어둔다. 배 속 내장의 찌꺼기 등 남아 있는 이물질을 제거하고, 명주실로 닭의 모양을 가다듬는다(p.40 참조).
• 취향대로 배 속에 로즈마리 등 신선한 허브를 넣어도 좋습니다.

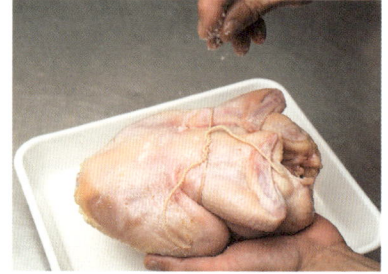

6 소금을 뿌려 냉장고에 재워둔다.
소금을 뿌리고 손으로 전체적으로 문질러서, 냉장고에 몇 시간~반나절 정도 두어 맛이 배게 한다.

다음날

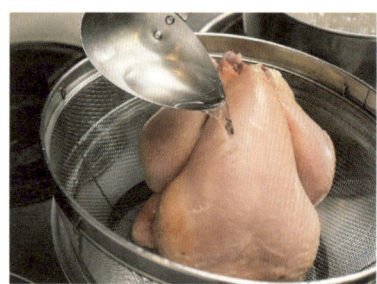

7 닭에 뜨거운 물을 붓는다.
6을 냉장고에서 꺼내서 뜨거운 물을 부어 껍질을 팽팽하게 만든다. 엉덩이의 구멍으로는 물을 넣지 않는다.
• 껍질이 수축하며 확 팽팽해져 구울 때 윤기가 납니다.

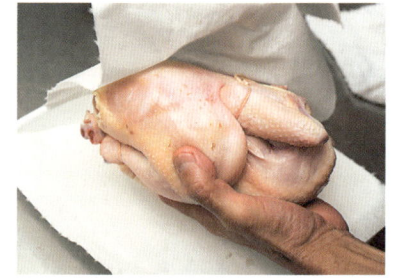

8 수분을 닦아내고 10분 둔다.
키친타월로 수분을 남김없이 깨끗하게 닦아내고, 10분 정도 실온에 둔다.
• 이 작업을 하지 않으면, 구울 때 기름이 튀어서 위험합니다.

9 굽기 시작한다.
프라이팬에 식용유 1큰술을 두르고 중간 불에 올려서 곧바로 8을 등 쪽을 아래로 가게 해 프라이팬에 올린다.
• 그릇에 담았을 때 위가 되는 쪽이 위로 가게 하고, 만드는 방법 11의 알로제를 해서 모양을 가다듬습니다.

10 닭 밑으로 기름을 흘러내리게 한다.

닭을 집게로 들어 올리거나 프라이팬을 흔들어서 밑으로 항상 기름을 흘러내리게 하며 굽는다.

11 뜨거운 기름을 끼얹어가며 굽는다.

프라이팬을 살짝 비스듬히 기울여서, 숟가락으로 깨끗한 기름을 떠서 위에서부터 끼얹는다(알로제). 뒤집어서도 끼얹어가며 굽는다.

12 기름이 탁해지면 닦아낸다.

구우면서 점점 기름이 탁해진다. 소금 덩어리가 생겨서 더러워지면 키친타월로 깨끗하게 닦아내고, 깨끗한 기름을 더한다.

· 소금 덩어리가 있는 기름으로 알로제를 하면, 소금이 닭을 뒤덮어서 타게 됩니다. 알로제는 기름으로만.

13 닭다리는 살짝 노릇해질 때까지 굽는다.

전체적으로 어느 정도 노릇노릇해지면, 집게로 한쪽 다리를 아래로 놓고 세워둔다. 표면이 살짝 노릇해질 때까지 굽는다. 반대로 뒤집어서 다른 쪽도 굽는다.

14 목 부분도 구워서 꺼낸다.

집게로 목이 아래로 내려가도록 세워서 같은 방법으로 굽고 일단 꺼낸다. 프라이팬의 기름을 버리고, 프라이팬 안을 키친타월로 깨끗하게 닦는다.

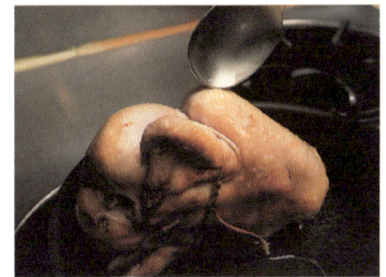

15 새로운 식용유로 다시 한번 닭다리를 굽는다.

14의 아주 뜨거운 프라이팬에 식용유 1큰술을 두르고, 한쪽 다리를 아래로 놓고 닭을 프라이팬에 올린다. 알로제하며 굽는다.

· 여기서부터는 본격적으로 굽는 작업에 들어갑니다. 일단 다리부터. '굽는다'라고 생각하면 타기 때문에, 천천히 익힙니다.

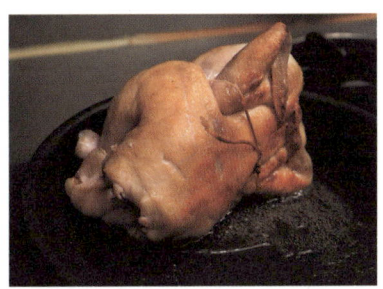

16 위아래를 뒤집고, 다른 한쪽도 굽는다.

집게로 위아래를 뒤집고 다른 쪽 다리를 아래로 한다. 위로 간 다리가 차가워지기 직전에 뒤집어서 같은 방법으로 알로제하며 굽는다.

17 여러 번 위아래를 뒤집어 익힌다.

15와 16의 작업을 여러 번 반복하며 다리살을 익힌다. 도중에 기름이 탁해지면 버리고 프라이팬을 닦은 후 새로운 식용유를 더한다.

· 윗부분이 차가워지기 전에 뒤집으면 '굽고 난 후 휴지' 상태가 자연스럽게 반복되어 부드럽게 열이 가해집니다.

18 노릇노릇해지면 마무리한다.

전체적으로 먹음직스러운 색을 입힌다.

· 그러데이션이 생겨도 물론 좋습니다!

▶ p.40에 이어

로스트 치킨 만드는 방법

19 다 구워지면 꺼낸다.
집게를 엉덩이의 구멍에 넣어서 꺼낸다.
• 닭의 껍질은 예민합니다. 집게로 껍질이 찢어지지 않도록 꺼냅니다.

20 꺼내어서 휴지시킨다.
닭다리를 눌렀을 때 확실하게 탄력이 있으면 잘 익었다는 증거. 따뜻한 곳에서 10~15분 정도 휴지시킨다. 손질을 한다. 닭뼈를 우린 육수로 소스를 만들어서(p.41 참조) 그릇에 담는다.

Bonne idée

만드는 방법 17에서 '이제 익었을까'라고 궁금하다면, 집게를 엉덩이의 구멍에 넣고 비스듬히 기울여보세요. 나오는 육즙이 핏덩이와 투명한 즙이 섞인 상태라면 베스트! 핏물만 나온다면 덜 구워진 상태고, 투명한 즙만 나온다면 너무 익힌 것입니다. 이 테스트는 단 한 번만 해볼 수 있습니다!

닭 모양을 가다듬는 방법

명주실로 묶는 방법 - 기본형

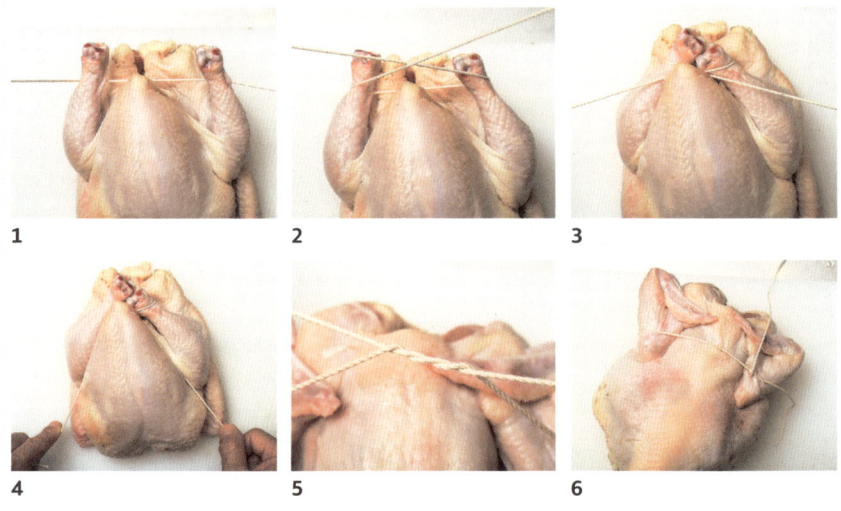

닭의 가슴을 위로 향하게 해서 둔다. 양다리 아래로 명주실을 통과시켜(1) 위에서 교차한다(2). 실을 당겨서 고정하고(3), 그대로 다리를 따라 경계선의 움푹 들어간 부분에 꽉 끼워 넣는다(4). 뒤집어서 닭 날개를 껴안도록 한다(5). 실을 2~3회 꼬아서 묶고(6), 잡아당겨 매듭을 한쪽 날개 쪽으로 두고 매듭을 만든다. 이렇게 하면 실이 고기에서 잘 빠지지 않는다.

대나무 꼬치로 꿰는 방법 - 간단하지만 껍질에 구멍이 뚫리는 것이 단점

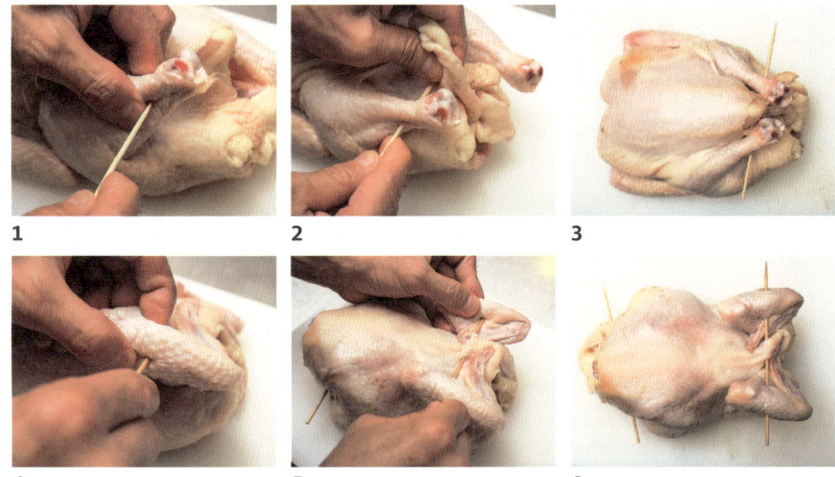

다리의 아킬레스건의 연장선상에 잇는 관절에 대나무 꼬치를 꽂는다(1). 엉덩이의 껍질을 모아서 닫고 대나무 꼬치를 꽂아(2), 다른 쪽 다리 관절에도 꽂아서 통과시킨다(3). 닭의 위아래를 돌려서 닭날개의 가운데에 꼬치를 꽂고(4), 등 껍질로도 통과시켜서(5) 다시 다른 쪽 날개 가운데로 꽂는다(6). 삐져나온 꼬치는 잘라낸다.

로스트 치킨이 구워졌다면

맛있게 구워진 로스트 치킨을 잘 손질하는 방법을 소개합니다. 프라이팬으로 구워서 뼈가 촉촉해졌기 때문에 물에 넣고 끓이면 뼛속이 부풀어 오르며 좋은 육수가 됩니다.

로스트 치킨 손질법

  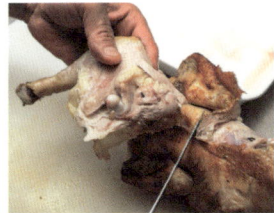 

1 다리의 연결 부분의 껍질을 썬다.

2 왼손으로 다리살을 잡고 골반을 넓히면서 조금씩 칼로 썰어서 벌린다.

3 관절로 분리해 다리살을 떼어낸다. 반대쪽도 똑같이 한다.

4 날개를 앞쪽에 두고 가슴뼈를 따라 양쪽으로 썬다.

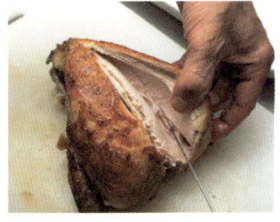 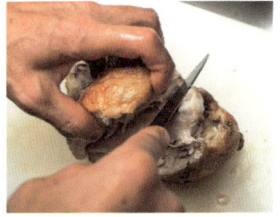  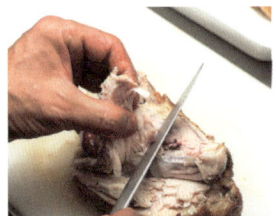

5 왼손으로 몸통을 떼어 내면서 칼로 가슴살을 썰어서 벌린다.

6 왼손으로 몸통을 잡은 채로 위로 둔다.

7 반대쪽 가슴살을 아래로 가게 한 상태에서 힘줄을 썰어서 벌린 후 떼어낸다.

8 닭 안심을 썰어서 떼어낸다. 반대쪽도 5~7처럼 한다.

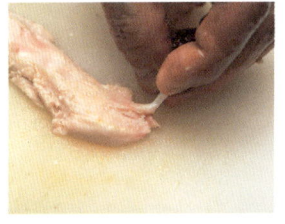

9 닭 안심의 힘줄은 질기므로 칼집을 내고 당겨서 제거한다.

육수를 우려내서 소스를 만든다

10 뼈는 감칠맛이 응축되어 있으니, 육수를 우려내고 소스로 활용한다. 딱딱한 뼈는 칼로 썬다.

11 부드러운 뼈는 적당한 크기로 손으로 부순다.

12 11의 뼈를 프라이팬에 넣고 물(또는 닭뼈 육수) 500mL와 버터 10g을 추가한다.

13 센 불에 올려 끓는 상태로 졸이고, 표면에 거품이 굳으면 걷어낸다. 소금 2g을 더해서 잠시 졸이고, 확실하게 감칠맛이 우러나오면 걸러서 냄비에 붓는다.

14 13을 냄비에서 데우고 버터 10g을 더해 거품기로 잘 저어가며 소스를 만든다.

기본 조미료

소금

'백방의 소금'*을 40년 가까이 사용하고 있습니다. 소금 알갱이가 굵어서 사용하기가 좋고, 적당히 감칠맛이 있습니다. 저는 냄비에 볶아서 건조시킨 후 굵은 체에 걸러 알갱이를 원하는 크기로 준비해둡니다. 세 손가락으로 집었을 때 1g이 되고, 재료에 스며드는 정도도 알 수 있어서 사용하기가 좋습니다.

* 일본의 소금 상표.-옮긴이

버터

요리에 사용하는 것은 무염버터입니다. 이것은 프랑스에서도 마찬가지입니다. 가염버터는 염분이 꽤 포함되어 있어 간을 하기 전에 요리에 짠맛이 더해집니다. 그럴 수는 없지요. 애용하는 것은 '칼피스 사의 특선 버터'*입니다. 맛이 튀지 않고 요리에 방해가 되지 않는 점이 매력적입니다.

* 일본의 버터 상표.-옮긴이

올리브유

오랜 시간 동안 애용하고 있는 것은 '키요에'* 입니다. 여과하지 않은 엑스트라 버진 올리브유로, 맛도 향도 순수하고 중립적이라 사용하기 편합니다. 주방에서도 사용하기 편리하도록 디스펜서에 넣어두었습니다. 조리용으로 이렇게 자신에게 아쉬움 없이 만능으로 사용할 수 있는 올리브유를 찾아내는 것이 이상적이지요. 퓨어와 엑스트라 버진을 구별해서 사용하는 것은 아니지만, 요리의 마무리에 사용하는 올리브유는 개성적인 것을 좋아합니다.

* 일본의 올리브유 상표.-옮긴이

와인

레드, 화이트 모두 호주산이고, 화이트는 샤르도네입니다. 산미가 매우 좋습니다. 레드는 까베르네 소비뇽이 제 요리에 어울립니다. 타닌이 강해서 졸인 후 레드와인답게 살짝 떫은맛이 남는 점, 색이 깊은 점도 마음에 듭니다.

닭뼈 육수

화학조미료가 첨가되지 않은 닭뼈 육수를 추천합니다. 사용하기 편하고, 불필요한 맛이 나지 않아서 재료의 섬세한 향을 살릴 수 있습니다. 이 책에서는 가정에서 요리를 즐겁게 하실 수 있도록 퐁*을 사용하는 레시피는 생략하고, 필요에 따라 닭뼈 육수를 사용했습니다. 부이용은 맛이 복잡하고 너무 강해서 이 닭뼈 육수 정도가 좋습니다

* fond: 프랑스로 고기나 채소를 팬에 구웠을 때 바닥에 눌러붙은 것으로 만든 육수라는 뜻.-옮긴이

생크림

유지방 38% 생크림을 사용하고 있습니다. 생크림은 식물성 지방이 포함되어 있지 않아야 합니다. 식물성 크림은 요리의 풍미를 떨어뜨려 추천하지 않습니다.

Chapitre 2

채소와 달걀, 일상의 맛에 통달하다

나날이 새로운 채소가 늘고 있지만, 저는 여기서 레퍼토리를 늘리기보다는 일상에서 사용하는 채소를 맛있게 만드는 방법에 통달하는 편이 훨씬 도움이 된다고 생각합니다. 예를 들어, 토마토라면 얼마나 수분을 날려 맛을 농축시킬 수 있을까. 감자에는 전분이 많으므로 조리법에 따라 어떻게 구분해서 사용할 수 있을까. 당근을 글라쎄한다면 저는 껍질을 필러로 벗기고 큼직하게 마구 썰 겁니다. 모서리를 깎아 둥글게 만들지는 않습니다. 당근의 맛은 껍질과 맞닿아 있는 부분에 있기 때문입니다. 가장 맛있는 부분을 굳이 버리는 것은 어리석은 짓이지요. 달걀도 일상의 식재료지만, 약간의 소금과 조리온도와 시간에 맛이 좌우됩니다. 단순한 것일수록 어렵습니다. 그러나 단순함을 극대화하면 최고가 됩니다. 이것이야말로 풍요라고 생각합니다.

드레싱은 dress(드레스) + ing(진행 중),
드레스를 입히는 것 같이, 부드럽게 휘감아줍니다

믹스 샐러드

Salade composée

일단, 채소를
생명력이 넘치는 상태로 만들어줄 것

정말 맛있는 샐러드를 만드는 방법, 알고 계신가요? 저는 잎채소 샐러드에서 가장 중요한 것은 씹힐 때의 좋은 식감이라고 생각합니다. 그래서 채소를 물에 담가서, 밭에서 자라고 있을 때처럼 싱싱하고 생명력이 넘치는 아삭한 상태로 되돌린 후 사용합니다. 채소는 수분을 흡수하면 잎 한 장 한 장, 끝까지 살아나기 시작합니다. 아삭아삭한 상태라는 것은 담가 놓은 물에서 채소를 건져봤을 때 알 수가 있습니다. 손에 닿는 부분이 적어 채소와 손 사이의 공간이 느껴지지요. 채소가 손에 감기는 것 같다면 조금 더 물에 담가둡니다.

수분을 흡수한 채소는 키친타월에 싸서 냉장고에 보관해둘 수 있습니다. 먹기 직전에 드레싱을 뿌리면 끝. 바로 샐러드로 내놓을 수가 있습니다.

드레싱의 의미는?

드레싱이 'dress+ing'이라는 거 알고 있었나요? 즉, 드레스를 입고 있다는 현재 진행형입니다. 그러니까 채소에 드레싱을 버무릴 때, 마치 폭신한 드레스를 살짝 걸치는 것처럼 부드럽게 만듭니다. 그리고 드레싱은 볼의 가장자리를 따라서 뿌립니다. 절대로 채소 위에 바로 뿌리는 것은 금물입니다.

여기서 사용하는 드레싱은 머스타드가 들어간 비네그레트 무타드 (vinaigrette moutarde)입니다. 기름을 아주 조금씩 더해가며 바깥쪽에서 안쪽으로 섞듯이 거품기를 움직입니다. 머스타드의 농도는 진해서 더욱 신중하게 확실히 잘 섞어줍니다. 제대로 만들지 않으면 맛이 따로따로 돌게 됩니다.

재료 만들기 쉬운 분량

취향에 맞는 잎채소 - 적당량

[비네그레트 무타드] 만들기 쉬운 분량, 적당량 사용

올리브유 - 120mL

레드와인 식초 - 30mL

소금 - 3g

머스타드 - 20g

백후추 - 취향껏

머스타드는 홀그레인이나 디종 머스타드, 또는 일본식 겨자 등 좋아하는 것으로 사용해도 괜찮습니다.

믹스 샐러드 만드는 방법

1 비네그레트를 만들기 시작한다.
유리볼에 머스타드와 소금을 넣고 거품기로 반죽하듯이 섞어서 소금을 녹인다.

2 식초를 조금 더해서 풀어준다.
레드와인 식초를 조금 더하고 잘 풀어준다.
• 식초를 처음부터 한꺼번에 넣으면 고르게 섞이지 않습니다.

3 남은 식초를 섞는다.
2가 매끄럽게 섞였을 때, 남은 레드와인 식초를 한꺼번에 넣고 잘 섞는다.

4 올리브유를 잘 섞어준다.
볼의 가장자리에서부터 올리브유를 조금씩 넣어가며 거품기를 바깥쪽에서 안쪽으로 저으며 섞는다.
• 농도가 진하므로 더욱 신중하고 확실하게 저어주세요.

5 매끄러운 상태가 될 때까지 섞는다.
잘 유화되어 부드럽게 끈끈함이 생기면 완성. 취향껏 백후추를 더해도 좋다.
• 잠시 그대로 두면 기름이 깔끔하게 분리됩니다. 이것이 좋은 상태입니다. 사용하기 전에 잘 저으면 매끄러운 상태로 돌아옵니다.

6 잎채소를 물에 담근다.
볼에 얼음물을 담고 잎채소를 담근다.
• 물에 너무 오래 담가두지 않도록 주의! 물을 충분 이상으로 흡수하면, 잎사귀의 끝이 갈색으로 변하거나 흐물흐물해집니다. 저는 이것을 '익사'했다고 부릅니다.

7 물을 흡수시켜 아삭아삭하게 만든다.
2~3분 담가두어 잎사귀의 끝이 아삭아삭해지면 끝. 손으로 들어 올려서 채소가 손에 감기는 것 같으면 조금 더 담가둔다.

8 채소탈수기로 물기를 뺀다.
탈수기에 넣고 뚜껑을 덮은 후 부드럽게 5번 돌린다.
• 채소탈수기를 너무 빨리 돌리면 안 됩니다! 표면의 불필요한 물기만 빼면 됩니다. 채소 속의 수분은 남깁니다.

9 뚜껑을 열고 상태를 확인.
뚜껑을 열면 원심력 때문에 채소가 주변으로 이동해 있다.

10 뭉쳐 있던 잎들을 펴고, 다시 물기를 뺀다.

잎을 풀어서 전체적으로 펼치고 뚜껑을 덮은 후 부드럽게 5번 돌려서 여분의 물기를 뺍니다.

• 잎이 가장자리로 치우쳐진 상태에서 돌린다면 물기가 빠진 부분과 남아 있는 부분의 경계가 생길 뿐입니다. 잎을 다시 펼쳐서 다시 한번 돌립니다.

11 비네그레트를 흘려가며 그릇에 뿌린다.

볼에 10을 담는다. 5의 드레싱을 잘 저어 볼의 가장자리를 따라 흘러내리게 한다.

• 채소에 직접 드레싱을 뿌려 거칠게 다루지 않습니다!

12 채소와 비네그레트를 버무린다.

볼의 바닥에 양손을 넣고 위아래를 뒤집으며 정성스럽게 버무린다.

• 드레스를 입히는 것처럼, 부드럽게!

13 잎사귀의 끝까지 맛이 전달되게 한다.

손끝으로 잎사귀를 부드럽게 풀어주면서, 비네그레트를 버무린다. 그릇에 담는다.

Bonne idée

비네그레트는 샐러드 드레싱에만 사용하는 것으로 생각하기 쉽지만, 사실은 메인요리에서 간편한 소스가 되기도 합니다. 예를 들어, '비프 스테이크'(p.24 참조)처럼 심플하게 구운 소고기에 뿌리면, 적당한 산미와 향으로 소고기를 훨씬 맛있게 먹을 수 있습니다.

Déclinaison

양상추 샐러드

Salade de laitue

양상추를 싫어하는 제가 유일하게 먹는 것이 이 샐러드입니다. 얼음물로 아삭하게 만들어 일단 좋은 식감만으로 먹습니다. 칼로 자르면 아삭, 입에 넣어도 아삭. 씹는 맛이 좋습니다. 머스타드를 넣지 않은 비네그레트 트라디시오넬(vinaigrette traditionelle, p.48 참조)도 좋습니다.

재료 1~2인분

양상추 - 1개

비네그레트 무타드 - 적당량

1 양상추는 바닥의 심을 얇게 벗겨낸다.
심이 말라 있으면 수분을 흡수하지 않는다. 그리고 잘 보면 우유 같은 하얀 액이 나오는데, 프랑스어로 우유를 뜻하는 'lait'가 양상추 laitue의 어원이다.
2 양상추를 통째로 물에 담그고 아삭해질 때까지 차게 만든다.
3 심을 위로 가게 해서 건져 올려 물기를 빼고, 키친타월로 덮어서 물기를 흡수시킨다.
양상추는 잎을 떼어 내거나 손으로 찢은 후 물에 담그면 절대 안 되는 채소다. 원래 가지고 있는 식감이 없어져서 사용할 수 없게 된다.
4 세로로 4등분해서 그릇에 담고 비네그레트 소스를 뿌린다. 포크와 나이프로 사각사각 썰어서 먹는다.

비네그레트를 만드는 것이 중요,
프랑스 요리의 단골인 보관 가능 샐러드

당근 라페

Carottes râpées

'까로트 라페'라는 이름으로도 알려진 이 요리는 마리네 샐러드의 대표선수입니다. 꽤 인기가 있지만, 비네그레트로 마리네를 할 거라고는 생각 못했지요? 원래 당근에서 나오는 달고 맛있는 즙으로 마리네를 하는 것이 라페입니다. 비네그레트는 당근에서 즙이 나오는 것을 도와주는 역할을 합니다. 이 즙은 절대로 버리지 마세요.

그리고 비네그레트 만들기에서 중요한 것이 있습니다. 재료가 기름과 물뿐이라서 완전히 유화되지는 않습니다. 그러나 유화시킨다는 생각으로 끈기 있게 섞어주세요. 여기서 잘 섞어서 기름의 입자를 잘게 만들어놓지 않으면, 나중에 아무리 잘 섞는다고 해도 실패합니다. 식초 속에서 기름의 큰 입자가 분산되어, 먹었을 때 입안에서 매끄럽지 않습니다. 이것은 어떤 비네그레트에서도 마찬가지입니다.

재료 만들기 쉬운 분량

당근 - 2개

[비네그레트 트라디시오넬] 만들기 쉬운 분량, 반만 사용

올리브유 - 120mL

화이트와인 식초 - 30mL

소금 - 3g

1 비네그레트를 만들기 시작한다.

유리볼에 화이트와인 식초와 소금을 넣고 거품기로 소금의 알갱이가 없어질 때까지 저으면서 녹인다.

• 처음부터 기름을 섞으면 소금이 잘 녹지 않아 맛이 하나로 어우러지지 않습니다.

2 올리브유를 잘 섞어준다.

볼의 가장자리에서부터 올리브유를 조금씩 넣으면서 거품기를 바깥쪽에서 안쪽으로 저으며 섞는다.

• 기름은 한꺼번에 넣으면 안 됩니다. 조금씩 넣습니다. 원심력으로 기름이 주위로 퍼져나가기 때문에 밖에서 안으로 섞습니다.

3 뽀얗게 되며 찰기가 생긴다.

계속 섞으면 점점 뽀얗게 되며 끈끈해진다.

• 여기가 노력이 필요한 부분입니다. 포기하지 말고 끈기 있게 잘 섞어서 기름 입자를 잘게 만들어주세요.

4 드레싱을 완성하다.

거품기를 들고 젓고 있는 손이 무거워질 때까지 끈기 있게 잘 섞는다. 매끄러워졌다면 완성.

• 잠깐 두었을 때 깔끔하게 분리되었다면 제대로 만들었다는 증거입니다. 사용하기 전에 잘 저어서 이 상태로 돌려놓습니다.

5 당근 껍질을 벗긴다.

당근은 꼭지와 끝부분을 잘라내고, 껍질을 벗긴다(p.52의 1 참조).

• 껍질을 남김없이 제대로 벗깁니다. 껍질의 단단한 식감이 남아 있으면 치아에 걸려서 별로 좋지 않고 색깔도 거뭇거뭇해집니다.

6 가늘고 길게 채 썬다.

채칼 등으로 가늘고 길게 썰어(p.239 참조) 유리볼에 담는다.

• 채칼을 사용하면 울퉁불퉁해져 표면적이 넓어지고 당근의 맛있는 즙이 잘 빠져나오는 동시에 맛을 잘 머금게 됩니다.

7 비네그레트를 버무린다.

6의 당근에 비네그레트를 넣고 손으로 전체적으로 버무린다.

8 주물러가며 맛이 배게 하다.

손으로 주물러서 당근즙을 짜낸다. 만들고 잠깐 두면 맛이 잘 배어든다. 먹을 때에 소금이나 식초를 더한다.

• 당근 라페는 보존용 요리이기 때문에 냉장고에서 1주일은 보관할 수 있습니다. 당근즙에 당근이 떠 있는 상태로 절였다고 할 수 있습니다.

Bonne idée

유화란, 보통은 분리된 물과 기름이 잘 섞인 상태를 말합니다. 끈끈함이 생겨서 쉽게 식재료에 엉겨 붙거나 식감이 매끄러워집니다. 통상 유화제(계면활성제)를 통해서 쉽게 유화시킵니다. 예를 들면, 노른자에 포함된 레시틴. 마요네즈는 이 레시틴의 힘으로 기름 속의 수분(식초)이 쉽게 섞인 것이지요.

당근을 싫어했던 제가 고안한
버터로 잘 볶은 단맛과 감칠맛 수프

당근 포타주

Potage Crécy

당근의 껍질은 익지 않는다!
남김없이 벗겨낸다

"맛있는 당근 포타주를 만들려면 일단 당근의 껍질을 벗기는 것부터 마스터하세요." 저는 늘 이렇게 말합니다. 올바르게 벗기는 방법은 일단 한 번 껍질을 벗기고 옆에서 살펴봅니다. 벗겨낸 단면의 양쪽 가장자리가 솟아올라 있지요? 이것을 경계선으로 정해놓고, 두 번째는 그 경계선을 벗겨내듯이 껍질을 벗깁니다. 이 작업을 한 번 반복하면 껍질이 남아 있지 않습니다. 껍질은 아무리 끓여도 익지 않아 식감이 나빠지고 색이 거무스름해집니다.

혀에 닿는 식감을 좋게 하려면 믹서에 제대로 갈아야 합니다. 당근이나 옥수수, 호박 등 믹서에 갈아도 점성이 나오지 않는 재료는 가능한 한 오래 갑니다. 저는 대개 5~6분 정도 갑니다. 그러면 입자가 미세해지고 놀라울 정도로 식감이 매끄러워집니다.

잘 관찰하고 볶는 것,
이것이 중요 포인트

당근 포타주에서는 끓이는 것보다 볶는 작업이 중요합니다. 버터에 볶고 또 볶아서 단맛을 한껏 끌어냅니다. 이것을 저는 '볶아서 숨을 죽이다'라고 합니다.

볶아서 숨을 죽일 때는 냄비 안을 잘 관찰해보기를 바랍니다. 버터의 상태가 시시각각 바뀝니다. 녹아서 뿌옇게 있던 버터가 투명해지고 점점 없어졌다가 다시 나옵니다. 특히 마지막이 승부지요. 버터의 감칠맛, 유청을 입혀주면서 타지 않게 해야 합니다. 냄비 구석구석까지 잘 볶아서 눌어붙지 않도록 합니다. 아주 달콤하고 맛있는 당근이 되니까 부이용(Bouillon)을 사용하지 않고 물만 있어도 충분합니다.

사실은 당근을 한입 크기로 잘라서 볶아서 숨이 죽을 때까지 계속 볶으면(p.52~53의 4~10) 곁들임의 단골 메뉴인 '당근 글라쎄'가 됩니다. 설탕을 사용하지 않아도 충분히 달고 맛있습니다.

재료 3~4인분

당근 - 3개(500g)
버터 - 70g
우유 - 80mL
소금 - 4g
물 - 500mL

🍲 지름 21cm 냄비

당근 퓌레. 포타주 만드는 공정의 13에서 물의 양을 200~250mL로 줄이고 믹서에 갈면 농도가 진한 퓌레가 완성됩니다. 고기의 곁들임, 채소 테린느, 적은 물에 풀어서 카레 가루를 더하면 생선구이나 관자의 소스로도 사용할 수 있습니다. 디저트인 푸딩까지 무한대로 응용할 수 있습니다.

당근 포타주 만드는 방법

1 당근 껍질을 벗긴다.

당근 꼭지를 따고 껍질을 벗긴다. 우선 한 번 벗기고 두 번째부터는 벗겨낸 단면의 경계선(엣지)을 벗긴다.

• 껍질을 남김없이 벗기는 것이 중요합니다. 껍질이 남아 있으면 식감이 좋지 않고, 색이 거무스름해집니다.

2 보조 칼집을 넣는다.

당근을 세로로 길게 반 자르고, 꼭지 쪽에서부터 전체 길이의 절반까지 가운데로 칼집을 넣는다.

• 채소는 거의 같은 크기로 썰면 쉽게 볶을 수 있습니다. 당근처럼 중간에서 크기가 바뀌는 채소는 보조적으로 칼집을 넣습니다.

3 얇게 썬다.

끝에서부터 3mm의 두께로 얇게 썬다.

4 버터로 볶기 시작한다.

냄비에 버터를 넣고 중간 불에 올려서, 다 녹기 전에 3을 넣는다.

• 버터는 녹자마자 쉽게 탑니다. 타버리면 버터의 감칠맛이 없어져 버리고, 좋지 않은 맛도 더해집니다.

5 버터를 입혀주면서 볶는다.

계속 저어주며 색이 변하지 않도록 하고, 버터를 입혀주며 계속 볶는다. 도중에 소금 0.5g을 넣는다.

• 버터의 수분을 날리고 감칠맛의 베이스인 유청을 입혀주며 볶습니다. 단백질 때문에 쉽게 타버리니 주의.

6 냄비 바닥의 기름이 투명해진다.

냄비 바닥의 상태를 잘 확인해가면서 계속 볶는다. 버터가 부글부글 끓고 점점 수분이 날아가 기름이 투명해진다.

• 5의 유청이 당근에 입혀지고, 수분이 날아가 순수하게 기름만 남아 있다는 증거입니다.

7 재빨리 나무 주걱을 움직이며 볶는다.

쉽게 타므로 볶는 방법을 바꾼다. 나무 주걱을 재빨리 구석구석까지 움직이면서 잘 볶는다.

• 냄비 바닥의 버터 상태에 집중합니다. 당근의 카로틴이 기름에 남아 주황색이 됩니다. 이렇게 변해가는 과정도 즐겁습니다.

8 당근에서 반짝반짝 윤기가 난다.

소금 0.5g을 더하고 잘 섞는다. 당근과 버터가 하나 되어 나무 주걱의 움직임이 무거워진다. 냄비 바닥에는 기름이 거의 남아 있지 않고, 당근에서 윤기가 날 때까지 볶는다.

• 이후부터가 분발해야 할 때. 절대로 태우면 안 됩니다! 잘 섞어주세요.

9 당근이 희끗희끗해진다.

점점 당근이 희끗희끗해지고 당근에 다 흡수되지 못한 버터가 한 번에 터져 나온다.

• 당근은 이미 익었기 때문에, 여기서부터 드디어 단맛이 빠져나옵니다. 한 번 더 분발하세요.

10 볶기 완료.
불을 약하게 해서 계속 볶다가 냄비 바닥이 살짝 눌어붙기 시작하면 완료.
• 이 눌어붙은 것은 당근의 당분에서 나온 것입니다. 단맛이 나왔다는 증거이지요.

11 우유를 넣고 섞는다.
우유를 넣고 섞어서 잘 어우러지게 한다. 처음에는 희뿌옇다.

12 계속 저어서 투명하게.
계속 저으면 점점 당근이 투명해진다.
• 우유의 단백질과 유청이 지방과 유화되어 부드러운 감촉이 혀끝에 닿습니다. 특히 여기서부터는 쉽게 탑니다!

13 물을 더해서 끓인다.
물을 한꺼번에 넣고 센 불에 올리고, 펄펄 끓인다. 간을 보며 소금 2g을 넣고 더 끓인다.
• 재료는 이미 충분히 익어 졸일 필요는 없습니다. 거품처럼 보이는 희뿌연 것은 버터의 감칠맛인 유청입니다. 절대 제거하지 마세요!

14 믹서에 간다.
13을 믹서에 넣어 균일하게 곱게 잘 간다. 5~6분간 갈아 가능하면 매끄럽게 만든다.

15 다시 데우고 간을 맞춘다.
14를 13의 냄비에 넣어 다시 데운다. 간을 보고 소금 1g으로 간을 맞추고 그릇에 담는다.

Bonne idée

13을 믹서에 넣은 후 냄비 바닥을 잘 보세요. 희미하게 막이 입혀져 있으면 잘 볶아져 있다는 증거입니다. 냄비 바닥이 반질반질하게 깨끗하다면 볶는 것이 부족했다는 것. 당근의 단맛을 충분히 끌어내지 못한 것입니다.

> 응용편

당근 글라쎄

Carottes glacées

당근은 껍질 주변이 달고 맛있습니다. 그래서 어디를 먹어도 맛이 한쪽으로 치우치지 않게 듬성듬성 자릅니다. 단단함의 정도는 취향대로 해서 물렁물렁해질 때까지 익혀도 좋지만, 저는 씹는 맛은 남겨두고 싶네요.

재료 2~3인분

당근 - 1개(160g)   버터 - 15g
물 - 150~250mL   소금 - 1g

1 당근은 껍질을 벗기고 작은 크기로 듬성듬성 자른다.
2 냄비에 버터와 1의 당근을 넣고 센 불에 올린다. 버터가 녹아서 퍼지면 물 100mL와 소금을 넣는다. 위아래로 돌려가며 섞는다. 물이 졸아들어도 당근이 아직 딱딱하다면 그때마다 물 50mL를 더한다. 버터가 투명해지고, 냄비 바닥에 얇게 막과 노릇한 색이 나타난다면(사진 a) 계속해서 섞는다. 당근의 표면이 튀겨지기 직전처럼 탁탁 소리가 나면 완성(사진 b).

a   b

잎에 버터가 잘 입혀졌다면 끝!
줄기는 사용하지 않아요

시금치 소테

Epinards sautés au beurre noisette

시금치를 정말 맛있게 먹을 수 있는 소테를 만드는 방법을 알려드리겠습니다. 시금치에는 질긴 줄기, 녹색 잎, 작은 연두색 잎, 크게 이 세 부분이 있습니다. 여기서도 '성질이 다른 건 함께 익히지 않는다'가 저의 원칙. 얇아서 바로 익혀야 하는 잎과 질기고 식이섬유가 많은 줄기를 함께 소테하는 것은 그 자체가 어렵습니다. 소테는 녹색 잎으로, 향을 살린 뜨거운 버터를 살짝 뿌려주면 끝!

소테할 때의 버터는 뵈르 누와제트(beurre noisette, 태운 버터)를 사용합니다. 시금치는 향도 맛도 깊이가 있어서 버터도 견과류와 같이 깊은 향을 띠게 만듭니다. 버터만 녹여서는 풍미가 너무 순해서 어울리지 않습니다. 그리고 후추는 절대 금물! 시금치의 향이 엉망이 되어버립니다.

재료 2인분

시금치 - 20포기 마늘 - 큰 것 1쪽
버터 - 30g 소금 - 한 꼬집

🍳 지름 24cm 프라이팬

시금치는 냉장고에 세워서 보관합니다. 채소는 아직 살아 있어서 수확하기 전 심겨 있던 때로 돌아가려는 성질이 있는데, 눕혀서 보관하면 원래의 모습으로 돌아가려 스트레스를 받아 맛이 나빠집니다. 아스파라거스도 마찬가지입니다.

1 시금치가 물을 빨아들이게 한다.

시금치를 씻어서 뿌리를 물에 담가놓는다. 잎맥을 통해 물이 전해지며 잎의 끝이 빳빳해지며 탄력이 생긴다.

• 진흙이 묻어 있다면 하나씩 나누어 진흙을 씻어냅니다.

2 시금치를 세 부위로 나눈다.

먼저 연두색 잎을 손으로 뜯고, 다음으로 짙은 녹색 잎을 뿌리째 뜯어서 줄기에서 분리한다. 소테에는 짙은 녹색 잎만 사용한다.

• 작은 연두색 잎은 부드럽고 힘이 없어서 가열하기에 적합하지 않습니다. 샐러드로 사용하세요. 줄기는 삶아서 나물로.

3 뵈르 누와제트를 만든다.

프라이팬에 버터를 넣고 중간 불로 올려서 계속 돌려가며 노르스름하게 만든다(p.236 참고). 여기서 마늘을 더한다.

• '뵈르 누와제트'란 '헤이즐넛 버터'라는 뜻입니다. 헤이즐넛과 같은 색, 향이 납니다.

4 도중에 소금을 넣는다.

처음에는 큰 거품이 생기며 지글지글하는 소리가 난다. 소금을 레시피의 반만 넣어 간을 한다.

• 이 소리를 잘 들어보세요. 버터가 녹으면서 기름과 수분이 분리되어 수분이 튈 때 나는 소리입니다. 소리의 크기를 들으면, 수분이 날아간 정도를 확인할 수 있습니다.

5 뵈르 누와제트 완성

버터의 변화를 잘 확인하며 프라이팬을 계속해서 돌린다. 기포가 작아지고 소리가 작아지며 갈색이 돈다면 완성.

• 이 작업은 서둘지 마세요. 버터의 수분을 천천히 날리고, 단백질에 천천히 열을 가해 갈색을 내고 싶거든요.

6 시금치를 넣는다.

뵈르 누와제트가 완성되었다면 바로 2의 짙은 녹색 잎을 넣어 버터를 입힌다.

7 소금을 뿌리고 잘 볶는다.

버터가 전체적으로 입혀졌다면 잎을 펼치고 남은 소금을 뿌려서 전체적으로 섞고 또 섞는다.

• '시금치 소테'라고는 하지만 소테를 하는 것은 아닙니다. 버터를 입혔다면 끝, 이 정도로 생각해주세요.

8 여분의 수분을 제거한다.

볼에 체를 얹어서 7을 넣어 물기를 뺀 다음 그릇에 담는다.

• 아래로 빠진 수분은 떫은맛이 강해서 먹을 수가 없습니다. 시금치에 들어 있는 옥살산이 원인입니다. 이것은 필요 없으니 제거합니다.

Bonne idée

만드는 방법 1에서 물에 너무 오래 담가놓지 않습니다. 잎맥이 물을 더 이상 빨아들일 수 없게 되면 잎의 끝이 검게 물러집니다. 저는 이것을 '익사'라고 부르는데 이 상태가 되었다면 끝의 검은 부분을 잘라내 버려주세요.

이 소테는 구운 닭고기나 돼지고기 등 메인 요리의 곁들임으로도 추천합니다.

매끄러운 '거품'이 입 안에서 녹으며
채소가 두둥실 향을 낸다

파프리카 무스
Mousse de poivrons rouges

토마토 무스
Mousse de tomates

매끄러운 기포를
터트리지 않고 섞을 것

무스는 '거품'이란 뜻처럼 입안에 들어가면 두둥실 매끄럽게 녹으며 재료의 풍미가 퍼져나가는 상태가 되도록 마무리합니다. 이 식감으로 마무리하는 데 제가 중요하게 생각하는 2가지가 있습니다.

첫 번째로는 크림의 거품 상태입니다. 처음에는 거품을 잔뜩 내고 어느 정도 되었다면 거품기를 천천히 움직이며 거품을 안정시킵니다. 이렇게 하면 거품이 너무 많지 않고 입에 닿았을 때 매끄러운 상태가 됩니다. 사소하지만, 거품을 낼 때는 유리볼을 사용합니다. 금속 볼은 아주 미세한 파편이 흩어져서 쇳가루가 나올 수가 있습니다.

두 번째로는 생크림의 기포를 터트리지 않고 파프리카나 토마토와 섞는 것입니다. 제대로 잘 섞고는 싶지만, 기포를 터트리고 싶지는 않지요. 볼 바닥에서 위로 위아래를 뒤집는 것처럼 섞습니다.

식초는 토마토의
비법 조미료

일반적으로 팔리는 토마토는 신맛이 적기 때문에 생크림과 어울리기에는 맛이 약합니다. 그래서 비법 조미료인 식초를 사용합니다. 가열할 때 식초를 더하면 흐릿한 맛을 꽉 잡아주어 맛의 경계가 뚜렷해집니다. 또한 식초는 가열하면 여분의 신맛이 날아가 감칠맛이 납니다. 저는 조림에 약간 감칠맛을 더하고 싶을 때도 식초를 사용합니다. 다만 너무 많이 넣지 않습니다. 레몬은 향이 강하기 때문에 적합하지 않습니다.

재료 만들기 쉬운 분량

파프리카 무스

[파프리카 퓌레] 만들기 쉬운 분량, 100g 사용

붉은 파프리카(230g짜리) - 2개

판젤라틴 - 8g

소금 - 2g

생크림(유지방 38%) - 100g

소금 - 1g

토마토 무스

[토마토 퓌레] 만들기 쉬운 분량, 140g 사용

토마토 - 300g

레드와인 식초 - 5mL

판젤라틴 - 6.5g

소금 - 2g

생크림(유지방 38%) - 100g

소금 - 1g

파프리카 무스 만드는 방법

1 파프리카 퓌레를 만든다.

먼저 가스레인지에 석쇠를 올리고 파프리카를 올려 센 불에 표면 전체가 까맣게 될 때까지 굽는다.

• 파프리카의 '맛'을 원할 때는 먼저 굽습니다. 이 포슬포슬한 맛은 구워야만 나옵니다.

2 파프리카의 껍질, 씨, 심지를 제거한다.

1을 물에 넣고 껍질을 남김없이 벗긴다. 꼭지를 따서 씨나 심지를 떼어낸다. 이 상태에서 1개가 135g, 총 270g이 된다.

• 판젤라틴은 이 중량의 3%로 준비해주세요. 여기에서는 약 8g입니다.

3 믹서에 갈아서 체에 거른다.

믹서에 갈아서 가능한 매끄러운 상태로 만든다. 가능하면 5~6분간 돌리고, 촘촘한 체에 걸러 식이섬유를 제거한다.

• 무스는 혀에 닿는 식감이 생명! 저는 믹서를 가능한 만큼 돌려서 식이섬유를 갈아버리고, 입자를 잘게 만듭니다.

4 판젤라틴을 물에 불린다.

볼에 얼음물을 준비하고 판젤라틴을 1장씩 넣는다. 중간에 얼음물을 두세 번 갈아준다.

• 판젤라틴은 여러 장을 한꺼번에 넣지 않습니다. 서로 붙어서 섞을 때 얼룩이 생기기 때문입니다. 젤라틴은 물을 갈아주며 원료의 돼지 냄새를 뺍니다.

5 무스 반죽을 만들기 시작한다.

3을 냄비에 넣고 중간 불에 올리고 끓으면 소금 2g으로 간한다. 4의 젤라틴을 행주로 닦아 넣는다.

• 여분의 수분이 들어가면 안 되므로 불린 판젤라틴은 반드시 닦아줍니다.

6 젤라틴을 섞어 녹인다.

나무 주걱으로 젤라틴을 섞어 녹인 후 다시 끓으면 바로 불을 끈다.

• 젤라틴을 계속 가열하면 응고시키는 힘이 약해집니다.

7 고운 체에 거른다.

6을 촘촘한 체에 걸러서 녹지 않고 남아 있는 젤라틴을 걸러낸다.

8 냉장고에 식혀서 굳힌다.

7을 얼음물에 받치고 섞으면서 열을 식힌다. 냉장고에 식혀서 굳힌다.

9 굳었으면 생크림을 넣고 젓는다.

8의 무스 반죽이 굳을 때쯤, 유리볼에 생크림과 소금 1g을 넣고 얼음물에 받쳐서 공기를 머금게 하는 것처럼 거품을 낸다.

10 생크림은 80% 정도 거품을 낸다.
어느 정도 거품이 올라왔으면 천천히 거품기를 돌려가며 기포를 터트리는 느낌으로 80% 정도 거품을 낸다.
• 마무리는 천천히 상태를 보아가며 정리합니다. 과하게 올라오는 것을 방지할 수 있고, 기포가 안정되어 감촉이 매끄러워집니다.

11 파프리카 퓌레를 더한다.
9의 굳은 퓌레를 100g 덜어내어 전자레인지에 10~20초 정도 돌려서 부드럽게 만들고, 균일해지도록 섞어서 10에 더한다.

12 생크림과 섞는다.
볼의 바닥에서 위로 올려주듯이 하며 균일하게 섞는다.
• 기포를 터트리면 안 됩니다. 위아래를 뒤집는 것처럼 섞으세요.

13 차게 식혀서 굳힌다.
냉장고에 식혀서 굳힌다. 숟가락으로 떠서 그릇에 담는다.

> **Bonne idée**
>
> 파프리카는 원래 중남미가 원산지인 채소입니다. 헝가리로 건너가 현재의 달콤한 파프리카로 바뀐 것이지요. 이 유래를 생각해본다면, 무스 반죽에 파프리카 분말로 풍미를 더해서 즐길 수 있습니다. 또한 매운맛이 나는 카이엔 페퍼나 달콤한 향의 바스크 지역의 특선 에스플레트 고추*도 괜찮습니다. 향을 즐기려면 그릇에 담은 후에 뿌려도 좋겠지요.
>
> * 바스크 지역에서 나는 짙은 주홍색을 띠고 길이가 15cm 정도인 고추로 향이 아주 좋으며 맵기는 중간 정도다.-옮긴이

토마토 무스 만드는 방법

만드는 방법은 파프리카 무스와 기본적으로 같습니다. 만드는 방법에서 다른 점만 소개합니다.

1 토마토를 졸인다.
토마토는 껍질 채로 송송 썰어서 프라이팬에 넣고 중간 불에 올려서 졸인다. 도중에 레드와인 식초를 넣는다.

2 조림 완성.
잼과 같은 상태가 될 때까지 졸인다. 이 상태에서는 220g이 된다.
• 판젤라틴은 중량의 3%를 사용합니다. 여기에서는 6.5g입니다.

3~13
3~10은 파프리카 무스와 같습니다. 11에서는 토마토 퓌레를 140g 덜어내어 전자레인지에 10~20초 정도 돌려서 부드럽게 만듭니다. 이것을 균일해지도록 섞어서 10의 크림에 더해 섞은 후 식혀서 굳힙니다.

버터 소테는 버터로 볶으니까 실패!
버터는 마무리에서 향과 감칠맛을 입혀줄 뿐

감자와 양송이, 양파 버터 소테

Sauté de pommes de terre, champignons et oignons au beurre

버터 소테는
'버터의 풍미를 살리는' 요리

"버터 소테가 맛있게 되지 않아요." 이런 말 자주 듣습니다. 알고 계신가요? 버터 소테는 버터로 볶지 않는다는 것을. 재료를 올리브유나 좋아하는 기름으로 볶아서 제대로 익히고, 버터로 향과 감칠맛을 입히는 것이 버터 소테입니다. 왜냐하면 버터의 풍미나 감칠맛으로 재료를 맛있게 먹고 싶기 때문이지요. 버터는 계속 가열하면 감칠맛(유청)이 탑니다. 재료를 익히기 전에 버터가 타버려서 풍미를 잃게 된다면 주객전도입니다. 그래서 마무리 단계에서 버터를 입힌다는, 그런 의미입니다.

여기서는 단골 채소인 감자, 양송이버섯, 양파를 사용합니다. 레스토랑에서 나오는 요리는 아니지만, 왠지 모르게 맛있습니다. 가정에서는 충분히 훌륭한 채소요리 한 그릇이 됩니다. 그리고 메인요리의 곁들임도 될 수 있습니다.

셋을 따로따로 볶아서
마지막에 하나로 합친다

그동안 여러 차례 소개해드렸던 '성질이 다른 재료를 한 번에 볶는 것은 무리'라는 원칙을 여기서도 사용해 따로따로 볶고 마지막에 하나로 합칩니다.

중요한 것은 불 조절. 어느 재료이든 센 불입니다. 특히 버섯은 불이 약하면 바로 수분이 빠져나와 버리고, 먹음직스럽게 노릇노릇해지지 않습니다. 감자는 덜 구우면 모양이 망가지고 맛도 없어지며, 그렇다고 해서 약한 불로 시간을 너무 들이면 조림처럼 되어버려 촉촉함이 없어집니다. 그렇게 쉽게는 타지 않기 때문에 과감하게 센 불로 볶는 것이 맛있게 만드는 비결입니다. 버터 소테의 단골인 아스파라거스도 같은 방법으로 만들어보세요.

재료 3~4인분

감자 - 4개(470g)

양송이버섯 - 14개(240g)

양파 - 중간 크기 2개

식용유 - 약 50mL

올리브유 - 40mL

버터 - 27g

소금 - 적당량

후추 - 소량

🍳 지름 24cm 프라이팬

버섯을 살 때는 가능하면 새하얗고 랩 위로 집었을 때 단단하고 큰 것으로 고릅니다. 그리고 소테에는 밑동이 굵고 짧은 것이 적합합니다.

감자와 양송이, 양파 버터 소테 만드는 방법

1 양파를 안쪽과 바깥쪽으로 나눈다.

양파 껍질을 벗겨 반으로 자르고, 각각 세로로 3등분한다. 손으로 안쪽과 바깥쪽으로 나누어놓는다.

2 같은 크기로 맞추어 썬다.

큰 바깥쪽 부분을 길게 3등분하고, 거의 크기가 같게 빗모양으로 가지런히 썬다.

- 똑같이 볶기 위해 될 수 있으면 같은 크기로 맞추고자 합니다. 안쪽과 바깥쪽을 나누어 썰면 간단하고 깔끔하게 썰 수 있습니다.

3 감자를 빗모양으로 썬다.

감자는 잘 씻어서 흙을 털어내고 껍질째 길게 반 자르고 빗모양으로 썬다.

- 감자는 어느 조리법이든 껍질째가 기본. 직접 열이 닿는 것을 막아서 수분이 잘 빠져나가지 않고 열도 부드럽게 전달됩니다.

4 양송이버섯은 세로로 반 썬다.

양송이버섯의 밑동에 흙이 묻어 있다면 잘라내고, 밑동째 길게 반으로 나눈다.

- 밑동에 붙어 있는 흙은 닦아도 떨어지지 않으므로 과감하게 잘라냅니다.

5 감자를 볶기 시작한다.

프라이팬에 식용유 약 50mL를 넣고 센 불에서 프라이팬을 돌려가며 온도를 올린다. 식용유가 약 160℃ 정도 되었을 때 3을 넣는다.

- 온도가 낮으면 안 됩니다. 전분이 나와 잘 엉겨 붙고 '삶아진' 느낌해집니다.

6 밑으로 기름을 흘러내리게 하며 굽는다.

프라이팬을 앞뒤로 흔들어 기름을 흘러내리게 하며 튀기듯이 굽는다. 도중에 감자가 엉겨 붙으면 떼어낸다.

- 감자는 수분이 빠질 때 부글부글하며 거품이 나서, 소리를 잘 들어보며 굽습니다.

7 표면에 단단한 막이 생기다.

튀기듯이 구우면 표면의 수분이 빠져나가 단단해지고 점점 거품이 가벼운 소리를 내게 된다.

8 표면을 눌러서 확인.

거품의 소리가 약해져서 '쥐익'하는 소리가 난다면 표면을 눌러 확인한다. 점성이 없고 가볍게 눌러진다면 잘 익었다는 증거.

- 센 불에 볶아서 바깥쪽은 가볍게, 안쪽은 촉촉하게 익은 상태. 불이 약하면 시간이 걸려서 안이 바싹하게 마릅니다.

9 노릇노릇해지면 꺼낸다.

색을 잘 확인한다. 먹음직스럽게 노릇노릇해지면 다 구워진 것. 체에 걸러서 기름을 뺀다.

- 색을 균일하게 내려고 하지 마세요. 불가능합니다. 색이 얼룩덜룩한 것도 맛의 중요한 요소이니 괜찮습니다.

10 양송이버섯을 볶는다.

9의 뜨거운 프라이팬에 올리브유 1큰술을 넣고, 센 불에 올려 4를 넣고 볶는다. 기름이 다 흡수되면 올리브유 1작은술을 추가한다.

• 버섯은 센 불에, 처음부터 기름을 많이 넣지 않고 볶습니다. 이렇게 하지 않으면 수분이 나와서 질척해집니다.

11 올리브유를 더하고 소금을 뿌린다.

양송이버섯이 기름을 더 이상 흡수하지 않게 되면 올리브유 1작은술을 더하고, 소금 2g을 뿌려서 볶는다.

• 감자는 소금이 잘 입혀지지 않아 가열하는 도중에는 뿌리지 않지만, 버섯과 양파는 소금으로 간을 해 둡니다.

12 윤기가 나면 잘 볶아진 것.

볶는 소리가 '치익치익' 나며 양송이버섯의 표면이 반질반질해졌다면 잘 볶아진 것이다.

• 양송이버섯의 수분이 적당히 빠져나오며 맛이 진해지고, 향이 살아난 상태.

13 감자 위에 꺼내 놓는다.

9의 감자에 12의 양송이버섯을 더한다.

• 버섯에서 나오는 감칠맛 나는 수분을 감자가 흡수해, 맛있는 요소를 낭비하지 않고 전부 사용할 수 있습니다.

14 양파를 볶고 소금을 뿌린다.

13의 뜨거운 프라이팬에 올리브유 1큰술을 두르고, 센 불에 1과 2를 넣고 소금 2g을 뿌린다.

15 단맛이 나면 앞의 두 재료를 다시 넣는다.

센 불로 계속 볶으면서 살짝 노릇해지면 맛을 본다. 단맛이 나고 매운맛이 줄어들며 아직 육즙이 풍부할 때 13의 감자와 양송이버섯을 전부 다시 프라이팬에 넣어 가볍게 볶는다.

• 양파의 볶아진 정도는 정답이 없습니다. 여러분의 취향껏!

16 버터를 입힌다.

15에 버터를 올리고 살짝 녹인 후 프라이팬을 흔들며 전체적으로 버터를 입힌다.

• 버터가 이 요리의 향을 내줍니다. 마지막에 버터로 촉촉하게 해주고, 극단적으로 말한다면 조린다는 느낌으로 하나로 어우러지게 해주세요. 이것이야말로 버터 소테입니다.

17 간을 맞춘다.

후추를 그라인더로 한 바퀴 돌려서 뿌리며 전체적으로 향을 입히고, 마지막에 소금 적당량을 뿌려 간을 맞춘다.

• 볶음요리에서는 후추는 마지막에 뿌립니다. 이것이 원칙입니다.

Bonne idée

밭에서 나는 채소와 뿌리채소의 조합이기 때문에, 흙에 어울리는 트러플소스를 뿌리는 것만으로도 레스토랑에서 만든 것 같은 맛이 됩니다. 바닥이 없는 원형 틀에 넣고 치즈를 뿌려 오븐 토스터에 구워도 좋습니다.

정말 잘 만들고 싶다면
프라이팬 잡는 방법부터 시작해봅시다!

기본 오믈렛

Omelette nature

일단은 프라이팬의 바닥이
평평해지도록 잡는다

'오믈렛은 달걀 요리의 기본'이라고 하지만 깊이가 있어서 정말로 어렵습니다. 제가 목표로 하는 오믈렛은 일단 좌우가 균등하게 아름다운 모양으로 구워져 있어야 합니다. 그리고 잘라 보면 아주 얇게 부쳐진 달걀이 반숙 스크램블을 감싸 안고 있어야 하지요. 달걀은 액체로 익히면 한 번에 굳기 시작하고, 너무 익히면 갑자기 딱딱해집니다. 정말로 어려운 재료입니다. 저는 수련 시절에 건초염에 걸릴 정도로 이상적인 상태를 만들 수 있을 때까지 연습했습니다.

여기서 깨닫게 된 것은, 일단 프라이팬의 잡는 방법이 중요하다는 것(p.67 참조)입니다. 오믈렛은 프라이팬의 모양, 특히 안쪽 모서리를 이용해 만들기 때문에 철판의 면이 평평하게 되어 있지 않으면 모양이 기웁니다. 이 상태에서 몸에 팔을 평행하게 대어서 손잡이의 이음새를 두드리며 달걀을 앞으로 돌려주면서 말아갑니다.

수분을 더해
달걀의 응고 온도를 바꾸면 간단!

달걀은 복잡한 재료로, 노른자, 액체 상태의 흰자, 진한 흰자가 들어 있습니다. 가열하면 80℃ 정도에서 굳어버립니다. 이것을 부드럽고 폭신폭신하게 구워내려면 달걀에 수분을 더해야 합니다. 응고 온도가 올라가면 굽기 쉬워지고 가열함에 따라 수분이 팽창해 전체적으로 폭신해집니다. 맛을 생각한다면 생크림을, 없다면 우유나 물도 괜찮습니다. 아무것도 넣지 않으면 금방 푸석푸석해져 버립니다.

또 달걀은 소금간을 잘 먹기 때문에, 간은 싱겁게 해주세요. 여기서는 달걀 3개에 0.5g, 한 꼬집의 절반입니다. 그리고 오믈렛에 후추를 사용하다니 있을 수 없는 일입니다! 후추의 향이 달걀의 맛을 없애버립니다.

재료 1인분

달걀 - 3개

소금 - 0.5g

생크림(유지방 38%) - 1큰술

버터 - 10g

🍳 지름 21cm 프라이팬

기본 오믈렛 만드는 방법

1 달걀을 푼다.
볼에 달걀을 깨서 나무젓가락으로 확실히 섞는다.

- 흰자의 끈기를 없애고 싶지 않기 때문에, 나무젓가락을 사용합니다. 거품기는 금물. 끈기가 없어지면서 응고력이 떨어집니다.

2 조미료를 섞는다.
1에 생크림과 소금을 더하고 잘 섞어서 달걀 물을 만든다.

- 생크림이 없다면 우유 또는 물을 각각 레시피와 같은 양으로 더합니다.

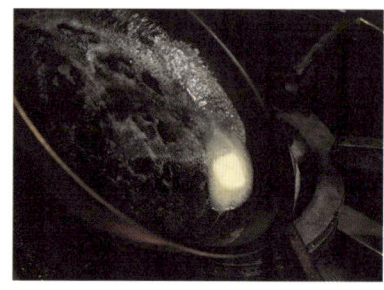

3 굽기 시작한다.
프라이팬에 버터를 넣고 중간 불에 올린다. 프라이팬은 작은 것(지름 약 21cm)을 추천.

- 달군 프라이팬에 버터를 넣으면 안 됩니다. 쉽게 탑니다.

4 달걀물을 넣는다.
3에 2의 달걀물을 단숨에 붓는다. 버터가 다 녹지 않고 아직 덩어리로 남아 있는 상태가 좋다.

5 바깥쪽에서부터 안쪽으로 젓는다.
나무젓가락으로 프라이팬의 바깥쪽에서부터 안쪽으로 원을 그리듯 젓는다. 재빠르게 여러 번 반복한다.

- 달걀은 프라이팬의 바깥쪽부터 익어서 굳어집니다. 굳기 시작하는 곳에서 중앙으로 섞어가며 바깥쪽의 달걀물을 흘려보내 줍니다. 이 반복 작업으로 균일하고 부드럽게 익습니다.

6 반숙이 되면 바닥면을 익힌다.
전체가 반숙 상태가 되면, 1~2초 불에 올린 채로 움직이지 않고 익힌다.

- 여기서 스크램블드에그를 감싸는 '얇은 달걀 부침'을 만듭니다. 서두르지 않아도 괜찮습니다. 위험하다고 생각되면 불에서 내려 침착하게 작업을 이어갑니다.

7 달걀을 반대편으로 접는다.
프라이팬을 비스듬히 해서, 앞에서부터 안쪽으로 달걀을 접는다. 반대편의 달걀을 젓가락으로 떼어낸다.

8 손잡이를 두드려 달걀을 앞쪽으로 만다.
바르게 프라이팬을 잡고 철판의 면을 평평하게 두어 손잡이의 이음새를 두드리며 달걀을 앞쪽으로 돌리면서 만다.

- 손잡이를 두드리는 때는 반드시 자신의 몸에 평행이 되도록 합니다. 그렇게 하지 않으면 달걀이 반대편이나 바깥으로 떨어집니다.

9 한 바퀴 돌리면 달걀 말기가 완성.
여러 번 손잡이를 두들겨서 달걀을 한 바퀴 돌리고, 이음매가 위로 왔다면 완성.

- 저는 젊었을 때 벽을 향해 프라이팬을 흔들며, 내용물이 날아가 벽에 닿지 않도록 열심히 연습했습니다.

10 손잡이를 바꾸어 잡고 그릇에 담는다.
손을 거꾸로 해서 손잡이를 잡고 이음매가 아래가 되도록 프라이팬을 돌려서 그릇에 담는다.

프라이팬을 올바르게 잡는 방법

프라이팬 사용에서 가장 중요한 것은, 철판을 가스레인지와 평행하게 두는 것입니다. 잘 관찰해주세요. 그냥 손에 쥐면 왼쪽으로 기울고 힘이 풀리면 오른쪽으로 기울어집니다. 기울어지면 재료를 앞으로 보낼 수가 없고, 오믈렛처럼 모양을 가다듬어야 하는 요리가 예쁘게 되지 않습니다. 중요한 것은 손잡이를 꽉 쥐지 않는다는 것! 너무 꽉 쥐니까 기울어지는 것입니다. 엄지와 검지로 단단히 잡고 나머지 세 손가락은 받치기만 하면 됩니다. 검지에서 새끼손가락까지는 손끝이 일직선으로 손잡이의 가운데까지 오도록 합니다. 이것이 기본입니다.

Bonne idée

달걀을 풀 때, 끈기가 없어지면 안 된다고 이야기했습니다. 간단히 말하면 거품기는 사용하지 않습니다. 나무젓가락을 사용해주세요. 거품기를 사용하면 끈기가 없어지고 달걀물이 매끄러워지며 공기도 들어갑니다. 만드는 방법 5에서 나무젓가락에 걸리지 않고, 버터를 머금기가 어려워집니다. 그래서 공기가 부풀어 수플레처럼 되는데다, 겉면의 얇은 달걀부침이 튀겨지는 것처럼 되어 거칠어집니다(사진 a). 안쪽의 스크램블드에그도 질척해지고 혀에 닿는 식감이 매끄럽지 않습니다(사진 b).

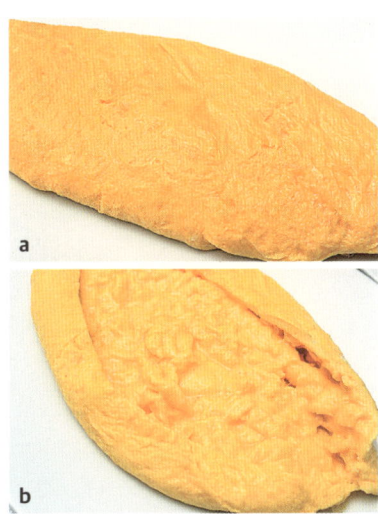

1 엄지와 검지로 고리를 만들어 프라이팬의 손잡이를 밀어 넣는다. 두 손가락의 접점이 프라이팬의 중심으로 온다.

2 다른 세 손가락을 검지에 대고 단단히 고정한다. 다섯 손가락 끝을 딱 자루의 중심선에 맞춘다.

중탕으로 부드럽게 익히면
맛도 혀에 닿는 식감도 부드럽다

스크램블드에그

Œufs brouillés

녹는 것처럼 매끈하고, 입안에서 달걀의 감칠맛과 단맛이 퍼져가는 것이 스크램블드 에그의 맛입니다. 프라이팬에 직접 익히면 이 식감을 내기가 어렵습니다. 달걀을 많이 익히는 순간, 수분이 빠져나와 단단해집니다. 즉, 응고 온도를 넘기자마자 단백질과 수분이 분리되어 단숨에 맛을 잃게 됩니다. 그래서 중탕으로 달걀 속에 버터를 입힌 소스를 만드는 것 같은 모습으로 부드럽게 익힙니다.

  저는 중탕을 할 때 뜨거운 물이 아닌 '증기'를 사용합니다. 직접 가열하고 싶지 않기 때문입니다. 직접 가열하면 재료를 부드럽게 익힐 수 없고 조리가 어려워져 얼룩도 잘 생깁니다. 간접적으로, 전체적으로, 차분하고, 부드럽게, 안쪽까지 균일하게 익힙니다.

재료 2인분

달걀 - 2개

버터 - 10g

소금 - 소량

생크림(유지방 38%) - 6~7mL

프랑스빵(취향껏) - 1.5cm 두께로 2~3조각

1 중탕을 준비한다.

윗지름이 볼과 같은 크기의 냄비를 준비해 약간의 물을 끓인다.

• 물이 너무 많으면 볼을 겹쳤을 때 바닥이 물에 닿아서 중탕하는 의미가 없습니다. 물이 너무 적어도 냄비가 탈 위험이 있으므로 주의해주세요.

2 달걀물을 만든다.

볼에 달걀을 깨서 알끈(하얀 덩어리)을 제거하고 젓가락으로 잘 풀어 소금과 생크림을 넣고 섞는다. 버터를 더한다.

• 매끈한 식감이 생명이기 때문에 알끈은 제거해주세요. 기본 오믈렛(p.64 참조)에서는 제거하지 않아도 됩니다.

3 중탕으로 달걀물을 익힌다.

1의 냄비에 2의 볼을 겹치고 주걱으로 천천히 바깥쪽에서 안쪽으로, 바닥 순으로 젓는다. 이 작업을 반복한다.

• 볼의 가장자리부터 굳어지기 때문에, 굳기 시작하면 안쪽으로 저어 섞어줍니다. 볼의 바닥을 저어주는 것도 잊지 않도록.

4 중탕 냄비에서 내리고 섞는다.

전체적으로 굳어지기 시작하면 중간중간 볼을 중탕 냄비에서 내리고 전체를 저으며 균일하게 만든다.

• 중탕이므로 서두를 필요는 없습니다. 냄비에서 내리고 저어서 균일해지면, 골고루 식감이 매끄러워집니다.

5 3과 4를 반복하며 완성.

3과 4를 반복한다. 전체가 가열되어 볼의 바닥을 긁었을 때, 천천히 되돌아오는 것 같다면 OK. 취향에 따라 프랑스 빵에 얹어서 먹어도 좋다.

Bonne idée

달걀을 깰 때 아이디어가 떠올라 껍질을 활용해보았습니다. 껍질의 윗부분을 칼날로 톡톡 부드럽게 한 바퀴 돌리며 두드려서 뚜껑처럼 분리합니다. 달걀을 비워낸 후 껍질을 깨끗하게 씻어서 말려두면 스크램블드에그 그릇이 됩니다.

삶은 달걀

Œufs durs

제가 쓰는 달걀은 L 사이즈*입니다. 크기에 따라 삶은 시간도 달라집니다. 예를 들어, 완숙이라면 L사이즈는 10분, M 사이즈라면** 9분정도. 다만, 너무 많이 삶으면 노른자의 주위가 회색이 되므로 주의합니다. 2~3분만 더 삶아도 색은 변합니다. 시간에 맞추어 건졌더라도 차게 식히지 않으면 역시 색은 변합니다. 반숙이라면 30초에도 달라지기 때문에, 끓으면 바로 타이머를 켭니다. 어찌 되었든 여러 번 해보며 감각을 익혀봅니다.

* 일본에서는 보통 64g~70g의 크기.-옮긴이
** 일본에서는 보통 58g~64g의 크기.-옮긴이

1 약간 크고 깊은 냄비에 달걀과 달걀이 잠길 정도 물을 넣고, 센 불에 올린다. 물이 데워지기 시작하면 중간중간 젓가락으로 저어가며 부드럽게 굴린다.

2 끓으면 타이머를 켜고 불을 약하게 줄인다.

3 원하는 정도로 익을 시간이 되면 건져서 물에 담가 충분히 식힌다.

4 부드럽게 두드려 깨고 얇은 막이 붙어 있는 채로 껍질을 벗긴다.

> **Point**
> - 달걀은 실온상태로 둡니다. 온도 차가 있으면 깨지기 쉽습니다.
> - 소금, 식초는 넣지 않아도 됩니다. 만약 껍질이 깨져 흘러나와도 금방 굳습니다.
> - 노른자를 가운데로 두기 위해 젓가락으로 굴리는 것은 끓기 직전에. 달걀의 응고점은 60~65℃로 끓는 시점에서 노른자는 이미 굳어 있는 상태입니다.
> - 다 삶아진 후에는 충분하게 식힙니다. 껍질을 깨끗하게 벗기기 위해서입니다.

끓어오르고 불을 약하게 했을 때부터의 시간

3분 30초 : 반숙란
(걸쭉하고 부드러운 상태)

4분: 반숙란
(노른자 주위가 굳어서 단단한 상태)

10분 : 완숙란

삶은 달걀 ▶ Déclinaison

달걀 샌드위치

달걀 샌드위치는 엄마가 만들어주던 추억의 요리입니다. 서양식 머스타드 대신 연겨자라는 점이 가정식답습니다. 버터는 수분이 빵 속으로 스며들지 않도록 해주는 벽입니다. 듬뿍 바르는 것이 저의 취향입니다.

반숙란 시금치 샐러드

프랑스의 일상 요리이지만, 시금치에 연연할 필요 없이 소송채나 양상추 등 비교적 맛이 진한 채소로 만들어도 맛있습니다. 바게트의 양은 취향껏. 많이 넣으면 한 끼 식사가 됩니다.

재료 2인분

완숙란(껍질을 깐 상태) - 3개
샌드위치용 빵 - 6장
버터 - 적당량
연겨자 - 적당량
마요네즈(p.190 참조) - 50g
파슬리(잘게 다진 것) - 2g
소금 - 소량(0.5g)

1 빵에 버터, 연겨자를 바른다. 취향껏 흑후추(분량 외)를 뿌린다.
2 볼에 삶은 달걀을 넣고 거품기로 으깬다(사진 a).
3 1의 빵에 2를 바른다(사진 b). 가장자리를 남기고 균등하게 여섯 장 전부 바른다. 두 장을 겹쳐서 하나로 만들고 가볍게 눌러 원하는 크기로 자른다.

재료 2인분

반숙란(껍질을 깐 상태) - 2개
시금치(잎) - 65g
바게트 - 적당량
마늘 - 1/2쪽
베이컨(가늘게 채 썬 것) - 70g
올리브유 - 1큰술
레드와인 식초 - 2큰술
흑후추 - 소량
소금(간을 보며) - 소량

1 바게트는 얇게 썰어서 잘 굽고, 마늘을 편으로 썰어 바게트 양면에 문지른다.
2 볼에 시금치를 담고 1을 으깨어 넣고 반숙란을 으깨서 더한다.
3 프라이팬에 베이컨을 넣고 센 불로 굽는다. 노릇노릇해지면 후추, 올리브유(기름이 많은 경우에는 올리브유를 넣지 않아도 좋다)를 넣고 센 불로 익힌다. 바글바글 익으면 레드와인 식초를 넣고 한소끔 졸인다. 뜨거울 때 2를 넣고 섞는다. 소금으로 간을 맞춘다.

a

b

수란

Œufs pochés

달걀은 가운데는 노른자, 그 주위 흰자의 안쪽은 진한 흰자, 그리고 바깥쪽은 액체 상태인 흰자로 구성되어 있습니다. 이 진한 흰자가 차갑지 않으면, 끓는 물에 넣었을 때 흩어지고 모양이 잘 만들어지지 않습니다. 만들기 직전까지 달걀은 냉장고에 둡니다. 1분 안에 만드는 녹진한 수란이 제 취향입니다. 잘 익힌 것을 좋아하는 분이라면 3분 정도 걸려도 괜찮습니다. 그러나 수란의 매력은 잘랐을 때 흘러나오는 노른자의 부드러움이지요. 단단하게 만들고 싶으면 삶은 달걀을 추천합니다.

1 냄비에 물을 붓고 센 불에 올린다. 소금을 넣어 살짝 짠맛이 돌게 한다. 작은 거품이 나오는 정도로 불을 조절한다.

4 구멍이 뚫려 있는 국자로 건져내어 바로 물기를 뺀다. 삶는 시간은 약 1분

Point
- 달걀은 냉장고에 차게 둡니다.
- 물은 부글부글 끓이지 않고, 작은 거품이 올라오는 정도의 끓는 상태를 유지합니다. 그러나 너무 약하게 하지는 않습니다.
- 냄비는 달걀을 넣었을 때 바닥에 잘 붙지 않는 깊은 것이 좋습니다.
- 구멍이 뚫려 있는 국자를 준비합니다.
- 취향껏 익힐 정도를 정합니다.
- 한 번에 만드는 건 2개까지! 시차가 너무 많이 생깁니다.

2 작은 볼에 달걀을 깨서 넣고, 1에 부드럽게 넣는다.

5 살짝 손에 올려서 가는 칼로 가장자리를 잘라내며, 모양을 가다듬는다.

3 바닥에 붙은 달걀을 고무 주걱으로 살짝 떼어낸다. 안정되면 물속에서 위아래를 뒤집는다.

수란 ▶ Déclinaison

수란을 얹은 멜로키아* 냉수프

멜로키아의 식이섬유와 함께 달걀의 단백질을 먹는 '샐러드'입니다. 버터는 적게 넣어 감칠맛을 살립니다.
볶는 대신에 삶은 기름을 씁니다. 중화요리에 있는 기법이지요.

*melokia: 모로헤이야 또는 몰로키아, 이집트 원산의 식물로 잎을 주로 사용하며 시금치와 비슷한 맛이 난다.-옮긴이

1 냄비에 닭뼈 육수를 넣고 센 불에 올린다. 끓으면 버터, 멜로키아를 넣고 살짝 끓인다.

2 1을 믹서에 넣고 곱게 간다. 체에 걸러서(사진a) 볼로 옮긴다. 볼 바닥에 얼음을 대어 차게 식힌다(사진b).

3 오크라는 도마에 올려놓고 소금을 뿌리면서 부드럽게 만들고(p.239 참조), 살짝 데쳐서 얼음물에 담가놓는다.

4 그릇에 2를 붓고 수란을 올리고 길게 반으로 자른 오크라로 장식한다.

재료 2인분

수란 - 2개
멜로키아 - 80g
닭뼈 육수 - 400mL
버터 - 20g
오크라 - 4개

향을 내는 조미료

화이트와인 식초

초산균으로 와인을 발효해 만든 식초입니다. 와인처럼 화이트와 레드가 있습니다. 일본 식초와 비교하면 산뜻하고 과일향이 나며 신맛이 강한 것이 특징입니다. 쌀식초, 곡물식초로 대체해서 사용해도 괜찮습니다.

발사믹 식초

과일 식초의 일종으로 원료는 포도 농축 과즙입니다. 원래는 나무통에서 숙성시켜서 만듭니다. 특징은 진한 색과 독특한 향과 단맛인데, 와인 식초에서 낼 수 없는 깊은 맛이 필요할 때 사용합니다. 저는 늘 양이 1/3이 될 때까지 졸여서 디스펜서에 넣고 사용합니다. 단맛이 강해져 정말로 맛있습니다.

후추

후추는 향을 존중해주어야 하는 향신료입니다. 저는 후추를 아주 좋아해서 바르게 사용하고자 합니다. 그래서 '소금후추'라는 단어를 쓰지 않지요. 특히 구이요리를 할 때 고온으로 구우면 탄내가 납니다. 조림에도 처음부터 넣어버리면 쓴맛이 남습니다. 후추를 사용할 때는 필요성과 타이밍을 생각합니다. 이 책에서 주로 사용하는 것은 흑후추입니다. 기본은 굵게 갈아서 사용하지만, 요리에 맞게 가는 정도를 조절합니다. 후추는 알갱이째 통후추로 사고 그때그때 갈아서 사용합니다. 공기에 닿으면 향이 점점 사라지기 때문에 향수와 같습니다. 다시 데워서 드실 때 마무리에 후추를 추가해도 좋습니다.

디종 머스타드

프랑스 디종 지방의 전통 레시피에 따라 만든 것입니다. 화이트와인과 화이트와인 식초로 묽게 만들어서 시원한 매운맛과 과일 산미가 특징입니다. 부드러운 향을 원할 때 사용합니다.

에샬롯

프랑스 요리에서 향채소로 많이 등장합니다. 껍질은 양파와 비슷하지만, 특별히 알아두어야 할 점은 향입니다. 양파와는 큰 차이가 있어 좀처럼 대체할 수 없는 채소입니다. 신선하게는 프랑스산, 벨기에산도 수입되고 있으며, 최근에는 냉동으로 다진 에샬롯(프랑스산) 등 편리하게 살 수 있습니다.

프로방스 허브믹스
(엘브 드 프로방스)

드라이 허브를 조합한 혼합 향신료. 건조시킨 것은 풍미가 축적되어 있어서 신선한 것보다 훨씬 강한 향이 나며, 허브의 풍미를 입히고 싶을 때 사용하기 편리합니다. 브랜드에 따라 배합이 다르므로 취향대로 고릅니다. 좋아하는 허브가 있다면 자신만의 방식으로 조합해도 좋습니다.

사프란

사프란은 단연코 향기입니다. 색깔은 강황 등으로 대체할 수 있지만 짙게 맴도는 향은 대신할 수 없습니다. 희귀해서 비싸므로 없다면 넣지 않아도 됩니다. 사용할 때는 마음껏. 다만 너무 많이 넣으면 쓴맛이 나므로 적당히 사용합니다.

Chapitre 3

모두가 사랑하는
일본식 양식
비스트로 스타일

메이지 초기에 일본에 들어온 서양요리를 일본인 특유의 감성으로 승화시킨 것, 그것이 일본식 양식입니다. 외국에서 전해진 요리에 최선을 다한 솜씨와 아이디어는 최고입니다! 일본식 양식이 그랬던 것처럼, 머지않아 일본인이 만드는 본격적인 프랑스 요리가 세계를 석권할 것으로 생각했다면, 정말로 그렇답니다. 본고장인 프랑스에서 일본인 셰프의 정성과 감성을 인정받아 미슐랭의 별을 따는 시대가 되었습니다.

이번 장은 일본식 양식입니다. 선구자에 대한 존경의 마음을 담아, 프랑스의 또는 저만의 방식을 아주 좋아하는 양식에 반영시켰습니다. 추억뿐만이 아닌 맛깔스러운 양식입니다. 전부 꼭 만들어보기를 바라는 자신 있는 레시피입니다.

햄버그 스테이크
Steak haché

씹는 순간 입안 가득 퍼지는 고기의 향과 압도적인 육즙, 페이스트와 소보로 상태의 서로 다른 고기의 존재감이 맛의 포인트입니다. 그리고 소스의 산미를 살린 어른의 맛. 이것이 제가 추구하는 최상의 햄버그 스테이크입니다. 비결은 다진 고기를 차갑게 유지하는 것입니다. 고기가 많아도 잘 뭉쳐져 결과적으로 육즙도 쉽게 빠져나오지 않습니다. 구울 때는 고기에서 녹아 나오는 기름을 이용하고, 식용유는 사용하지 않습니다. 다진 고기는 취향에 따라 돼지고기를 섞어도 좋지만, 배합은 30%까지입니다.

재료 2인분

다진 소고기 - 360g
양파 - 1/2개(100g)
버터 - 10g
A   우유 - 1과 1/3큰술
    빵가루 - 20g
    달걀 - 1/2개
소금 - 3g
흑후추 - 소량(0.5g)
B   당근 글라쎄(p.53 참조) - 적당량
    감자 소테(p.62 참조) - 적당량
    데친 브로콜리 - 적당량

[소스]

레드와인 식초 - 2작은술
간장 - 1작은술
물 - 50mL
토마토케첩 - 1큰술
우스터소스 - 1작은술
디종 머스타드 - 1작은술

🍳 지름 26cm 프라이팬

1 양파는 다진다. 프라이팬에 양파, 버터, 물(분량 외)을 넣고 약중불에서 단맛이 날 때까지 볶는다(p.237 참조).

2 1을 밧드에 펼치고 식힌다. 잔열이 식으면 냉장고에 넣는다.

3 작은 볼에 A를 넣고 섞어 둔다.

4 볼 바닥에 얼음을 받쳐서 다진 고기를 레시피의 2/3만 넣어 고무 주걱으로 으깨듯이 섞는다. 소금을 더하고 재빠르게 반죽한다.

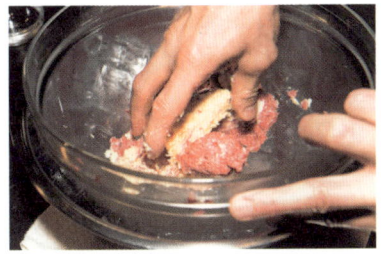

5 3을 넣고 더 반죽한다. 고기가 따뜻해지지 않도록 손 전체를 사용하지 않고 손가락으로 빠르게 반죽한다(손이 따뜻한 사람은 고무 주걱 등을 사용해서 반죽한다).

6 다진 고기의 뭉친 부분이 없어지고, 페이스트 상태가 되어 그릇의 바닥에 달라붙게 되면, 다진 고기 나머지 1/3과 흑후추, 2의 양파를 넣고 살짝 섞는다. 페이스트 상태와 덩어리 상태의 다진 고기가 섞여 있는 상태라면 완성.

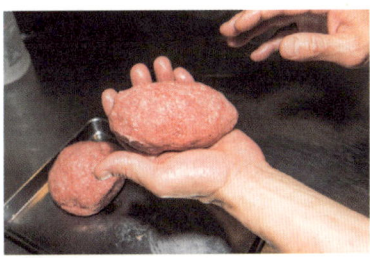

7 6을 2등분하고 공기를 뺀다. 왼손으로 굴리며 오른손은 거들어주듯이 움직인다.

8 타원형으로 가다듬고 최대한 얇고 평평하게 모양을 다듬어 중심은 눌러서 더 얇게 만든다. 두께의 기준은 2cm 정도. 손이 따뜻한 사람은 도마 위에 올려놓고 칼날면으로 모양을 다듬는다.

9 프라이팬에 8을 넣고 중간 불로 굽는다. 햄버그에서 기름이 녹아 나오는데, 프라이팬 위를 미끄러지듯이 움직이며 한가운데를 가볍게 누르거나, 계속 햄버그 밑에 기름이 있는 상태를 유지해가면서 굽는다. 2분 정도 굽고 가장자리가 희끄무레하게 되었을 때 뒤집는다.

10 뒷면도 햄버그 밑에 기름이 있는 상태를 유지해가면서 굽는다. 빠져나온 육즙을 햄버그에 되돌려준다. 뚜껑을 덮으면 육즙이 빠져 나오기 때문에 마지막까지 뚜껑은 덮지 않는다.

11 가장 두꺼운 부분에 나무 꼬치를 꽂았을 때 투명한 육즙이 나오면 다 구워진 것이다. 햄버그를 꺼내고 기름은 버린다.

12 소스를 만든다. 11의 프라이팬은 닦지 않고 센 불로 달구어, 레드와인 식초를 넣고 신맛을 날린다. 간장을 넣고 향이 나기 시작하면 물을 부어 전체를 씻어내듯이 돌리며 섞는다. 끓으면 불을 줄이고, 케첩과 우스터소스를 더한다. 머스타드를 녹여가며 넣고 한소끔 끓인다.

그릇에 B를 곁들이고 햄버그를 올려 소스를 끼얹는다.

오므라이스

Omelette au riz pilaf à la tomate

볶은 케첩의 고소함이 묘미. 전체적으로 골고루 열을 가해 '굽듯이' 익힙니다. 건더기의 크기를 맞추어 자르는 것은 밥과 잘 어우러지게 하기 위해서입니다. 케첩의 고소함과 어우러져 산뜻하고 가벼운 맛이 됩니다. 레드와인 식초를 살린 소스는 고급스럽고 상큼합니다. 한 단계 높은 오므라이스를 즐겨보세요. 치킨라이스는 프라이팬보다 지름이 작은 깊은 그릇으로 모양을 만들어서 넣으면 예쁘게 만들 수 있습니다.

재료 2인분

닭다리살 - 1개(300g)
양파 - 1개(200g)
양송이버섯 - 8개(80g)
식용유 - 소량
밥 - 320g
토마토케첩 - 3큰술
간장 - 1큰술
달걀 - 4개
소금 - 4g
버터 - 50g

[소스]
레드와인 식초 - 2작은술
토마토케첩 - 1큰술
우스터소스 - 1작은술
간장 - 1작은술
디종 머스타드 - 1작은술
물 - 80mL

🍳 지름 22cm 프라이팬

1 닭다리살에 소금 1.5g을 뿌리고 잘 주물러서 30분 정도 둔다.

2 양파와 양송이버섯은 7~8mm로 네모나게 썬다.

3 닭고기를 소테한다. 프라이팬에 식용유를 두르고 살코기 쪽을 아래로 해서 넣어 센 불로 살짝 굽는다. 뒤집어서 껍질을 아래로 놓고 중간 불로 줄여서 고기에서 나온 기름을 숟가락으로 끼얹으며 굽는다. 나오는 기름이 많아지면 적당히 버린다. 껍질이 먹음직스럽게 노릇해지면 불을 끈다.

4 깨끗하게 닦은 프라이팬에 버터 10g, 양파, 살짝 잠길 정도의 물(분량 외)을 넣고 약중불에서 단맛이 나올 때까지 볶는다(p.237 참조). 소금 0.5g을 뿌린다. 양송이버섯을 넣고 더 볶으며 소금 0.5g을 뿌린다. 그릇에 꺼내 담는다.

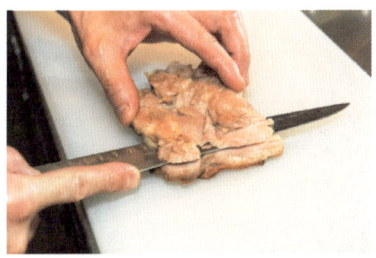

5 닭고기는 두께를 반으로 나눈 후 7~8mm로 네모나게 썬다. 껍질이 위에 있으면 비스듬하게 썰리기 때문에 아래에 두고 썬다.

6 프라이팬에 버터 30g을 넣고 4, 5, 밥을 더한다. 센 불에 밥알을 풀듯이 볶는다. 전체적으로 섞이면 케첩을 넣고 더 볶는다.

7 굽듯이 볶으며 케첩의 고소함을 끌어올린다. 프라이팬의 옆면을 따라 간장을 두르고 섞는다. 소금 1.5g을 뿌리고 섞으면 치킨라이스 완성. 치킨라이스의 반을 깊은 그릇에 담아 모양을 만들어놓는다.

8 1인분당 달걀 2개씩 그릇에 깨 넣고 섞는다. 프라이팬에 버터 5g을 넣고 강한 중간 불에 올려 전체적으로 버터를 발라준다. 프라이팬 옆면을 특히 꼼꼼하게 발라준다.

9 버터에서 거품이 나면 오믈렛을 만드는 방법대로(p.66 참조) 달걀을 부어 넣는다. 반숙 상태가 되었다면 7의 치킨라이스를 바깥쪽에서 모양을 잡아가며 얹는다. 앞쪽의 달걀을 덮어서 치킨라이스를 감싸고 프라이팬을 세워서 그릇 위로 뒤집는다. 다른 하나도 똑같이 만든다.

10 소스를 만든다. 작은 냄비에 레드와인 식초를 넣고 중간 불에 올린다. 끓어서 신맛이 날아가면, 나머지 재료를 넣어 잘 섞으면서 녹인다. 9에 끼얹는다.

Déclinaison

치킨라이스

케첩의 고소함이 성공의 비결. 주인공인 닭고기는 통째로 먹음직스럽게 노릇해질 때까지 구운 후 씁니다. 다른 건더기도 크기를 맞추어 밥과 잘 어우러지게 합니다. 케첩을 넣고 나서는 '굽는다'라는 생각으로. 케첩의 빨간색이 살짝 누그러지면 다 된 것입니다.

유럽식 비프카레

Curry de boeuf à l'européenne

카레 가루를 잘 살렸는데도 단맛이 느껴지는 것은 채소의 힘. 튀긴 풍부한 채소가 카레의 맛을 부드럽게 정리해줍니다. 맛의 핵심은 볶은 양파입니다. 갈색으로 흐물흐물해질 때까지 볶은 양파에서 진한 단맛과 감칠맛이 넘쳐납니다. 이것이 맛의 베이스가 되므로, 끈기 있게 볶아주세요. 건더기가 카레 소스에 버무려져 너무 묽지 않은 딱 좋은 농도입니다.

재료 4인분

- 양파 – 3개(600g)
- 버터 – 30g
- 소 사태 – 360g
- 토마토 – 2개(200g)
- 감자 – 작은 것 2개(240g)
- 당근 – 1개(160g)
- 양송이버섯 – 8개(80g)
- 카레 가루 – 2큰술
- 밀가루(강력분) – 1큰술
- 닭뼈 육수 – 1L
- 아스파라거스 – 큰 것 4개(180g)
- 소금 – 24g
- 식용유 – 75mL

🍲 안쪽 지름 21cm × 깊이 9cm 냄비
🍳 지름 26cm 프라이팬

1 볶은 양파를 준비한다. 양파 1과 1/2개는 섬유질을 따라 얇게 썰어 냄비에 넣고, 버터, 양파, 물 100mL(분량 외)를 더해 센 불에 올린다. 물이 줄어들면 중간 불로 내려서, 냄비 바닥을 긁어내듯이 섞으며 볶는다. 물(분량 외)을 더하고 섞어가며 볶기를 반복한다. 50분 정도 볶다가 세 번째 사진처럼 갈색으로 흐물흐물한 상태가 되었다면 완성.

2 소고기는 먹기 좋은 크기로 썰어 소금 3g을 뿌리고 잘 주물러준다. 토마토는 껍질을 벗기고(p.238 참조) 한입 크기로 썬다.

3 감자는 껍질째 한입 크기로 썰고, 당근은 한입 크기로 마구 썬다. 양파 남은 1과 1/2개는 빗모양, 양송이버섯은 반으로 썬다.

4 냄비에 카레 가루를 넣고, 전체적으로 섞으며 향이 날 때까지 볶는다. 밀가루를 넣고 더 볶는다. 점성이 생겨 냄비 바닥에 눌어붙을 것 같을 때 닭뼈 육수 100mL 정도 넣고 잘 섞어서 녹인다. 이것을 2~3회 반복하며, 닭뼈 육수를 전부 넣었을 때 토마토를 넣고 센 불로 졸인다.

5 프라이팬에 식용유 1/2작은술, 2의 소고기를 넣고 센 불로 굽는다. 먹음직스럽게 노릇해지면 냄비에 넣고 20분 정도 졸인다.

6 프라이팬에 식용유 70mL를 두르고 달구어, 감자를 넣어 센 불로 튀기듯이 볶는다. 전체적으로 노릇노릇해지면 3의 나머지 채소를 넣는다.

7 양파가 투명해지고 단맛이 나오면 소금 20g을 뿌리고 섞은 뒤 체에 걸러 기름을 뺀다. 너무 오래 두면 채소의 맛있는 즙이 다 빠져나와 버리기 때문에 10~20초 안에 5의 냄비에 넣고 20분 정도 졸인다.

8 아스파라거스를 손질하고(p.238 참조) 마구 썬다. 프라이팬에 식용유 1/2작은술, 아스파라거스를 넣고 볶으며 소금 1g을 뿌린다. 냄비에 넣고 다 같이 한소끔 끓이면 완성.

그릇에 밥을 담고(분량 외) 카레를 얹는다.

필라프

Pilaf

채소와 햄의 감칠맛을 한껏 빨아들인 밥의 맛, 크기를 맞추어 잘게 썬 재료들과의 일체감, 이것이 바로 제 스타일 비스트로 필라프입니다. 원래 프랑스 요리에서는 필라프는 곁들이는 요리입니다. 다 익었을 때는 질 척질척한 리조토 같지만, 이것이 프랑스 요리다운 식감입니다. 한 번 식혀서 전자레인지에 다시 데우면 고슬고슬해지는데, 이것 또한 맛있습니다. 냉동도 가능해서, 넉넉하게 만들어 저장해놓는 것도 좋습니다.

재료 2~3인분

양파 - 작은 것 1개(150g)

양송이버섯 - 8개(80g)

당근 - 1/2개(80g)

붉은 파프리카 - 1개(130g)

햄 - 100g

쌀 - 250g

닭뼈 육수 - 375mL

완두콩(냉동) - 50g

버터 - 85g

🍳 안쪽 지름 21cm 뚜껑 있는 얕은 냄비

1 완두콩 외의 채소, 햄은 쌀 크기로 맞추어서 다진다. 완두콩은 해동시킨다.

2 냄비에 버터 80g과 양파를 넣고 중간 불로 올려서 살짝 볶는다. 버터가 다 녹았으면 약한 불로 줄이고, 절대로 타지 않도록 계속 섞는다.

3 보글보글 거품이 나기 시작하면 양송이버섯을 넣고 볶는다. 단숨에 수분을 흡수하고 바로 수분을 내뱉는다. 점점 향이 나오는 것은 감칠맛이 나오고 있다는 증거.

4 향이 나면 당근을 넣고 볶는다. 마찬가지로 단숨에 수분을 흡수하고 조금씩 수분을 내뱉는다. 한 번 섞고 나면 조금씩 볶는 손에 힘이 가해지며 무겁게 느껴질 때 햄을 넣고 볶는다.

5 햄이 전체적으로 잘 섞이면 쌀을 넣는다. 아주 약한 불로 줄이고 쌀이 감칠맛을 흡수할 수 있도록 볶는다.

6 쌀이 투명해지면 닭뼈 육수를 넣고 센 불로 올려 한 번 섞어준다.

7 끓어오르면 뚜껑을 덮고, 불을 아주 약하게 내린다. 뚜껑 위에 물을 넣은 냄비 등을 올려놓는다.

8 10분이 지나면 뚜껑을 열고 나무 주걱으로 바깥쪽부터 크게 전체를 섞는다. 표면을 평평하게 정리하고 다시 뚜껑을 덮는다. 15분 더 가열한다. 바닥에 살짝 그을음이 생겼다면 다 익었다.

9 프라이팬에 버터 5g과 붉은 파프리카를 넣고 센 불로 올린다. 수분을 날리며 향을 내듯이 살짝 볶는다. 8의 냄비에 넣은 다음 완두콩을 더하고 바닥에서부터 뒤집으며 균일하게 섞는다.

씨푸드 마카로니 그라탱
Macaroni au gratin de fruits de mer

그라탱이라고 하면 대부분 진한 소스를 떠올립니다. 그러나 저는 해산물의 짙은 감칠맛, 마카로니의 식감, 구운 치즈의 고소함, 각각의 맛을 돋보이게 하고 싶었습니다. 그래서 소스는 산뜻한 정도로 농도를 조절합니다. 닭뼈 육수와 우유를 섞은 벨루테(veloute sauce, 루에 육수를 부어 만든 소스)를 만든다면 크리미함 속에서도 깔끔한 맛을 즐길 수가 있습니다. 구우면 소스는 굳어지기 때문에, 살짝 묽게 마무리합니다.

재료 2인분

* 가로 27cm × 세로 16cm × 깊이 4cm 그라탱 접시

양파 - 작은 것 1개(150g)
양송이버섯 - 8개(80g)
오징어 - 70g
가리비 관자 - 100g
작은 새우 - 70g
A 밀가루(강력분) - 2작은술
  │ 소금 - 0.5g
올리브유 - 1큰술
소금 - 1g
마카로니 - 150g
시금치(잎 부분) - 70g
파르미지아노 레지아노(간 것) - 25g
버터 - 25g

[루 블랑]
버터 - 20g
밀가루(강력분) - 20g

닭뼈 육수 - 200mL
우유 - 200mL

◼ 안쪽 지름 21cm × 깊이 9cm 냄비
◼ 지름 26cm 프라이팬

1 양파는 얇게 썰고, 양송이버섯은 8등분한다. 오징어는 껍질 쪽에 격자무늬로 얇게 칼집을 넣어 2cm로 네모나게 자른다. 가리비 관자는 두께의 반을 잘라 1.5cm로 네모나게 썬다.

2 볼에 해산물을 넣고 A를 더해 주무른다. 올리브유를 넣고 더 주무른다. 소금 약간(분량 외)을 더한 끓는 물에 넣고, 다시 한번 끓인 후 체로 거른다. 이 손질로 해산물이 탱글탱글해진다.

3 마카로니는 소금 적당량(분량 외)을 넣은 끓는 물에 표시된 시간까지 데치고, 체에 걸러서 물기를 뺀다.

4 루 블랑을 만든다. 냄비에 버터를 넣고 센 불에 올려 밀가루를 넣고 볶는다(p.236 참조). 이 루 블랑에 닭뼈 육수를 더해 중간 불로 줄이고, 거품기로 잘 섞으며 녹인다. 우유를 넣고 나무 주걱으로 바꾸어 냄비 바닥에서부터 쉬지 않고 섞는다. 2~3분 정도 표면에 윤기가 나고 매끄러운 상태가 될 때까지 섞는다.

5 프라이팬에 양파, 버터 10g을 넣고 약중간 불로 단맛이 날 때까지 볶고 냄비에 넣는다. 소금을 넣고 섞는다. 프라이팬에 양송이버섯, 버터 10g을 넣고 센 불에서 향이 날 때까지 볶아서 3의 마카로니와 함께 냄비에 넣고 잘 섞는다.

6 프라이팬에 버터 5g을 넣고 중간 불로 올려 뵈르 누와제트(p.236 참조)를 만들어, 시금치를 더해 센 불에서 볶는다. 반 정도 익은 상태에서 체에 거른다.

7 냄비에 6의 시금치를 넣고 잘 섞어 전체적으로 어우러지게 한다. 2의 해산물을 넣고 섞는다.

8 그라탱 접시에 7을 넣고 파르미지아노 레지아노를 골고루 가장자리까지 뿌린다. 180℃의 오븐에 넣고 표면이 노릇노릇해질 때까지 굽는다.

양배추롤

Chou farci

다진 고기는 익는 속도가 빨라서 짧은 시간 내에 조려도 좋을 것 같지만, 제대로 조리는 것이 양배추롤을 완성하는 비결입니다. 잘 조리면 양배추가 고기의 감칠맛을 흡수해 맛있어지고, 국물에 우러나 있는 감칠맛이 고기로 다시 되돌아갑니다. 그래서 고기는 촉촉하고 폭신하며 부드러워집니다. 냄비는 양배추롤이 빈틈없이 꽉 채워지는 크기로 고릅니다. 꽉 채우지 않으면 말아놓은 부분이 느슨해져, 모양이 망가지게 됩니다. 조리다 보면 크기가 줄어들어서, 과하다고 생각될 정도로 꽉꽉 채워 넣어도 괜찮습니다.

재료 10개분

양배추 - 1개(400g)

다진 고기(소고기 7 : 돼지고기 3) - 400g

당근 - 작은 것 1/2개(60g)

양파 - 1개(200g)

셀러리 - 1/2개(60g)

버터 - 40g

A 토마토케첩 - 1큰술
소금 - 3g
흑후추 - 적당량

닭뼈 육수 - 300mL

지름 26cm 프라이팬

안쪽 지름 21cm × 깊이 9cm 냄비

1 당근, 양파, 셀러리는 잘게 다진다. 프라이팬에 버터를 넣어 중간 불로 달구고, 버터가 녹기 시작하면 다진 채소를 넣고 타지 않게 섞어가며 볶는다. 수분이 날아가 달콤한 향이 나기 시작하면 밧드에 펼쳐놓고 식힌다.

2 양배추는 심지를 큼직하게 도려낸다. 큰 냄비에 가득 물을 끓이고 소금(분량 외, 물의 1%)을 넣고 양배추를 삶는다. 양배추를 말 때 찢어지는 것을 방지하기 위해 부드럽게 삶는다. 바깥쪽부터 자연스럽게 벗겨지기 때문에 냄비에서 꺼내서 준비해둔 물에 담근다.

3 큰 잎의 심지를 깎아낸다. 심지는 잘게 다져서 속재료로 사용한다. 작은 잎도 사용할 수 있으므로 따로 둔다.

4 볼 아래에 얼음을 받치고, 다진 고기를 넣어 페이스트 상태로 만들며 볼 바닥에 달라붙을 때까지 반죽한다. 1, 다진 양배추 심지, A를 더하고 잘 반죽하며 섞는다. 10등분해서 작은 원통 모양으로 다듬어둔다.

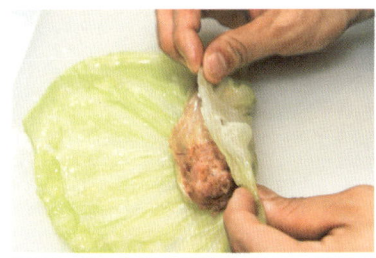

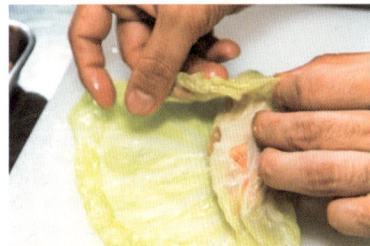

5 양배추를 펼쳐서 4를 감싼다. 먼저 앞에서부터 한 번 말고, 한쪽(오른쪽)을 접고 끝까지 말아서 다른 한쪽(왼쪽)을 손가락으로 밀어 넣는다. 처음 한 번 말 때 꽉 조이는 것이 포인트. 작은 잎으로 감싸고 큰 잎으로 마감면 쉽게 말린다. 또한 찢어진 잎은 다른 잎을 대어 덮어준다.

6 냄비에 5를 꽉꽉 채운다. 냄비는 양배추롤을 빈틈없이 채울 수 있는 크기로 고른다. 꽉꽉 채워서 모양이 망가지는 것을 방지한다. 닭뼈 육수를 붓고 센 불에 올린다. 끓으면 약 불로 줄이고 뚜껑을 덮어서 2시간 동안 조린다. 중간에 국물이 졸았다면 양배추롤이 덮일 정도까지 물을 추가한다.

조림 햄버그

Steak haché en ragoût

조림용 레드와인 식초, 레드와인, 간장을 졸이면 반짝이는 듯한 윤기가 납니다. 이 상태를 '미로와(거울이라는 뜻)'라고 합니다. 이 윤기 나는 미로와 상태가 될 때까지 졸이면 감칠맛과 풍미가 응축되어, 풍미가 풍부한 조림 국물의 베이스가 됩니다. 햄버그는 소고기와 돼지고기를 섞어 사용했지만, 물론 소고기 100%도 좋습니다! 깊이 있는 산미의 조림 국물과 햄버그, 곁들이는 달콤한 망고의 조합은 제 야심작입니다. 식감이 좋은 연근도 곁들여 어른의 진수성찬이 완성되었습니다.

재료 2인분

[햄버그]

다진 고기(소고기 7 : 돼지고기 3) - 360g

양파 - 1/2개(100g)

버터 - 10g

A 우유 - 1과 1/3큰술
　　빵가루 - 20g
　　달걀 - 1/2개

소금 - 3g

흑후추 - 소량(0.5g)

[조림 육수]

레드와인 식초 - 50mL

레드와인 - 300mL

간장 - 1작은술

닭뼈 육수 - 200mL

버터 - 20g

흑후추 - 적당량

[곁들임]

연근 - 130g　　파프리카 파우더 -

망고 - 2개(400g)　　적당량

버터 - 5g　　B 흑후추 - 적당량

식용유 - 2작은술　　　파슬리(잘게 다진 것)

소금 - 적당량　　　　- 적당량

🍳 지름 26cm 프라이팬

1 연근은 껍질을 벗기고 물에 적셔서 길게 4등분한 다음 작게 마구 썬다. 망고는 껍질을 벗기고 세로로 긴 빗모양으로 썬다.

2 햄버그 반죽을 만들어 6등분하고 모양을 잡아, 프라이팬에 굽는다(p.77의 1~11 참조).

3 프라이팬에서 2의 햄버그를 꺼낸다. 프라이팬에 남아 있는 기름은 버리지만, 바닥에 눌어붙어 있는 감칠맛은 남겨둔다.

4 프라이팬을 센 불로 달구고 레드와인 식초를 넣어 산미를 날리는 동시에 전체를 씻어내듯이 프라이팬을 돌린다. 레드와인, 간장을 더하고 프라이팬을 돌려가며 타지 않게 졸인다.

5 진득해져 바닥이 보이고 윤기가 나면 닭뼈 육수를 더한다. 바로 햄버그를 넣고 끓인 육수를 돌려가며 중간 불에서 졸인다.

6 다른 프라이팬에 버터 20g을 넣고 센 불로 올려, 뵈르 누와제트를 만든다(p.236 참조).

7 5에 6을 한 번에 더하고 유화시킨다. 천천히 넣으면 분리되기 쉬우니 주의. 햄버그는 가끔 뒤집고 소스를 뿌려주며 조린다. 수분이 줄어들면 불을 약하게 해 원하는 농도가 될 때까지 조리고 흑후추를 뿌린다.

8 곁들임을 만든다. 프라이팬에 식용유 1작은술, 연근을 넣고 센 불로 볶아 소금을 약간 뿌린다. 중간 불로 줄이고 전체적으로 노릇노릇해지면 버터를 넣고 넓게 퍼지면 파프리카 파우더를 뿌린다.

　깨끗하게 닦은 프라이팬에 식용유 1작은술, 망고를 넣고 센 불로 굽는다. 망고는 타기 쉬우므로 끊임없이 흔들어가면서 굽는다. 노릇노릇해지면 소금 조금과 B를 뿌린다.

9 8과 7의 햄버그를 함께 그릇에 담는다.

클램차우더
Soupe de palourdes (Clam chowder)

미국 동해안에서 발상한 수프. 우유를 베이스로 해서 크림 형태로 마무리한 클램차우더는 뉴잉글랜드 스타일, 토마토로 만들면 맨해튼 스타일이라고 부른다고 합니다. 베이컨의 향기와 양파의 단맛을 충분히 끌어내고, 감자로 걸쭉함을 더합니다. 감자는 으깨져서 끈기를 주기 때문에 남작감자*로 고릅니다. 이 요리는 단시간에 마무리하는 것이 포인트. 바지락살은 익히면 질겨지므로 육수에 넣었다면 불을 끄고 마무리합니다.

* 감자의 종류로 전분 성분이 높은 품종.-옮긴이

재료 3~4인분

바지락(껍데기 있는 것) - 800g
물 - 100mL
A 베이컨 - 30g
   양파 - 1개(200g)
   셀러리 - 작은 것 1개(70g)
   감자(남작감자) - 2개(200g)
버터 - 30g
닭뼈 육수 - 800mL
우유 - 40mL
생크림(유지방 38%) - 40mL
이탈리안 파슬리(잘게 다진 것) - 적당량
흑후추 - 적당량
크래커 - 적당량

안쪽 지름 27cm 뚜껑 있는 얕은 냄비**

안쪽 지름 21cm 깊은 냄비

** 바지락을 겹쳐 두 단 정도까지 넣을 수 있는 넓고 얕은 냄비. 윗부분에 공간이 생길 수 있는 것으로 고른다.

1 바지락은 농도 3% 소금물(분량 외)에 넣고 어둡고 조용한 장소에 두어 해감한다.

2 A를 1cm로 네모나게 썬다.

3 얕은 냄비를 센 불에 올려 뜨겁게 달구고, 바지락을 넣고 물을 부어 바로 뚜껑을 덮어서 삶는다. 가끔 뚜껑을 열어서 저어준다. 냄비 근처에 체를 볼에 걸쳐 준비해둔다. 2분 정도 있다가 바지락의 입이 벌어지기 시작하면 입을 벌린 바지락을 꺼낸다. 입을 살짝 벌리는 정도도 괜찮다. 냄비에 남은 바지락 육수를 체에 부어 거른다. 바지락살만 껍데기에서 발라낸다.

4 깊은 냄비에 버터, 베이컨을 넣고 약한 불로 볶는다. 향이 나기 시작하면 양파를 더하고 살짝 볶는다. 셀러리, 닭뼈 육수를 자작하게 더해(양파를 볶을 때 물의 역할은 p.237 참조) 졸이고 다시 볶는다. 수분이 줄어들고 양파가 부드러워지면, 감자를 추가해서 볶고 남은 닭뼈 육수를 넣어 센 불로 끓인다. 감자가 들러붙지 않게 끓어오를 때까지 냄비 바닥부터 잘 젓는다.

5 감자가 부드러워지고 조금씩 걸쭉해지면, 3의 바지락 육수를 키친타월로 걸러 가며 더해서 센 불로 끓인다. 거품이 생기면 거품을 제거한다.

6 우유, 생크림을 더하고 한 번 섞는다. 바지락살을 넣고 불을 끈다. 바지락을 넣었다면 더 이상 끓이지 않는다. 그릇에 담고 파슬리. 흑후추를 뿌리고 크래커를 올린다.

새우튀김

Crevettes panées à l'anglaise

단맛이 느껴지는 탱글탱글한 식감이 목표라면, 새우 손질이 중요합니다. 새우는 밀가루로 주물러서 씻어서 확실하게 불순물을 제거합니다. 꼬리에도 물이 들어 있으니 깨끗하게 짜내주세요. 튀김옷은 너무 많이 입히지 않도록. 밀가루와 달걀을 잘 묻힌 후 나머지는 털어내면, 튀김옷이 잘 벗겨지지 않습니다. 달걀에 물을 더해서 묽게 만들면 튀김옷이 너무 많이 묻지 않습니다. 타르타르 소스는 여러 재료를 조합한 레시피입니다. 겹겹이 쌓아 올린 산미, 짠맛, 풍미로 맛을 한 단계 상승시킵니다.

재료 10마리분

머리 없는 새우(블랙타이거 등) - 10마리
소금 - 적당량
밀가루(강력분) - 적당량
달걀물(달걀 1개에 물 1큰술)
빵가루 - 적당량
튀김 기름 - 적당량

[타르타르 소스]

삶은 달걀 - 3개
마요네즈(p.190 참조) - 100g
에샬롯(잘게 다진 것) - 20g
코니숑*(잘게 다진 것) - 25g
이탈리안 파슬리(잘게 다진 것) - 2g
케이퍼(잘게 다진 것) - 8g
소금 - 1g

레몬(빗모양으로 썬 것) - 2조각
취향에 맞는 잎채소(허브믹스 등) - 적당량

* cornichon, 작은 오이피클. -옮긴이

1 새우는 꼬리를 남기고 껍질을 벗긴다. 볼에 넣고 소금과 밀가루를 뿌려 주무르면서 흐르는 물로 씻는다. 이 작업을 한 번 더 반복한다.

2 새우 등에 대나무 꼬치를 꽂아서 새우 등 쪽의 내장을 제거한다. 꼬리 끝을 비스듬히 자르고 칼로 훑어가며 물을 뺀다.

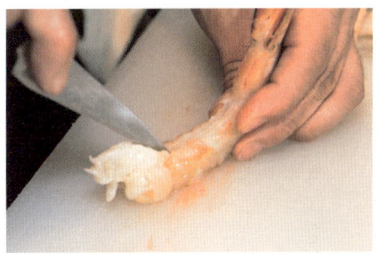

3 배 쪽으로 세로로 얇게 칼집을 내고 힘줄을 자른다. 배를 아래로 두고 손가락 끝으로 으깨는 듯이 곧게 늘린다.

4 타르타르 소스를 만든다. 삶은 달걀노른자를 체에 거르고, 흰자는 다진다. 재료를 전부 하나로 섞는다.

5 새우에 소금 1g을 뿌린다. 밀가루를 잘 입히고 여분의 밀가루는 털어낸다. 꼬리에는 묻히지 않도록 한다.

6 꼬리를 잡고 달걀물을 묻히고 볼의 가장자리를 이용해 여분의 달걀물을 털어낸다. 달걀물은 한 손으로 묻힌다.

7 빵가루를 새우 전체에 묻힌다. 다른 한쪽 손으로 굴려 가며 꼼꼼하게 묻히고 모양을 다듬는다.

8 튀김기름은 170℃로 달구어(넣었을 때 빵가루가 확 흩어지는 상태가 기준) 새우 꼬리를 잡고 앞에서 반대편으로 넘어뜨리듯이 침착하게 넣는다. 거품이 작아지고 먹음직스럽게 노릇노릇해질 때까지 3분 정도 튀기고 기름을 잘 털어낸다. 그릇에 담고 타르타르 소스, 레몬, 채소를 곁들인다.

게살 크림 크로켓

Croquettes à la crème de crabe

겉은 바삭, 안은 베샤멜 소스가 매끄럽게 녹는 듯한 부드러움. 게의 풍미도 물론이거니와 베샤멜이 맛의 결정타입니다. 이 레시피는 여러 번 시험해서 만든 야심작입니다. 베샤멜에 통조림 게살을 더한 후 제대로 익혀서 수분을 날립니다. 이것이 모양도 예쁘게 마무리하는 포인트. 베샤멜은 냉장고에서 차가워질 때까지 휴지시키고, 튀김옷은 터지지 않도록 빈틈없이 입힙니다. 만약 튀김옷을 입혔을 때 너무 부드러워졌다면, 다시 한번 냉장고에 휴지시켜주세요. 튀김기름을 고온으로 올려서 단번에 표면을 굳힙니다. 기름은 듬뿍, 그리고 크로켓이 들어갔다면 건드리지 말 것! 이것이 철칙입니다.

재료 16개분

게살 통조림 – 2캔(1캔당 110g)
달걀노른자 – 1개

[루 블랑]
버터 – 50g
밀가루(강력분) – 50g

우유 – 320mL
게살 통조림 국물 – (캔 2개분) 130mL
* 우유와 통조림 국물은 합쳐서 450mL

밀가루(강력분) – 적당량
달걀물 – 적당량
빵가루 – 적당량
튀김기름 – 적당량

🍳 안쪽 지름 21cm × 깊이 7cm 냄비

1 게살 통조림에서 살과 국물을 분리해둔다.

2 루 블랑을 만든다. 냄비에 버터를 넣어 약한 불에 올리고 밀가루를 조금씩 넣으며 볶는다(p.236 참조). 여기에 우유를 조금씩 넣어가며 나무 주걱으로 재빨리 볶아 베샤멜을 만든다. 우유를 다 섞었다면 게살 통조림의 국물을 조금씩 넣고 잘 섞는다. 매끄럽고 찰기가 생길 때까지 섞는다.

3 불을 끄고 달걀노른자를 넣어 잘 섞는다. 게살을 더하고 잘 섞는다.

4 3을 밧드에 흘려 넣고 펼쳐서 평평하게 만든다. 잔열이 식으면 랩을 씌워서 냉장고에서 1시간 30분 정도 휴지시킨다. 따뜻할 때는 모양을 정리하기 어려우므로 확실하게 식힌다.

5 4를 16등분 한다. 손에 식용유(분량 외)를 바르고 부드럽게 캐치볼을 하듯 공기를 빼고 원통 모양으로 다듬는다. 밀가루 안에 넣어 꼼꼼하게 밀가루를 입히고 여분의 밀가루를 털어내 가며 모양을 다듬는다.

6 달걀물을 묻히고 여분의 달걀물을 털어내어 빵가루를 전체적으로 입힌다. 튀김옷이 잘 벗겨지기 때문에 반죽은 직접 손대지 말고 빵가루 위에서 만진다. 튀김옷을 빈틈없이 입혀두지 않으면, 튀길 때 찢어질 우려가 있다.

7 튀김기름을 175~180°C로 달구고 6을 침착하게 넣는다. 부드러워서 집기 힘들 것 같다면 뜰채에 올려서 넣는다. 2~3개씩, 먹음직스럽게 노릇노릇해질 때까지 40~50초 튀긴다. 튀김기름 온도가 낮으면 튀김옷이 벗겨지거나, 찢어진다. 넣은 직후에는 온도가 내려가기 때문에 조금씩 불을 세게 해서 175~180°C를 유지한다.

감자크로켓

Croquettes

제가 감자를 좋아하게 된 계기는 크로켓입니다. 학교에서 돌아오는 길에 사 먹었던 정육점의 크로켓. 지금도 만들어 먹고 싶다고 생각할 정도로 다진 고기가 듬뿍 들어간 그런 크로켓입니다. 포인트는 감자를 질퍽질퍽하게 만들지 않는 것입니다. 그렇게 하려면 껍질째 삶습니다. 감자는 무게만 맞으면 종류는 무엇이든 상관없습니다. 소스로 곁들인 것은 농후한 쿨리 드 토마토(coulis de tomate)이지만, 취향에 맞는 소스도 좋습니다.

재료 8개분

감자 – 500g
다진 소고기 – 200g
양파 – 120g
소금 – 4g
버터 – 10g
밀가루(강력분) – 적당량
달걀물 – 적당량
빵가루 – 적당량
튀김기름 – 적당량
쿨리 드 토마토(p.198 참조) – 적당량

🍳 지름 26cm 프라이팬

1 양파는 다진다. 프라이팬에 양파, 버터, 물(분량 외)을 넣고 중간 불에서 단맛이 날 때까지 볶는다(p.237 참조). 다진 고기를 더해 숟가락으로 누르면서 보슬보슬해질 때까지 볶는다. 약간 진하게 색이 나도 좋다. 소금 2g을 뿌리고 섞어서 체에 걸러 기름을 뺀다.

2 감자는 삶아서 껍질을 벗긴다(p.237 참조). 볼에 담고 나무 주걱으로 쓱쓱 으깨며 소금 2g을 넣는다. 1을 넣고 전체적으로 살짝 섞는다.

3 2를 8등분해서 타원형으로 다듬는다. 냉장고에서 최소 30분 휴지시킨다.

4 3에 밀가루를 입히고 여분의 밀가루는 털어낸다. 달걀물을 묻히고 빵가루를 전체적으로 입힌다.

5 튀김기름을 160℃로 달구고(튀김옷을 떨어트리면 바닥까지 가라앉았다가 천천히 떠오르는 상태가 기준) 4를 넣는다. 넣고 나서 살짝 불을 세게 올리고 1분 정도 있다가 다시 내린다. 중간에 위아래를 돌려주며 먹음직스럽게 노릇노릇해질 때까지 7~8분 튀기고 기름을 뺀다. 그릇에 담고 쿨리 드 토마토를 곁들인다.

감자샐러드

Salade de pommes de terre

극단적으로 말하면 감자만으로도 좋을 정도로, 감자를 즐기는 샐러드입니다. 큼직한 건더기가 있거나 걸쭉하게 간 것도 있는 등 틀에 박히지 않은 재미가 이상적입니다. 다른 채소들은 질리지 않게 해주는 장식 같은 것입니다. 다만 물기가 있으면 맛이 없으므로 채소의 수분은 확실하게 털어주어야 합니다. 겨자는 강하게 살리고 미리 마요네즈와 섞어서 고르게 간을 합니다.

재료 4~5인분

감자(토카치코가네* 등) - 600g

당근 - 150g

셀러리 - 100g

오이 - 100g

양파 - 120g

소금 - 7g

A 마요네즈(p.190 참조) - 130g
연겨자 - 30g

*홋카이도 토카치 지방에서 나는 감자의 종류.-옮긴이

1 당근은 얇게 반달썰기, 셀러리는 얇게 썰고, 오이는 껍질을 벗기고 얇게 송송 썰며, 양파는 얇게 썬다.
2 냄비에 물(분량 외)을 넣고 센 불로 올려 끓으면 당근을 넣고 잠시 후 이어서 셀러리를 넣고 데친다. 당근의 풋내가 없어지면 체로 거르고 식힌다.
3 오이, 양파는 각각 소금 1g을 뿌려 조물거린다(p.239 참조).
4 감자는 삶아서 껍질을 벗긴다(p.237 참조). 볼에 담아 쓱쓱 으깨고 뜨거울 때 소금 5g을 넣어 섞는다.
5 작은 볼에 A를 하나로 섞는다.
6 4의 감자에 5를 넣고 섞는다(사진 a). 2를 넣고 섞는다. 잔열이 식으면 3의 채소를 넣고 섞는다(사진b).

| **Déclinaison** |

가루 감자

삶아서 껍질을 벗긴 감자를 다시 냄비에 넣습니다. 나무 주걱으로 2~4등분으로 나누고, 센 불에 올려 냄비를 흔들며 수분을 날립니다. 뚜껑을 덮지 않아도 좋습니다. 소금으로 간을 맞추면 완성됩니다.

Chapitre 4

비스트로풍의 기본 프랑스 요리

양파의 단맛을 차분하게 추출한 농후한 수프, 맛을 놓치지 않고 그릴에 구운 스테이크에 바삭하게 튀긴 감자, 버터의 향이 나는 생선 뫼니에르에는 레몬즙을 짜고……. Voilà(브왈라)! 어때요, 맛있겠지요. 이런 심플한 한 그릇이야말로 시대에 휩쓸려가지 않는 가치 있는 프랑스 요리, 시들지 않는 요리라고 저는 믿고 있습니다. 이 장에서 소개해드릴 것은 전부 전통적인 메뉴입니다만, 20대의 제가 프랑스 요리를 동경해 프랑스 요리의 땅으로 건너가 만났던 맛, 잊을 수 없는 맛의 오마주입니다. 각각의 맛을 다시 돌아보며 제 스타일로 승화시킨 레시피지요. 공정별 조리 팁과 응용법도 알려드립니다.

어니언 그라탱 수프

Soupe à l'oignon gratinée

이 수프의 맛은 제대로 볶은 양파의 단맛과 감칠맛이 전부입니다. 무엇보다 진한 갈색이 될 때까지 볶습니다. 다만 조심해야 할 것은 양파의 수분량. 햇양파는 수분을 가득 머금고 있지만, 여기에 비하면 저장 양파는 수분이 적습니다. 조리 전반에서는 고르게 익히기 위해 물을 넣고 후반에는 감칠맛을 내고 타는 것을 막기 위해 물을 넣지만, 물은 사용하는 양파에 맞추어 잘 살펴보며 조절해주세요. 잘 구워진 갈색은 고온으로 단번에 확! 너무 많이 가열하면 수프가 끓어오르기 때문에 단시간에 마무리합니다.

재료 4인분

양파 – 4개(800g)
버터 – 60g
물 – 740~760mL
닭뼈 육수 – 1L
바게트(얇게 썬 것) – 8~12개
그뤼에르 치즈(가늘게 간 것) – 70g

🍳 안쪽 지름 21cm × 깊이 12cm 냄비

1 양파는 세로로 반으로 썰고 섬유질을 따라 아주 얇게 채 썬다.

2 냄비에 버터를 넣고 센 불에 올려 바로 1과 물 400mL를 넣고 나무 주걱으로 섞는다. 물이 있는 동안에는 신경 써서 섞지 않아도 괜찮다. 잘 타기 쉬운 냄비 표면에 묻은 것만 문질러서 물이 있는 곳으로 떨어뜨리며 섞는다. 중간 불로 줄여서 볶는다.

3 12~13분 후 물이 줄어들면 물 200mL를 더하고 볶는다. 여기까지 넣은 물은 양파를 얼룩 없이 골고루 익히기 위해서다.

4 20~30분 볶으면 희미하게 노릇노릇해진다. 이렇게 되면 냄비 옆을 지키면서 냄비 바닥을 긁어내듯이 끊임없이 섞으면서 볶는다. 냄비 옆면이 노릇노릇해지면 양파를 긁어내면서 볶는다.

5 20분 정도 볶으면 어느 정도 갈색으로 된다. 물 20mL를 냄비 옆면으로 부어가며 더하고 섞으면서 볶기를 7~8회 반복한다. 여기서부터 넣는 물은 감칠맛의 베이스가 되는 냄비에 붙은 갈색을 양파로 흡수시키고 타는 것을 막기 위해서다. 물이 많으면 냄비 옆면에 갈색이 생기지 않기 때문에 조금씩 더한다. 20분 정도 더 볶아서 가운데 아래 사진처럼 진한 갈색이 되면 다 볶은 것이다.

6 닭뼈 육수를 넣고 섞는다. 줄이지 않아도 된다. 원하는 농도로 조절하고 간을 맞춘다. 나중에 짠맛이 강한 치즈를 더하기 때문에 여기까지는 살짝 싱거워도 좋다.

7 그릇에 6을 붓고, 얇게 썰어 가볍게 구운 바게트를 표면을 덮듯이 2~3개씩 올리고, 그뤼에르 치즈를 듬뿍 얹는다. 온도가 높은 오븐이나 오븐 토스터에 구워 단시간에 진한 색을 입힌다.

수프 노르망드

Soupe normande

노르망드란 노르망디풍을 의미하며 이 지방의 요리에 쓰이는 표현입니다. 이 수프는 채소 건더기가 듬뿍 들어 있는 스타일입니다. 여러 종류의 채소를 잘 익지 않는 순서대로 넣어서 줄이고, 채소의 풍미를 끌어내며 깊은 맛으로 마무리합니다. 냉장고에 남은 채소가 있다면 이 레시피에 구애받지 않고 잘게 썰어서 넣어주셔도 좋습니다.

재료 4~5인분

줄기콩 - 15개(100g)

A ┌ 감자 - 작은 것 1개(120g)
　├ 양파 - 1/4개(50g)
　├ 리크 - 1/3개(50g)
　├ 당근 - 작은 것 1개(100g)
　├ 셀러리 - 1/3개(40g)
　└ 양배추 - 1/6개(150g)

베이컨 - 50g

닭뼈 육수 - 2L

파슬리(다진 것) - 적당량

흑후추 - 적당량

🍳 안쪽 지름 24cm 깊은 프라이팬

2 프라이팬에 베이컨을 넣고 약중불에 볶는다. 기름이 나고 향이 나기 시작하면 양파, 리크를 더해 3~4분 볶는다. 여기서 확실하게 잘 볶아야 깊은 맛이 난다.

4 채소가 흐물흐물해지면 물에서 건져 올린 감자를 넣고 10분 더 끓인다. 감자는 수프에 끈기를 주기 때문에 으깨질 때까지 끓인다. 너무 졸여지면 물(분량 외)을 더한다.

1 줄기콩은 1cm 길이로 썬다. A와 베이컨은 전부 1cm로 네모나게 썬다. 감자는 물에 담가 둔다.

3 당근, 셀러리를 넣고 살짝 섞는다. 줄기콩, 양배추, 닭뼈 육수를 더해 센 불에 올린다. 끓기 시작하면 중간 불로 줄이고 20분 정도 끓인다.

5 파슬리를 넣고 한 번 섞은 후 흑후추를 뿌린다.

수프 노르망드　▶　Déclinaison

미네스트로네 파스타

미네스트로네는 말하지 않아도 모두가 아는 이탈리아의 채소 수프입니다. 토마토를 넣은 레시피가 많지만, 미네스트로네는 '건더기 듬뿍', '마구 섞다' 등을 나타내는 표현이기 때문에 엄격한 규칙이 있지 않으며 파스타를 더한 것도 아주 좋습니다. 파스타는 수프 안에서 삶아서 감칠맛이 만점입니다.

재료 2~3인분

수프 노르망드 - 1L

스파게티니 - 30g

토마토 - 2개(200g)

파르미지아노 레지아노(간 것) - 적당량

1 스파게티니를 2cm 길이로 자른다. 토마토는 껍질을 벗기고(p.238 참조) 1cm로 깍둑썰기한다.

2 냄비에 수프 노르망드를 넣고 중간 불에 올려, 끓으면 스파게티니를 더한다. 5분 정도 끓여 부드러워지면 토마토를 넣고 한소끔 끓인다. 그릇에 담고 파르미지아노를 뿌린다.

라따뚜이

Ratatouille

저는 라따뚜이를 '채소 콩피튀르(잼)'이라고 부릅니다. 토마토, 붉은 파프리카, 가지, 주키니, 양파……. 채소 하나만으로는 낼 수 없는, 전부를 모아놓은 힘을 맛보세요. 원래는 페이스트 상태가 될 정도로 졸이는 편이 맛있습니다. 그렇지만 모양이 좋지 않고, 채소에서 수분이 대량으로 나와버립니다. 저는 어느 정도 끓였다면 채소랑 채수를 분리해 채수를 졸인 후 채소를 다시 넣는 방법으로 만들고 있습니다. 채수를 충분히 졸이면 맛이 진해질 뿐만 아니라, 수분과 기름이 유화되어 채소와 잘 어우러지고 입에 닿는 감촉도 매끈해집니다. 잔열을 식히고 하룻밤 두면 더욱 맛있어집니다. 채소에서 팩틴이 듬뿍 나와 하나로 뭉쳐져 있을 거예요.

재료 4~5인분

- 토마토 – 2개(200g)
- 붉은 파프리카 – 큰 것 1개(200g)
- 가지 – 2개(200g)
- 주키니 – 2개(200g)
  * 녹색과 주황색으로 각 1개
  (2가지 색이 아니더라도 괜찮음)
- 양파 – 1개(200g)
- 피망 – 4개(100g)
- 마늘 – 2쪽(20g)
- 올리브유 – 1과 2/3큰술
- 소금 – 적당량

🍳 안쪽 지름 24cm 깊은 프라이팬

1 토마토와 붉은 파프리카는 구워서 껍질을 벗기고(p.238 참조), 가지는 줄무늬를 넣으며 껍질을 벗긴다(p.239 참조). 모든 채소는 1cm로 깍둑썰기한다. 마늘은 다진다.

2 가지, 주키니는 각각 볼에 넣어 소금을 뿌리고 버무려 5분 정도 둔다. 수분이 빠져나오면 체에 밭쳐 뺀다.

3 프라이팬에 올리브유 1큰술, 양파, 마늘을 넣고 센 불에 볶는다. 양파가 숨이 죽으면 가지를 넣고 기름을 흡수시키듯이 볶는다. 주키니, 토마토, 붉은 파프리카 순으로 넣고 합쳐서 볶는다. 서서히 수분이 빠져나오는데 그 수분이 끓기 전까지는 센 불로. 그다지 많이 젓지 않는다.

4 프라이팬에 올리브유 2/3큰술과 피망을 넣고 살짝 볶는다. 3에 더해 볶는다.

5 피망의 색이 변하면 체에 걸러서 채수를 거른다. 피망은 너무 많이 익히면 쓴맛이 난다.

6 5의 채수만 프라이팬에 넣고 센 불로 졸인다. 맛을 보고 소금 2g을 넣는다. 채수를 저은 숟가락의 뒷면을 손가락으로 문지르면 선이 남을 정도의 농도로 졸인다.

7 5의 채소를 6에 넣고 전체를 섞어서 완성한다.

라따뚜이 ▶ Déclinaison

달걀을 넣은 라따뚜이

달걀은 날 것인 게 맛있습니다. 하얗게 익지 않아도 오븐에 구우면 따뜻해지기 때문에 잘 섞어서 먹습니다. 라따뚜이를 냉장고에 보관해둔 경우에는 실온에 좀 두어서 온도를 올리거나 살짝 데워서 조리합니다.

냉파스타

면은 카펠리니처럼 가는 것이 차가운 음식이라는 느낌을 살려줍니다. 하지만 라따뚜이의 풍미가 확실히 살아 있기 때문에 스파게티 정도의 굵기라면 가정에 있는 것도 괜찮습니다.

재료 1인분

라따뚜이 - 120g

달걀 - 1개

1 그릇에 라따뚜이를 담고 한가운데를 파내어 달걀을 떨어트린다.
2 170℃의 오븐에 10분간 굽는다.

재료 1인분

라따뚜이 - 200g

스파게티 - 120g

A 타바스코 - 6방울
  마늘 오일(p.234 참조) - 1/4작은술

파르미지아노 레지아노(간 것) - 적당량

1 스파게티는 소금(분량 외)을 넣고 끓는 물에서 표시된 시간대로 삶아서, 얼음물에 식히고 물기를 뺀다.
2 볼에 1, 라따뚜이, A를 넣고 버무린다. 간을 보고 부족하면 소금(분량 외)으로 간한다. 그릇에 담고 파르미지아노를 뿌린다.

프레시 라따뚜이
Ratatouille fraîche

채소의 신선함을 추구한 창작 요리. 라따뚜이처럼 졸이지 않기 때문에 깊은 맛은 나지 않지만, 저는 샐러드 같은 이 요리가 마음에 듭니다. 크기를 맞추어서 써는 것은 라따뚜이에 대한 오마주이기도 하고, 면적이 넓어져 소금을 뿌렸을 때 더 쉽게 수분이 나오기 때문입니다. 곁들임으로써 생선에도 고기에도 어울리는 만능 일품요리입니다.

재료 2~3인분

- 토마토 - 큰 것 1개(150g)
- 붉은 파프리카 - 1개(130g)
- 주키니 - 1개(100g)
- 가지 - 1개(100g)
- 양파 - 1/2개(100g)
- 소금 - 4g
- A ┌ 올리브유 - 2큰술
  └ 마늘 오일(p.234 참조) - 1작은술
- 흑후추 - 적당량

a

b

c

1 토마토는 세로로 8등분한다. 껍질을 벗긴다(사진 a). 과육과 씨 주위 부분은 잘라서 분리해 각각 5mm로 깍둑썰기한다. 씨 주위 부분은 체에 걸러서 씨와 과즙으로 나누어(사진 b) 즙을 사용한다. 주키니, 가지는 각각 5mm로 깍둑썰기하고, 각각 소금 2g을 뿌려 버무려서 수분이 나오면 물기를 뺀다. 양파는 5mm로 깍둑썰기한다.

2 볼에 1을 넣고, 한가운데 A를 더해 잘 섞는다. 흑후추를 뿌리고 살짝 섞는다. 간을 보고 소금(분량 외)으로 간한다.

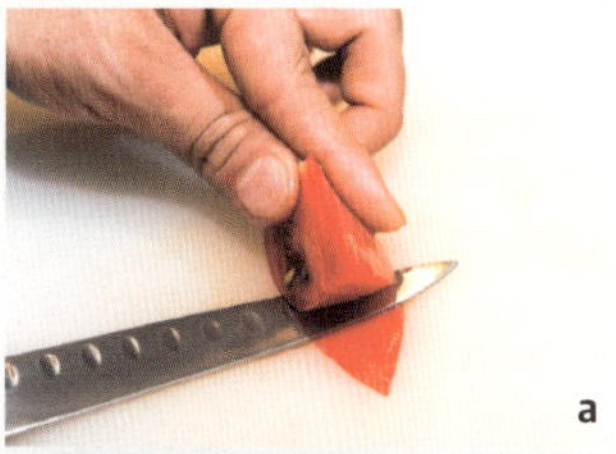

따뜻한 푸른 채소 샐러드

Salade verte à la vapeur

과정은 아주 간단합니다. 잘 익지 않는 채소부터 차례로 넣고, 각각의 과정마다 소금을 뿌리며 한 번씩 섞어주는 것을 반복합니다. 전체적으로 골고루 간을 맞추고 한 층 더 맛이 어우러지도록, 조금씩 소금으로 간을 쌓아갑니다. 사용하는 소금의 전체 양은 3g. 한 번 뿌리는 양이 얼마인가 계산하지 않지만 나누어 사용합니다. 이 샐러드는 시트론 살레(p.235 참조)를 뿌려도 맛있습니다.

재료 2~4인분

아스파라거스 - 4개(80g)
줄기콩 - 100g
오크라 - 4개(60g)
브로콜리 - 작은 것 1개(150g)
양송이버섯 - 8개(80g)
래디시 - 5개(60g)

순무 - 1개(100g)
꽈리고추 - 10개(60g)
올리브유 - 2와 1/2큰술
셰리 식초 - 1과 1/3큰술
소금 - 3g

지름 26cm 프라이팬

1 아스파라거스는 줄기 중간중간 튀어나와 있는 삼각형 모양의 옅은 갈색의 잎을 도려내고, 단단한 부분은 껍질을 벗긴 후 전체 길이를 반으로 썰고 뿌리 쪽은 다시 세로로 반 썬다. 줄기콩, 소금을 뿌려놓은 오크라는 각각 세로로 반 썬다. 브로콜리는 잘게 나누고 밑동을 분리해서 얇게 썬다. 양송이버섯은 반으로, 래디시는 4등분한다. 순무는 껍질을 벗기지 않고 4등분해 단면의 모서리 부분을 둥글게 깎아낸다(이상 채소 손질 p.238~ 239 참조).

2 프라이팬을 센 불에 달구고 올리브유, 줄기콩, 아스파라거스의 뿌리 쪽 부분을 넣고 소금을 조금 뿌려서 섞는다. 약중불로 줄이고, 순무와 브로콜리 밑동, 꽈리고추, 아스파라거스의 봉우리 부분, 양송이버섯, 오크라, 작게 나누어놓은 브로콜리를 넣고 각각의 채소를 넣을 때마다 소금을 조금씩 뿌린다. 래디시를 넣어 섞고, 셰리 식초를 한 번 둘러 뚜껑을 덮는다. 바로 불을 끄고 30초 정도 둔다.

그린 아스파라거스 소테

Sauté d'asperges

아스파라거스는 달군 팬에 단번에 넣고 노릇노릇해지도록 펼쳐놓고 굽습니다. 색이 일정하지 않고 얼룩덜룩해도 괜찮습니다. 오히려 그게 더 좋습니다. 아스파라거스는 봉우리 쪽이 더 맛있는 부분이라 신경을 써서 다루어야 합니다. 단단한 뿌리 쪽은 길게 반으로 잘라 익는 정도를 균일하게 합니다.

재료 2~4인분

아스파라거스 - 12개(240g)

블랙 올리브(씨 있는 것) - 12알

올리브유 - 1큰술

발사믹 식초 - 1작은술

파르미지아노 레지아노 - 10g

소금 - 1.5g

🍳 지름 26cm 프라이팬

1 아스파라거스는 줄기 중간중간 튀어나와 있는 삼각형 모양의 옅은 갈색 잎을 도려내고, 단단한 부분은 껍질을 벗긴 후(p.238 참조), 길이는 봉우리 부분 1 : 뿌리 부분 2의 비율로 썰고(사진 a), 뿌리 쪽은 세로로 길게 반 가른다.

2 프라이팬에 올리브유를 두르고 센 불에 달구어 1을 굽는다. 아스파라거스를 펼쳐서 노릇노릇해지도록 굽고 소금을 뿌린다. 먹어보고 원하는 식감이 되었다면 블랙 올리브를 넣는다. 불을 약하게 하고 발사믹 식초를 더하고(사진 b) 불을 끈다. 그릇에 담고 얇게 썬 파르미지아노를 뿌린다.

감자 퓌레
Purée de pommes de terre

옛날부터 내려오는 전통 요리로 고기 요리의 곁들임으로 쓰이는 경우가 많습니다. 감자 퓌레의 맛은 뭐라 해도 녹진함! 버터, 우유, 생크림은 따뜻하게 데워서 첨가하면 쉽게 녹진해집니다. 푸드 프로세서로 과하다고 생각될 정도로 균일하게 잘 섞어서 끈적끈적한 상태로 만들어주세요.

재료 만들기 쉬운 분량

감자(키타아카리* 등) - 500g

A 버터 - 125g
   우유 - 125mL
   생크림(유지방 38%) - 125mL
   소금 - 3g

🍳 작은 냄비

* 홋카이도에서 나는 감자품종으로 껍질이 얇고 수분이 많아 쉽게 으깨진다.-옮긴이

1 감자는 삶아서 껍질을 벗기고(p.237 참조) 굵게 다진다.

3 푸드 프로세서에 1과 뜨거운 상태의 2를 넣고 끈적끈적한 점성이 생길 때까지 잘 섞는다.

2 냄비에 A를 넣고 센 불에 올려서 끓인다.

감자 퓌레 ▶ Déclinaison

아시 파르망티에

프랑스인들이 가장 좋아하는 가정 요리 중 하나. 파르망티에는 프랑스에 감자를 전해서 보급한 사람으로, 메뉴에 '파르망티에'가 붙어 있으면 감자요리라고 기억해두세요.

재료 2~3인분

감자 퓌레 - 600g

미트 소스(p.146 참조) - 250g

파르미지아노 레지아노(간 것) - 적당량

1 그라탱 접시에 미트 소스를 부어 평평하게 펼치고 감자 퓌레를 쌓은 후 평평하게 다듬는다. 파르미지아노를 골고루 뿌리고 180℃의 오븐에 표면이 노릇노릇해질 때까지 굽는다.

감자 크림 그라탱

Gratin dauphinois

프랑스 요리의 세계로 들어왔을 무렵 처음 먹어본 추억의 한 그릇이 바로 감자 크림 그라탱이었습니다. 유지방을 얼마나 감자에 흡수시키느냐가 이 요리의 관건입니다. 이를 해결할 수 있는 것이 오븐 온도와 굽는 시간이지요. 모든 조리법에는 이유가 있는데, 프랑스산 우유는 진하고 맛있어 우유로만 만듭니다. 그에 비하면 일본 우유는 역시 조금은 아쉽습니다. 그래서 생크림을 더합니다. 심플한 고기 그릴 요리에 곁들여도 좋고, 물론 이것만으로도 맛있습니다! 풍미 깊은 비스트로 요리의 정석입니다.

재료 2~3인분

* 가로 24cm × 세로 15cm × 깊이 5cm 그라탱 접시

감자(메이퀸 등) – 500g

마늘 – 1쪽(10g)

버터 – 10g

생크림(유지방 38%) – 100mL

우유 – 100mL

소금 – 5g

1 감자는 껍질을 벗기고 5mm 두께로 썬다.

2 마늘은 반으로 썰고 썬 단면을 그라탱 접시 전체에 문지른다. 버터도 똑같이 문지르고 옆면까지 전체적으로 손가락을 사용해 바른다(사진 a).

3 감자 1/3을 조금씩 비스듬히 겹치게 하며 접시 전체에 늘어놓는다(사진 b). 소금을 레시피의 1/3만 뿌리고, 생크림과 우유도 각각 레시피의 1/3씩 붓는다. 이 작업을 두 번 더 반복한다(사진 c). 마지막에 감자가 잠길 수 있도록 생크림과 우유의 양을 조절한다.

4 150°C의 오븐에서 1시간 동안 굽는다. 도중에 상태를 보며 수분이 줄어들면 생크림과 우유(둘 다 분량 외)를 붓는다.

독일식 감자 오믈렛

Omelette à l'allemande

독일식 오믈렛은 감자와 다진 고기를 볶고 거기에 달걀을 넣어 익힙니다. 또 다른 유명한 스페인식 오믈렛은 기름에 데쳐 콩피로 만든 감자를 채에 거른 뒤 달걀과 섞어 부치는 스타일이지요. 이 두 요리의 좋은 점을 가져온 것이 제 스타일의 오믈렛입니다. 콩피로 만든 감자, 넉넉한 소고기, 속까지 잘 익힌 달걀. 존재감을 뽐내는 오믈렛을 목표로 했습니다.

재료 4~5인분

감자(토카치코가네 등) - 500g

양파 - 1/2개(100g)

얇게 썬 소고기 - 300g

식용유 - 300mL

소금 - 5.5g

달걀 - 6개

버터 - 15g

🍳 지름 26cm 프라이팬

1 감자는 껍질을 벗기고 반으로 썬 후 4~5mm 두께로 썬다. 양파는 얇게 썬다.

2 프라이팬에 식용유, 1을 넣고 센 불에 올린다. 기름이 보글보글하게 끓으면 약한 불로 줄이고 가끔 섞으면서 15분 정도 익힌다. 채소는 항상 기름에 잠겨 있도록 한다. 튀긴 감자가 손가락으로 눌러 폭삭 으스러질 정도로 부드러워지면 바로 체에 걸러 기름을 뺀다.

3 프라이팬은 씻지 않고 약간 기름이 남아 있는 상태에서 소고기를 펼쳐 놓고 센 불에 굽는다. 소금 1.5g을 뿌린다. 육즙이 빠져나오기 때문에 많이 섞지 않는다. 향이 나기 시작하면 아직 붉은 부분이 남아 있어도 괜찮으니 2의 체에 거른다. 체의 재료들을 볼에 옮긴다.

4 다른 볼에 달걀을 깨어 넣고 소금 4g을 더해 거품기로 공기가 들어가지 않도록 섞어서 매끄럽게 한다. 3에 더해 살짝 섞는다.

5 프라이팬에 버터를 넣고 약한 불로 올려 버터가 녹으면 4를 넣는다. 달걀물이 있는 부분을 저어서 잘 익게 하고, 전체적으로 섞으면서 불을 아주 약하게 한다. 모양을 다듬으며 10분 정도 부친다. 쉽게 뒤집을 수 있도록 프라이팬 손잡이를 톡톡 두드려 미끄러트리며 가장자리에 고무 주걱을 넣어 달걀을 떼어내는 듯하며 부친다.

6 오믈렛의 가장자리가 익어가고 프라이팬을 흔들었을 때 미끄러지는 듯한 상태가 되었다면, 접시로 덮고 그대로 뒤집어서 접시에 옮긴다. 접시에서 미끄러트려서 프라이팬에 다시 넣고 뒤쪽을 2~3분간 부친다. 가운데를 눌러봤을 때 탄력이 있다면 다 구워진 것이다.

감자와 소금에 절인 돼지고기 소테

Sauté de pommes de terre et de porc salé

소금에 절인 돼지고기는 프랑스 시골 지방의 매우 대중적인 요리입니다. 프랑스는 감자 문화의 나라이기도 합니다. 그래서 이 조합은 정말로 전통적입니다. 만드는 비법은 굽기 정도에 있습니다. 어설프게 구우면 잡내가 나기 때문에 제대로 잘 구워서 고소하게 마무리합니다.

재료 2인분

감자(메이퀸 등) - 500g

소금에 절인 돼지고기(p.163 참조) - 150g

버터 - 25g

소금, 흑후추(간을 보며) - 각 적당량

식용유 - 50mL

지름 26cm 프라이팬

1 소금에 절인 돼지고기는 근섬유를 자르듯이 얇게 썬다.
2 감자는 껍질이 붙어 있는 상태로 한입 크기로 마구 썬다. 물에 닿지 않게 한다.
3 프라이팬에 버터 10g을 넣어 센 불로 달구고, 1을 펼쳐 넣고 굽는다(사진 a). 노릇노릇해지면 따로 담아둔다.
4 프라이팬은 씻지 말고 식용유와 2를 넣고 센 불에 올린다. 흔들거나 뒤집으며 굽는다. 감자끼리 붙지 않는 상태가 되면 불을 약하게 내린다. 먹음직스럽게 구워질 때까지 7~8분, 계속 섞어가며 굽는다.
5 감자를 체에 걸러 기름을 빼고(사진 b), 프라이팬에 다시 넣는다. 3을 더해서 센 불로 올려 버터 15g을 넣고 섞는다. 간을 보고 소금, 흑후추를 뿌린다.

아삭아삭 감자채 샐러드
Salade croustillante de pommes de terre râpées

'가게에 있으면 좋겠다'라는 생각으로 탄생한 저의 창작 요리로, 저희 가게의 코스에도 등장합니다. 감자요리는 포근함이나 녹진한 느낌을 주려고 하는데, 이 샐러드는 정반대로 아삭함이 생명입니다. 삶아서 미끈거림을 제대로 제거하는 것이 중요합니다. 조합할 수 있는 식재료로는 생햄 외에 살라미와 소시지 등의 고기 계열이 어울립니다.

뽐므 알뤼메트
Pommes allumettes

재료 2인분

감자(메이퀸 등) - 2개(300g)

튀김기름 - 적당량

소금 - 1g

1 감자는 3mm 폭으로 가늘게 채 썬다.
2 물을 담은 볼에 1을 담가 전분기를 씻는다. 3~4회 물을 갈아가며 물이 탁해지지 않을 때까지 반복한다(사진 a). 체에 걸러서 물기를 확실하게 제거한다.
3 튀김기름을 160°C로 달구고 2를 넣는다. 기름 온도가 내려가면 불을 조금 세게 올린다. 집게 등으로 저어주고, 서로 붙지 않게 털어주면서 튀긴다(사진 b). 노릇노릇하게 튀겨지면 체에 거른다(사진 c). 잔열로 더욱 노릇노릇해지므로 조금 서둘러서 건져낸다. 뜨거울 때 소금을 뿌리고, 위아래를 뒤집으며 섞는다.

재료 2~3인분

감자(메이퀸 등) - 400g

생햄(가늘게 채 썬 것) - 30g

A 소금 - 2g
올리브유 - 1큰술

1 감자는 채칼을 사용해 세로로 길고 가늘게 썬다(p.239 참조). 표면을 울퉁불퉁하게 해서 드레싱이 쉽게 입혀질 수 있도록 한다(사진 a). 물에 담가 변색을 막고, 물기를 뺀다.
2 냄비에 충분한 물(분량 외)을 넣고 센 불로 올려 끓으면 1을 삶는다. 다시 부글부글 끓으면 체에 걸러서 흐르는 물로 식힌다. 식히면서 미끈거림을 제거한다. 물기를 잘 뺀다.
3 그릇에 2, A를 넣고 손으로 잘 섞는다(사진 b). 생햄을 넣고 섞는다.

트레디셔널 키쉬

Recette traditionnelle: la quiche lorraine

오리지널 키쉬

Quiche maison: olives vertes, confiture d'ail, tomates demi-séchés et oeuf dur

키쉬는 로렌 지방의 전통 요리입니다. 원래는 파트 아 퐁세(파이 반죽)를 틀로 해서 만들지만, 반죽 없이·틀 없이 만드는 간단 버전입니다. 아파레이유는 공통이므로, 자유로운 발상으로 재료들이 머릿속에 떠오르면, 다양한 키쉬를 가볍게 만들 수 있습니다. 포인트는 중탕으로 굽는 것과 그 온도를 설정하는 것뿐. 반죽 없는 키쉬는 실패하지 않는 든든한 한 접시 요리입니다.

재료 각 2그릇분

* 지름 15cm, 용량 200mL 내열 그릇

[아파레이유]

달걀 - 1개

생크림(유지방분 38%) - 60mL

우유 - 60mL

소금 - 1g

백후추 - 소량

[트레디셔널 재료]

그뤼에르 치즈 - 60g

베이컨 - 60g

[오리지널 재료]

삶은 달걀 - 1개

그뤼에르 치즈 - 40g

세미 드라이 토마토(p.235 참조) - 4개

마늘* - 2~3쪽

그린 올리브* - 8개

* 마늘, 그린 올리브는 마늘과 그린 올리브의 콩피(p.235 참조)를 사용.

1 아파레이유를 만든다. 볼에 달걀을 풀고, 생크림, 우유를 더해 거품기로 되도록 거품이 나지 않도록 섞는다. 거품을 내면 구웠을 때 기포 구멍이 생긴다.

2 1을 체에 걸러 소금, 백후추를 더해서 섞는다.

3 트레디셔널 재료는 각각 1cm로 깍둑썰기 한다.

4 오리지널 재료의 삶은 달걀은 세로로 4등분한다. 마늘은 껍질을 벗기고 큰 것은 반으로 썬다. 그뤼에르 치즈는 가늘게 갈아 놓는다.

5 내열 그릇에 1그릇 분량의 재료를 넣고 1그릇 분량의 2를 붓는다. 레시피는 아파레이유, 재료 모두 2그릇 분량이다. 트레디셔널과 오리지널을 각각 2그릇 만들 때는, 아파레이유를 배로 늘린다.

6 5를 밧드에 나란히 두고, 뜨거운 물(분량 외)을 붓는다. 물의 양은 아파레이유와 같은 높이까지. 160℃의 오븐에 10분간 중탕으로 굽는다. 오븐에 넣은 채 잔열로 10분 더 두면 완성. 마무리로 180℃의 오븐에서 표면에 멋진 색이 입혀질 때까지 2~3분 굽는다.

트레디셔널 키쉬

오리지널 키쉬

가리비 포와레

Noix de Saint-Jacques poêlées

가리비에서 가장 중요한 것은 너무 익히지 않는 것입니다. 그렇다고 해서 속이 차면 안 됩니다. 속이 말랑하고 따뜻한 상태가 베스트. 튀김과 같지요. 처음에는 센 불로, 표면을 정말 먹음직스럽게 노릇노릇 굽는 것이 중요합니다. 뒤집으면 잔열로 구워집니다. 양면을 열심히 구울 필요는 없습니다. 옆면이 부풀어 오르고, 눌러봤을 때 말랑하고 탄력이 있는 상태를 상상해보세요. 소스는 로크포르 치즈가 있으면 완벽하지만, 취향에 따라 생략해도 됩니다. 생으로 얇게 썬 양송이버섯, 5mm로 깍둑썰기한 토마토 과육으로 마무리하면 이 또한 별미입니다.

재료 2인분

가리비 - 4개
올리브유 - 2작은술

[소스]
화이트와인 - 50mL
에샬롯(잘게 다진 것) - 8g
닭뼈 육수 - 100mL
생크림(유지방 38%) - 1큰술
버터 - 10g
로크포르 치즈 - 30g
흑후추 - 소량
파슬리(잘게 다진 것) - 1작은술

 작은 냄비
지름 22cm 프라이팬

1 가리비는 껍데기를 열어 관자, 날개살, 힘줄로 나눈다.

2 소스를 만든다. 작은 냄비에 화이트와인, 에샬롯을 넣고 센 불로 조린다. 수분이 없어지고 에샬롯이 수면 위로 나올 때까지 조린다. 수분을 날리지 않으면 생크림을 넣었을 때 분리되어버리니 주의하자.

3 닭뼈 육수를 넣어 한소끔 끓이고 생크림을 더해 중간 불로 줄인다. 끓어오르면 버터를 더한다. 2/3 정도의 양이 되면 로크포르 치즈를 넣고 숟가락으로 대강 으깬다. 센 불로 올려 원하는 농도가 될 때까지 조리고, 흑후추를 뿌린다. 파슬리는 가리비를 구운 후 마무리에 추가한다.

4 프라이팬에 올리브유를 센 불로 가열해 따뜻해지면 가리비를 넣고 굽는다. 신선한 가리비는 비스듬하게 옆으로 쓰러지기 때문에, 프라이팬의 옆면을 이용해 가리비를 세워서 모양을 잡아가며 굽는다.

5 가리비가 모양이 잡히면 프라이팬의 평평한 곳으로 옮겨놓고, 여분의 기름을 키친타월로 깨끗하게 닦는다. 불을 약하게 하고 프라이팬을 흔들어 미끄러지듯 움직이면서 굽는다. 가리비 바닥 둘레에 노릇노릇한 고리가 생기면 뒤집고 불을 끈다.

6 뒷면은 잔열로 익힌다. 뒷면은 희미하게 갈색이 입혀진 정도로 구워도 좋다. 익으면 옆면이 부풀어 오른다.

7 3의 작은 냄비를 데우고 파슬리를 추가해 한 번 섞는다. 그릇에 소스를 담고 먼저 구운 면을 위로 가게 해 가리비를 올린다.

가리비 포와레 ▶ Déclinaison

날개살 향채소 소테

신선한 가리비의 날개살은 회로도 맛있지만, 향채소와 함께하면 일품입니다. 너무 많이 익히면 딱딱해지므로, 센 불에 단숨에 익힙니다.

재료 가리비 4개분

날개살 - 70g
올리브유 - 소량

A 에샬롯(잘게 다진 것) - 3g
　파슬리(잘게 다진 것) - 1/2작은술
　마늘 오일(p.234 참조) - 1작은술

프라이팬에 올리브유를 넣어 센 불로 달구고, 연기가 나기 시작하면 날개살을 넣어 펼쳐가며 구워 빠져나오는 육수를 단숨에 증발시킨다. A를 더해 섞는다.

에스카베슈

Escabèche

스페인어 에스카베체가 어원으로, 생선을 보관하기 위해 고안된 요리법입니다. 튀긴 생선을 기름과 식초에 절입니다. 일본에서 말하는 난반즈케*입니다. 이 요리에서의 '튀김'은 전갱이의 수분을 빼고 속까지 잘 익히는 것이 목적이라서 낮은 온도의 기름에 천천히 튀깁니다. 생선 껍질이 냄비 바닥에 쉽게 붙기 때문에 튀김용 냄비는 불소수지 코팅 등이 된 것을 사용합니다. 허브의 풍미를 추가해도 맛이 풍부해집니다. 마리네 소스를 만드는 과정에서 화이트와인 식초를 넣기 전에 이탈리안 파슬리, 로즈메리, 에스트라곤 등 원하는 허브를 첨가해도 좋습니다.

*기름에 튀긴 재료에 새콤달콤한 절임물을 끼얹은 음식.-옮긴이

재료 2인분

전갱이 - 6마리(600g)
양파 - 140g
당근 - 120g
셀러리 - 40g
밀가루(강력분) - 적당량
튀김기름 - 적당량

[마리네 소스]
올리브유 - 150mL
화이트와인 식초 - 100mL
물 - 50mL
소금 - 4g

- 불소수지 코팅 튀김용 냄비
- 안쪽 지름 21cm 냄비

1 전갱이는 머리와 아가미, 내장을 제거해 물로 씻고, 양쪽 배에 붙어 있는 가시같이 단단한 비늘을 제거한 다음, 등지느러미와 꼬리지느러미는 지느러미 양쪽에서 비스듬히 칼을 넣어 뼈째로 뽑아내어 제거한다. 머리쪽, 꼬리쪽으로 반으로 잘라 양면의 척추뼈에 닿을 때까지 칼집을 낸다.

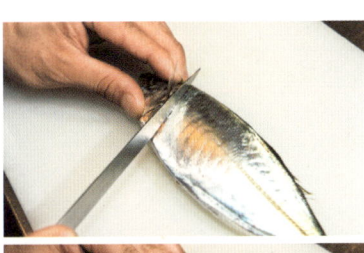

2 양파는 섬유질을 따라 얇게 썰고 당근은 반달썰기, 셀러리는 얇게 썬다.

3 1에 밀가루를 입힌다. 얇게 골고루 칼집 안까지 정성스럽게 입힌다.

4 튀김기름을 160°C로 달구고(튀김옷을 떨어뜨리면 바닥까지 가라앉고 천천히 올라올 정도가 기준), 3을 넣는다. 넣으면 온도는 내려가는데, 고온이면 색만 변할 뿐 속까지 익지 않기 때문에 150°C에서 천천히 튀겨 수분을 없앤다. 공기를 넣는 듯한 느낌으로 틈새를 벌려가며 튀긴다.

5 15분 정도 두었다가 거품이 작아지면 온도를 170~175°C로 올려 갈색으로 바삭바삭하게 튀긴다. 기름을 털어내고 밧드 등에 옮긴다.

6 마리네 소스를 만든다. 냄비에 올리브유, 2를 넣고 센 불에 볶는다. 향이 나면 화이트와인 식초와 물을 더하고, 보글보글 끓으면 소금을 넣고 섞은 후 한소끔 끓인다.

7 마리네 소스가 뜨거울 때 5에 뿌린다. 1~2분 간격으로 아직 뜨거울 때 전갱이를 뒤집어 가며 맛이 스며들게 한다. 전갱이를 덮듯이 채소를 올리고 상온에 3~4시간 둔다.

참치 타르타르 2종

참치와 아보카도 와사비간장 타르타르

Tartare de thon, avocats et naganegi à la sauce de soja au wasabi

익힌 아보카도와 지방이 많은 참치, 입 안에서 녹아내리는 재료들이라 당연히 식감이 어울립니다. 거기에 대파나 일본식 조미료로 맛에 포인트를 주었습니다. 곁들인 것은 치즈 튀일. 감칠맛의 결정체라서 일식과 궁합이 좋습니다.

재료 2인분

참치(횟감용 토막) - 100g

아보카도 - 100g

대파 - 40g

A 간장 - 2작은술
　　와사비 - 5g
　　소금 - 1g

흑후추 - 소량

올리브유 - 소량

파르미지아노 레지아노(간 것) - 적당량

통밀빵(얇게 썬 조각) - 적당량

1 참치, 아보카도, 대파는 잘게 다진다.
2 볼에 아보카도, 대파, A를 넣고 잘 섞는다. 참치, 흑후추를 더하고 섞는다
3 치즈 튀일을 만든다. 키친타월 등으로 프라이팬에 올리브유를 두르고 가볍게 닦는다. 센 불에 올려 파르미지아노를 원형으로 얇게 올린다. 녹아내리기 시작하면 불을 끄고 잔열로 녹인다. 녹지 않으면 뒤집어서 굽는다. 잔열이 식을 때까지 두고 프라이팬에서 떼어낸다(사진 a).
4 노릇하게 구운 통밀빵에 2를 올리고 3으로 장식한다.

루이유풍 참치 타르타르, 프레시 라따뚜이 곁들임

Tartare de thon à la rouille garni de ratatouille fraîche

부야베스로 친숙한 루이유*입니다만, 매운맛이 나는 마늘의 풍미는 참치와도 잘 어울립니다. 참치는 식감을 남기고 싶으므로 으깨지지 않도록 잘게 썰어, 곁들인 프레시 라따뚜이와 크기를 맞춥니다. 식감의 대비를 즐기는 일품요리입니다.

* 마늘과 향신료, 감자, 올리브유 등을 넣고 갈아 만든 프로방스의 마요네즈라 불리는 소스.-옮긴이

재료 2인분

참치(횟감용 토막) - 100g

루이유 소스(p.190 참조) - 30g

흑후추 - 소량

프레시 라따뚜이(p.107 참조) - 70g

1 참치는 5mm 폭으로 길게 썬 후(사진 a) 다시 5mm로 깍둑썰기한다. 두드려서 으깨지지 않도록 잘게 썬다.

2 볼에 루이유 소스와 참치를 넣고 참치가 으깨지지 않도록 살짝 버무린다(사진 b). 흑후추로 간을 맞춘다. 그릇에 프레시 라따뚜이를 평평하게 담고. 타르타르를 모양을 예쁘게 잡아서 올린다. 사진은 세르클(테두리만 있고 바닥이 없는 원형 틀)를 사용.

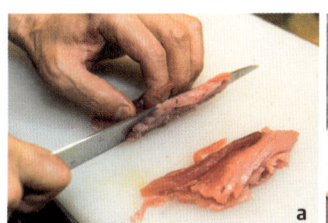

연어 포와레

Saumon poêlé

연어 껍질은 바삭바삭해야 합니다! 고기를 굽는 방법과 마찬가지로 연어 밑에 항상 기름이 있는 상태를 유지해서 바삭바삭 맛있게 구워냅니다. 연어에만 껍질에 소금을 뿌리는 것이 저의 방법입니다. 굽는 도중 나오는 기름이나 수분은 생선 비린내이므로 키친타월로 잘 닦아내야 합니다. 굽는 법을 마스터했다면 소스도 곁들여보세요. 예를 들어, 뵈르 누아제트에 케이퍼를 넣은 소스, 이것은 연어와 아주 잘 어울립니다. 만드는 방법은 뵈르 누아제트(p.236 참조)에 케이퍼를 처음부터 더하기만 하면 됩니다. 마지막으로 아주 소량의 간장을 추가하는 것도 추천합니다. 산미가 어울려서 케이퍼 대신 코니숑, 그리고 레몬즙 등을 첨가해도 맛있습니다.

재료 2인분

생연어 – 2토막(1토막당 80g)

소금 – 2g

올리브유 – 1큰술

[곁들임]

표고버섯 – 4개

올리브유 – 1큰술

소금 – 소량

🍳 지름 26cm 프라이팬

3 프라이팬의 위에서 미끄러뜨리듯 움직이며 살짝 누르거나, 프라이팬의 옆면을 이용해나가며 껍질을 골고루 구워 바삭하게 만든다.

5 6~7분간 구워서 먹음직스럽게 노릇하게 구워지면 뒤집어서 불을 끄고, 살코기는 잔열로 1~2분간 굽는다.

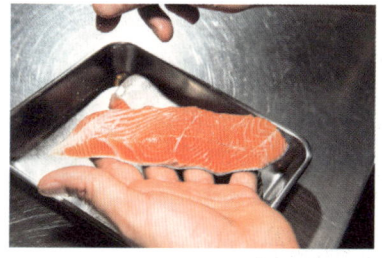

1 연어는 껍질과 살코기 양면에 골고루 소금을 뿌린다. 껍질에 소금을 뿌리지 않는 것이 기본이지만, 연어만큼은 예외다. 구워진 껍질이 절대적으로 맛있어진다.

4 지방과 수분이 빠져나오는데, 이것은 생선 비린내이기 때문에 키친타월로 깨끗하게 닦아낸다.

6 표고버섯을 굽는다. 프라이팬을 깨끗하게 씻고 올리브유, 밑동을 뗀 표고버섯 갓의 바깥쪽을 아래로 해 센 불에 굽는다. 1~2분 구워 수분이 빠져나오면 뒤집어서 1분 정도 더 굽는다. 구워지면 소금을 뿌리고 5와 함께 그릇에 담는다.

2 프라이팬에 올리브유를 두르고 연어를 껍질이 아래로 가게 해 넣어서 중간 불에 올리고 바로 센 불로 바꾸어서 굽는다. 연어 밑에 항상 기름이 있는 상태를 유지하면서 굽는다. 기름이 없어지면 최대 1작은술 정도(분량 외)를 더한다.

연어 포와레 ▶ Déclinaison

연어 리에뜨

리에뜨(rillettes)는 원래 돼지고기 등을 지방 또는 라드로 오랜 시간 끓이고 살을 잘게 찢은 후 다시 지방과 섞어 페이스트 상태로 만든 것입니다. 여기서는 연어 포와레로 만듭니다. 향이 나는 재료와 마요네즈로 버무린 스프레드로 만들어 와인 안주로도 좋습니다.

재료 2~3인분

연어 포와레 – 1토막

A 코니숑(잘게 다진 것) – 5g
　케이퍼 – 2g
　딜(잘게 다진 것) – 2g
　마요네즈(p.190 참조) – 1큰술
　흑후추 – 극소량(약 0.02~0.03g)

바게트(취향껏) – 적당량

1 연어는 껍질을 벗기고, 살을 잘게 찢는다. 볼에 살과 A를 넣고 잘 섞는다.

2 작은 용기에 눌러 담고 연어 껍질을 곁들인다. 얇게 썰어 구운 바게트와 함께 먹는다.

가자미 뫼니에르

Karei meunière

연어처럼 토막이 아닌 한 마리를 다 사용한 뫼니에르입니다. 조리의 포인트는 겉면을 바삭하게 굽는 것. 밀가루를 입혀서 촉촉할 것 같은데 그렇지는 않습니다. 넉넉하게 기름을 둘러 가며 굽는 방법은 바삭하게 구울 수 있어서 늘 사용하는 테크닉입니다. 신맛이 필요한 구이요리이기 때문에 심플하게 레몬을 듬뿍 짰습니다. 뫼니에르의 단골 소스는 뵈르 누와제트(태운 버터)에 케이퍼나 코니숑, 토마토 등 향미를 더한 것인데, p.184의 혀가자미처럼 비네그레트 소스로 가볍게 드시는 것도 추천합니다.

재료 2인분

가자미 - 2마리(700g)

소금 - 4g

밀가루(강력분) - 적당량

올리브유 - 45mL

흑후추 - 소량

레몬 - 1개

파슬리(잘게 다진 것) - 적당량

가루 감자(p.98 참조) - 적당량

🍳 지름 26cm 프라이팬

1 가자미는 비늘을 벗겨 머리와 내장을 제거하고, 소금을 뿌려서 문지른다.

2 표면과 배 쪽에 밀가루를 묻힌다. 밀가루가 너무 많으면 구웠을 때 뭉쳐져서 덩어리가 되기 때문에 두드려서 여분의 밀가루를 잘 털어낸다. 밀가루를 묻힌 다음에는 손대지 않는다.

3 프라이팬에 올리브유 30mL를 두르고, 그릇에 담았을 때 위로 오는 부분을 아래로 해 2를 넣어 처음에는 센 불, 바로 중간 불로 굽는다. 생선 아래에는 항상 기름이 있는 상태를 유지하고 기름을 돌려가며 표면을 코팅한다. 수분이 나오기 때문에 위에서도 기름을 둘러 밀가루가 벗겨지지 않게 한다.

4 8~9분 후에 먹음직스럽게 노릇노릇해지면, 가자미를 일단 꺼내고 기름을 닦아 새 올리브유 15mL를 둘러 가자미를 뒤집어 넣고 중간 불로 굽는다.

5 뒤집은 면을 굽는 시간은 앞의 2/3 정도. 척추뼈가 지나가는 부분을 손가락으로 눌러서 살이 갈라지는 느낌이 있다면 다 구워진 것이다. 또는 칼을 꽂아 척추뼈까지 쑥 칼이 들어가면 다 구워진 것.

6 5에 흑후추를 뿌리고 레몬을 반 잘라서 즙을 짜 넣는다. 레몬의 가운데에 포크를 꽂아 비틀면서 짜면 즙이 많이 나온다. 파슬리를 뿌려 완성한다. 그릇에 담고 가루 감자를 곁들인다.

바지락 마리니에르

Asari marinière

저에게 있어서 이 요리는 '구이' 같은 느낌입니다. 일단 냄비를 뜨겁게 달구어놓아야 합니다. 바지락을 넣었을 때 크게 '쏴아' 하고 소리가 나는 것이 이상적입니다. 그리고 냄비는 넓고 얕아서 바지락이 2단 정도까지만 겹치고, 윗부분에 공간이 생길 수 있는 것으로 골라주세요. 열을 보존하는 것이 중요한데 이 윗부분의 공간이 열의 대류를 일으켜서 냄비 안을 따뜻하게 하는 역할을 합니다. 불 조절은 물론 처음부터 끝까지 센 불입니다. 중간에 저어줄 때도 재빠르게 뚜껑을 여닫아서 열을 놓치지 않도록 합니다. 풍미의 조절은 카옌 페퍼, 사프란 등을 넣어도 개성을 살릴 수 있습니다. 넣는 타이밍은 바지락과 함께. 마무리로 파슬리를 뿌려도 좋겠네요.

재료 2인분

바지락 - 1kg
에샬롯 - 15g
화이트와인 - 100mL

🍲 안쪽 지름 21cm 뚜껑 있는 냄비

1 바지락은 농도 3%의 소금물(분량 외)에 넣고 어둡고 조용한 곳에 두어 해감한다. 보관하는 경우에는 냉장고의 냉기가 약한 곳에 보관한다.

2 에샬롯은 얇게 채 썬다.

3 냄비를 센 불로 올려 달군다(냄비에 물을 넣고 끓으면 물을 버린다). 물기를 뺀 바지락, 2, 화이트와인을 넣고 뚜껑을 닫아서 삶는다.

4 10초 정도 지나서 뚜껑을 열고 재빠르게 전체를 섞는다. 다시 뚜껑을 닫고 2~3분간 센 불로 삶는다.

5 중간에 뚜껑을 누르면서 위아래를 뒤집듯이 흔들어 섞는다.

6 바지락이 입을 벌리고 있는 것을 확인했다면 뚜껑을 닫고 한소끔 끓이면 완성.

쥐노래미 허브찜

Ainame à la vapeur d'herbes

아주 단순하고 실패가 없는 요리입니다. 센 불에 쪄서 폭신하게 마무리하는 것이 찜 요리의 비법입니다. 수증기로 익히기 때문에 재료에서 수분이 날아가지 않고 맛도 향기도 가두어둘 수 있습니다. 이 생선 요리는 허브 대신 얇게 썬 양파·당근·셀러리 등 향채소를 첨가해도 좋습니다. 다만 프렌치 베르무트는 꼭 사용해주세요. 맛이 크게 달라집니다.

재료 2인분

쥐노래미 – 1마리(내장을 뺀 것으로 750g)

소금 – 8g

프렌치 베르무트 – 250mL

A   로즈메리 – 10g

     이탈리안 파슬리 – 10g

     에스트라곤* – 10g

     세이지 – 10g

     월계수 잎 – 2장

올리브유 – 50mL

세미 드라이 토마토(p.235 참조, 취향껏) – 4개

🍳 지름 26cm 프라이팬

* 타라곤이라고 불리며, 달콤한 향기와 매콤하면서도 씁쓸한 맛을 내는 허브.-옮긴이

프렌치 베르무트

베르무트는 프랑스 남부 마르세유에서 유래한 화이트와인을 베이스로 약쑥 등 허브나 향신료를 재워서 만든 플레이버 와인입니다. 허브의 풍미를 살린 요리에 빼놓을 수 없는 요리용 술로, 풍부한 향으로 분위기를 끌어올리고 싶을 때 편리합니다. 저는 매운맛 베르무트인 '노일리 플랫'을 애용하고 있습니다.

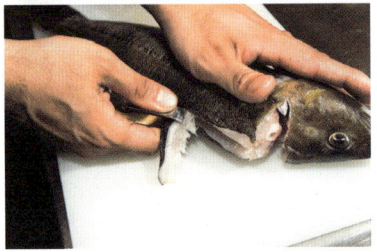

1 쥐노래미는 비늘과 내장을 제거해 물로 씻는다. 등지느러미와 꼬리지느러미는 양쪽에서부터 비스듬히 칼을 넣어 뼈째로 뽑아낸다. 반으로 자르고 양면에 2군데 칼집을 넣는다.

2 겉과 배 속에 꼼꼼하게 소금을 뿌리고 문질러준다.

3 밧드 또는 내열 접시에 2를 나란히 놓고 프렌치 베르무트를 전체적으로 둘러준다. 쥐노래미를 덮듯이 A를 올리고 배 속에도 조금 넣어준다. 위에서부터 올리브유를 둘러준다.

4 찜기에 물을 붓고 센 불에 올린다. 수증기가 나오면 3을 넣고 센 불에서 12~13분간 찐다. 숟가락 등으로 살을 눌러봤을 때 쉽게 뼈에서 분리될 것 같으면 다 쪄진 것이다. 그릇에 담고 취향에 맞게 세미 드라이 토마토를 곁들인다.

허브 포크 소테

Porc sauté aux herbes

허브와 화이트와인의 풍미로 먹는 포크 소테는 세련된 맛으로 향이 한층 더 풍부하지요. 전날부터 양념에 하룻밤 절여놓고, 그 양념은 소스에도 사용해서 깊은 맛을 더합니다. 고기는 천천히 익히는 것이 맛있고 육즙도 풍부해집니다. 단면도 살짝 분홍색인 우아한 돼지고기 요리. 소스에는 취향에 따라 생크림, 버터, 후추, 겨자 등을 더해도 좋습니다.

재료 2인분

두껍게 썬 돼지 등심 - 2장(400g)
A 화이트와인 - 50mL
　엘브 드 프로방스(p.74) - 1g
　소금 - 1g
　흑후추 - 소량(0.5g)
　올리브유 - 5g
식용유 - 1작은술

● 지름 26cm 프라이팬
● 작은 냄비

1 돼지고기에 A를 섞어 바르고, 잘 주무른다. 밀폐되는 보관용 비닐봉지에 넣고 냉장고에 하룻밤 둔다. 절여둘 수 있는 최장기간은 1주일. 기간이 길수록 숙성, 발효되어 감칠맛이 늘어난다.

2 밧드에 키친타월을 깔고 돼지고기를 올려서 수분을 뺀다. 조미액은 소스로 사용하기 때문에 따로 보관해둔다.

3 작은 냄비에 조미액을 넣고 센 불에 올린다. 거품 덩어리가 나오면 체에 키친타월을 깔고 거른다. 이것이 소스가 된다.

4 프라이팬에 돼지고기의 지방 부분을 아래로 가게 두고 세워서 중간 불로 굽는다. 먹음직스럽게 노릇노릇해지면 꺼내고 녹아서 흘러나온 기름은 버린다.

5 프라이팬을 깨끗하게 닦은 후 식용유를 넣어 센 불로 달구고, 그릇에 담았을 때 위로 가는 부분부터 굽는다. 즉시 불을 약하게 하고, 프라이팬의 위에서 미끄러지듯이 움직여 항상 고기 아래에 기름이 있는 상태를 유지해가며 굽는다. 힘줄을 자르지 않은 고기는 위가 뜨기 때문에 가운데를 누른다. 처음에만 눌러주는데, 너무 많이 누르면 맛있는 육즙이 빠져나와 버리니 주의.

6 먹음직스럽게 노릇노릇해지면 뒤집고 똑같이 뒷면을 굽는다. 가운데쯤을 눌러 보아서 붉은 반투명한 육즙이 나오면 다 구워진 것이다. 색이 옅으면 센 불로 마무리한다. 돼지고기를 꺼내서 폭 1.5cm 정도로 어슷하게 썬다.

7 소스를 만든다. 6의 프라이팬의 기름을 버리고, 3의 소스를 넣어 약한 불로 한소끔 졸인다.

8 그릇에 6의 돼지고기를 담고 7의 소스를 두른다.

허브 포크 소테
▶ Déclinaison

견과류와 말린 과일과 돼지고기 볶음

견과류의 고소함과 말린 과일의 진한 단맛은 돼지고기와 잘 어울립니다. 도중에 추가하는 물은 말린 과일의 맛을 끌어내고, 맛이 하나로 어우러지도록 하는 역할을 합니다.

재료 2인분

허브 포크 소테 – 1과 1/2장

A 건포도 – 20g
　 말린 무화과 – 25g
　 말린 살구 – 25g

B 아몬드 – 15g
　 캐슈너트 – 25g

C 헤이즐넛 – 25g
　 잣 – 5g
　 피스타치오 – 5g

식용유 – 2큰술　　흑후추 – 적당량
물 – 30mL　　소금(간을 보며) – 1g
버터 – 10g

1 포크 소테는 한입 크기로 썬다. A의 말린 과일은 건포도 크기로 맞추어 썬다.
2 프라이팬에 식용유, A를 넣고 중간 불에 볶는다. 노릇노릇해지면 B를 더해 눌어붙지 않도록 볶는다. 노릇노릇해지면(캐슈너트가 쉽게 갈색이 되므로 기준으로 한다) 기름을 제거한다. C와 물을 넣고 중간 불에서 끓여서 말린 과일의 맛을 끌어낸다. 포크 소테, 버터를 넣고 잘 섞는다. 흑후추는 넉넉하게 뿌리고 소금으로 간을 한다.

뿔레 오 비네그레
Poulet au vinaigre

뿔레는 닭, 비네그레는 식초. 식초로 끓인 닭고기입니다. 이것은 리옹 지방의 요리로 레드와인 식초를 사용하는, 제가 좋아하는 요리이지요. 닭고기는 뼈가 붙어 있는 것이 좋습니다. 뼈에서 육즙이 나와, 한층 더 맛있어지기 때문입니다. 굽기는 색이 진하게 나도록 굽습니다. 끓이면 잘 구워진 갈색이 사라지기 때문에 진하게 잘 구워냅니다. 또한 닭고기는 너무 많이 조리면 푸석해지기 때문에 시차를 두고 꺼내고, 마지막에는 조림 국물만 졸여서 걸쭉하게 만듭니다.

재료 2인분

뼈 있는 닭다리 — 2개(400g)
소금 — 3g(고기의 8%)
토마토 — 4개(400g)
올리브유 — 1작은술
마늘(껍질째) — 4쪽
레드와인 식초 — 40mL
닭뼈 육수 — 200mL
흑후추 — 적당량

🍳 지름 26cm 프라이팬

3 전체적으로 소금을 뿌린다. 껍질 쪽에는 소금이 잘 침투하지 않아서 살코기 쪽을 잘 주물러가며 스며들게 하고, 실온에서 최소 15분간 둔다. 전날에 소금을 뿌려두면 좋다.

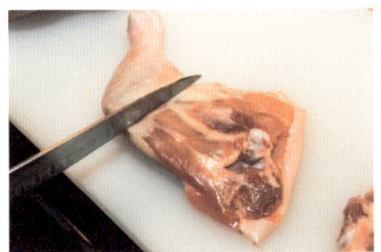

1 닭고기는 허벅지 쪽과 정강이 쪽으로 나누어 썬다. 힘줄의 5mm 정도 정강이 쪽으로 칼이 푹 들어가는 관절이 있다.

2 정강이 끝의 가는 부분을 돌려가며 뼈에 닿을 때까지 깊게 칼집을 넣는다. 아킬레스건을 자르는 것인데 구울 때 오그라드는 것을 막기 위함이다.

4 프라이팬에 올리브유, 마늘을 넣고 3의 닭고기는 살코기를 아래로 해서 넣어 약중불로 굽는다. 30초 정도 후에 뒤집고, 프라이팬 위에서 미끄러지듯 움직이며 항상 고기 아래에 올리브유가 있는 상태를 유지해가며 굽는다. 닭고기에서 녹아 나온 기름이 많아지면 그때그때 제거하며 올리브유를 숟가락으로 떠서 고기에 뿌리고 정강이는 굴리며 진한 갈색이 입혀질 때까지 굽는다.

5 기름을 버리고 잘게 썬 토마토를 넣는다. 한 번 섞은 후 레드와인 식초를 더해 센 불에서 끓인다. 먼저 식초를 넣으면 신맛이 너무 튀기 때문에 토마토를 먼저 넣는다. 닭뼈 육수를 더하고 푹 끓인다.

6 5분 정도 끓였을 때 허벅지살을 꺼낸다. 살은 너무 많이 끓이면 푸석해지므로 주의. 5분 정도 더 끓으면 정강이살을 꺼낸다.

7 6을 체에 붓고, 숟가락 등을 이용해서 거른다.

8 걸러낸 국물을 프라이팬에 넣어 센 불로 원하는 농도가 될 때까지 졸인다. 닭고기를 프라이팬에 넣어 한소끔 끓이고, 흑후추를 뿌린다.

쿠스쿠스

Couscous

* semoule: 쿠스쿠스의 프랑스어 표현.-옮긴이
** harissa: 고추를 향신료와 함께 갈아서 만든 북아프리카의 소스.-옮긴이

원래는 아프리카의 요리이지만, 제2의 국민 요리라고 불릴 만큼 프랑스에서 사랑받고 있습니다. 닭고기와 양고기는 닭뼈 육수가 차가운 상태일 때부터 끓여서 고기의 감칠맛을 한껏 끌어냅니다. 스물*을 이 감칠맛이 가득한 국물에 넣어서 익히기 때문에 풍미가 만점입니다. 단호박은 삶아서 으깨지면 국물이 탁해지기 때문에 따로 삶아서 곁들입니다. 빼놓을 수 없는 것이 하리사**입니다. 향과 매운맛이 더해져 순식간에 본고장의 분위기가 생깁니다. 그릇에서 조금씩 섞어가며 드셔보세요.

재료 4인분

- 뼈 있는 닭다리 - 2개(400g)
- 양갈비 - 4개(440g)
- 토마토 - 4개(400g)
- 당근 - 2개(320g)
- 양파 - 큰 것 1/2개 (150g)
- 마늘 - 3쪽(30g)
- 순무 - 4개(400g)
- 주키니 - 큰 것 2개 (340g)
- 붉은 파프리카 - 1개(130g)
- 단호박 - 1/4개 (340g)
- 닭뼈 육수 - 2.5L
- 홍고추 - 1개
- 사프란 - 소량
- 커민 씨 - 1/4작은술(1.5g)
- 소금 - 9g
- 스물(쿠스쿠스) - 240g
- 올리브유 - 1큰술
- 하리사 - 적당량

🍲 지름 21cm 깊은 냄비

1 닭다리는 두 부위로 나누어 썬다(p.137의 1~2 참조). 양고기와 함께 소금 7g을 뿌려 잘 주물러서 최소 1시간 둔다.

2 토마토는 껍질을 벗기고(p.238 참조) 반으로 잘라 씨를 제거한다. 씨는 체에 걸러 씨와 즙으로 나누고 즙은 사용한다.

3 냄비에 닭뼈 육수, 홍고추와 1을 넣고 센 불에 올린다. 끓으면 거품이 나오는데 조금 기다리면 굳어서 갈색으로 되기 시작할 때 확 걷어낸다. 약한 불로 줄이고 20분 정도 끓인다.

4 당근은 세로로 반으로, 양파는 가운데 심지를 남기고 빗모양으로 썬다. 순무는 껍질을 벗기지 않고 반으로, 주키니는 4~5cm 길이로, 붉은 파프리카는 세로로 8등분, 단호박은 껍질을 벗기고 4등분으로 썬다.

5 3을 20분간 끓이고 닭고기만 꺼낸 후, 당근, 양파, 마늘을 넣는다. 10분 정도 끓이고 순무, 주키니를 더하고 2~3분 끓인다. 토마토를 으깨어 넣고 2의 즙과 사프란도 넣는다. 5~6분 끓이면 붉은 파프리카, 커민 씨를 넣고 살짝 끓인다. 간을 보고 소금 2g을 넣는다.

6 5의 국물을 240mL 덜어 올리브유와 섞은 다음, 볼에 담은 스물에 붓는다. 접시 등으로 뚜껑을 덮고 20분간 찐다. 스물과 국물의 분량은 동일하게 한다.

7 완전히 국물이 흡수되면 밧드에 펼쳐서 손으로 풀어준다. 스물은 미리 빼놓아도 좋다. 먹을 때는 전자레인지에 데운다.

8 다른 냄비에 단호박을 넣고 5의 국물을 듬뿍 떠서 넣어 부드러워질 때까지 삶는다.

현지처럼 건더기와 국물과 스물을 따로따로 담아내고, 건더기와 스물을 덜어 담은 각각의 접시에 국물을 끼얹어가면서 먹으면 됩니다. 스물은 무한정으로 국물을 빨아들이기 때문에, 그 상태를 즐기며 드셔도 좋습니다.

하리사

쿠스쿠스에 빠질 수 없는 매운 조미료입니다. 올리브유와 향신료가 들어가 향이 좋고, 단순한 요리에 악센트를 주기에 제격입니다. 통조림이나 병, 튜브형 등으로 판매되고 있습니다.

뵈프 스트로가노프

Boeuf Stroganoff

뵈프 스트로가노프는 시베리아 철도를 만든 귀족 스트로가노프 가의 전속 프랑스인 셰프가 고안한 요리입니다. 러시아 음식이라서 생크림이 아닌 사워크림을 사용합니다. 깔끔한 코니숑에 상큼한 레몬, 산미에 산미를 더해서 맛있습니다. 고기의 풍미가 돋보이지요. 맛의 핵심은 고소하게 구운 고기로 센 불로 한 번에 노릇노릇하게 굽습니다. 곁들임은 무조건 버터라이스로, 버터를 듬뿍 넣어 노릇해지지 않게 볶습니다.

재료 2인분

얇게 썬 소고기 - 300g
양송이버섯 - 150g
코니숑 - 50g
버터 - 30g
소금 - 4g
흑후추 - 소량
파슬리(잘게 다진 것) - 1작은술
레몬 - 1/2개
사워크림 - 150g

[버터라이스]

밥 - 200g
버터 - 30g
물 - 60mL
소금 - 1.5g

🍳 지름 26cm 프라이팬

1 양송이버섯, 코니숑은 3~4mm의 두께로 썬다.

2 프라이팬에 버터를 넣어 센 불로 달구고 소고기를 넣어 펼쳐서 소금 1.5g을 뿌리고 굽는다. 단번에 구워서 고소함과 노릇노릇한 색을 확실히 낸다.

3 노릇노릇하게 색이 입혀지면 양송이버섯을 더한다. 고기가 절반 정도 익지 않은 부분이 남아 있어도 괜찮다. 양송이버섯이 고기에서 나온 육즙을 흡수할 수 있도록 섞으며 볶는다.

4 맛을 보며 소금 2.5g을 뿌리고 흑후추, 코니숑을 더해서 함께 볶는다. 파슬리를 넣고 레몬도 즙을 짜서 넣고, 향을 내기 위해 레몬 껍질도 넣고 섞는다.

5 마지막으로 사워크림을 넣고 섞어서 녹이며 전체적으로 하나로 뭉쳐지면 완성.

6 버터라이스를 만든다. 프라이팬에 버터, 물, 소금을 넣고 센 불로 올려서 끓으면 밥을 넣고 밥알을 풀어주면서 볶는다. 물 대신 닭뼈 육수(같은 양)를 사용해도 좋다. 이 경우 소금은 넣지 않는다.

7 그릇에 버터라이스와 5를 담는다.

비토크

Bitok

비토크란 프랑스가 러시아 음식에서 영향을 받던 시절, 프랑스에 들어온 햄버그입니다. 다진 소고기에 마늘이나 생강의 풍미를 입혀서 얇게 뭉치고 프라이팬에 굽습니다. 빵가루 등을 사용해 점성을 높이지 않는 이 레시피는 다진 고기의 찰기를 이끌어내어 '뭉치는 것'이 중요합니다. 다진 고기를 차갑게 유지하는 것은 잘 뭉치기 위해서입니다. 이것은 양식의 햄버그에서도 공통으로 사용되는 테크닉이지요. 소스는 심플하게 디종 머스타드와 흑후추만으로 드시는 것이 좋습니다.

재료 2인분

다진 소고기 - 300g
양파 - 1/2개(100g)
버터 - 10g
물 - 100mL
소금 - 소량(0.5g)
A 양파 - 20g
  생강 - 5g
  마늘 - 5g
  물 - 50mL
B 소금 - 2.5g
  흑후추 - 0.5g

[소스]

디종 머스타드 - 적당량
흑후추 - 적당량

🍳 지름 26cm 프라이팬

3 볼의 바닥에 얼음을 받치고, 다진 고기 2/3, 2, B를 넣고 섞는다.

4 다진 고기를 차가운 상태로 유지하면서 손의 열로 고기가 데워지지 않도록 손끝으로 반죽해 끈기를 낸다. 지방이 하얀 것은 아직 뭉쳐지지 않았다는 증거이므로 더욱 반죽한다.

1 양파는 7~8mm로 깍둑썰기한다. 프라이팬에 양파, 버터, 물을 넣고 약중불에서 단맛이 날 때까지 볶고(p.237 참조) 소금을 뿌린다. 밧드에 펼쳐서 식히고, 잔열이 없어지면 냉장고에 넣는다.

2 믹서에 A를 넣고 곱게 간다. 또는 강판으로 갈아서 섞는다.

5 하얀 부분이 살코기와 하나가 되어 페이스트 상태가 되면 다진 고기의 나머지 1/3을 넣고 가볍게 반죽한다. 1을 넣고 살짝 섞는다. 페이스트 상태와 소보로 상태의 다진 고기가 섞여 있는 상태가 되었다면 완성.

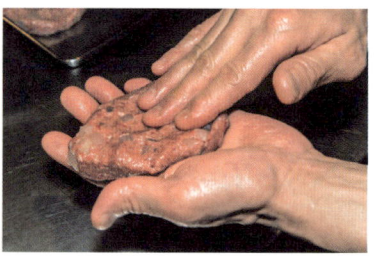

6 5를 4등분하고 공기를 뺀다. 둥글게 다듬어서 가능한 한 얇고 평평하게 모양을 잡는다. 손이 따뜻한 사람은 도마 위에 올려놓고 칼날 면으로 모양을 다듬는다(p.77의 8 참조).

7 프라이팬에 6을 나란히 놓고 강중불로 굽는다. 모양이 무너지지 않게 주의하며 프라이팬 위에서 미끄러지듯 움직이며 항상 비토크 밑에 고기에서 녹아 나온 기름이 있는 상태를 유지해가며 굽는다. 주위가 희끗희끗해지면 뒤집는다.

8 뒷면도 비토크 밑에 기름이 있는 상태를 유지해가며 굽는다. 빠져나온 육즙을 뿌려가며 굽는다. 마지막까지 뚜껑은 덮지 않는다. 그릇에 나란히 담고 디종 머스타드, 흑후추를 곁들인다.

간단 소시지

Saucisson sans boyau

내장을 채우지 않고 모양만 만드는 소시지입니다. 아파레이유(속)는 다진 고기에 마늘과 생강의 풍미를 더한 것으로 이 것만으로 대중적인 맛을 낼 수 있지만, 개성 있는 맛을 원한다면 말린 허브나 향신료를 추가해도 됩니다. 그릇에 담을 때는 머스타드가 들어간 비네그레트 소스를 곁들이는데, 물론 머스타드만으로도 좋습니다! 다진 고기 요리는 찰기를 끌어내어 '뭉치는 것'이 중요하므로 끈적끈적하게 늘어질 정도로 잘 반죽합니다. 익히는 방법으로는 삶는 것 외에도 프라이팬에 아무것도 바르지 않고 굽는 방법도 있습니다. 이 경우에 랩 대신에 알루미늄 포일로 감싸서 맙니다.

재료 만들기 쉬운 분량

* 지름 4cm × 길이 20cm 2개분

다진 고기(소고기 7 : 돼지고기 3) - 500g

소금 - 4.5g(고기의 0.9%)

흑후추 - 0.45g(소금의 10%)

A 양파 - 20g
│ 마늘 - 1/2쪽(3g)
│ 생강 - 3g
│ 물 - 50mL

비네그레트 소스(p.184 참조) - 적당량

취향에 맞는 잎채소(크레송 등) - 적당량

 지름 24cm 냄비, 작은 냄비
 지름 24cm 프라이팬

1 믹서에 A를 넣고 곱게 간다. 또는 강판으로 갈아서 섞는다.

2 볼에 다진 고기, 소금, 흑후추를 넣고 잘 반죽한다. 다진 고기의 알갱이가 없어지고 페이스트 상태가 되어 볼의 바닥에 달라붙게 될 때까지 반죽한다.

3 1을 더하고 끈적끈적 늘어질 정도로 잘 반죽한다.

4 랩을 깔고 3의 1/2 분량을 올린다. 랩의 크기는 폭 30cm×길이 40cm를 기준으로 한다.

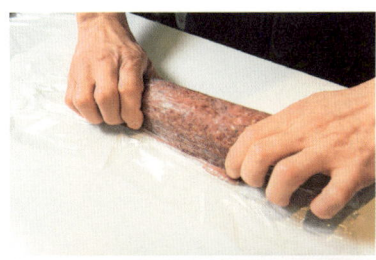

5 공기가 들어가지 않게 앞에서부터 만다. 처음에 어느 정도 모양을 잡아두면 공기가 잘 들어가지 않는다. 양 끝의 랩의 여분은 비틀어서 가운데 방향으로 접어둔다.

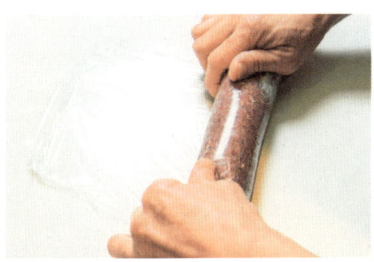

6 랩을 5의 소시지 길이에 맞게 자르고, 양 끝을 맞추어 감는다.

7 6을 명주실로 서너 군데 정도 묶는다. 처음 실을 교차할 때는 두 번 둘러서 묶어 풀리지 않도록 한다.

8 냄비에 물을 가득 끓여 7을 넣고, 85℃를 유지하며 30분간 삶는다. 불을 끄고 뜨거운 물이 실온으로 내려갈 때까지 그대로 두어 식힌다.

9 8의 실과 랩을 벗기고 프라이팬에 넣어서 약한 불에 굴리며 굽는다. 구우면서 표면에 먹음직스러운 색을 입힌다. 그릇에 취향에 맞는 채소를 깔고 소시지를 담아서 비네그레트 소스를 두른다.

미트 소스

Sauce bolognaise

고기의 감칠맛을 마음껏 맛볼 수 있는 촉촉하고 풍미 가득한 미트 소스입니다. 간은 소금과 후추로만 해서 심플하지만 향채소나 토마토, 우유, 레드와인을 듬뿍 사용해 깊은 맛을 냅니다. 고기의 향을 끌어내기 위해서는 제대로 볶아야 합니다. 볶은 다진 고기는 반드시 체에 걸러서 여분의 기름기를 빼고 철저하게 잡내를 제거하는 것이 저만의 규칙입니다. 우유나 레드와인 등을 추가할 때마다 수분이 날아갈 때까지 끈기 있게 졸여가며 감칠맛을 더합니다.

재료 만들기 쉬운 분량

다진 소고기 - 700g
양파 - 30g
당근 - 30g
셀러리 - 30g
마늘 - 30g
우유 - 240mL
레드와인 - 500mL

홀토마토 통조림(고운 채로 거른 것) - 4캔(1.6kg)
* 생토마토를 사용하는 경우에도 같은 양
소금 - 약 4g
흑후추 - 적당량

- 지름 26cm 프라이팬
- 안쪽 지름 21cm × 깊이 9cm 냄비

1 양파, 당근, 셀러리, 마늘은 다진다.

2 프라이팬에 다진 고기를 넣고 중간 불에 올린다. 큰 숟가락 등을 이용해 눌러가며 고깃덩어리를 으깨면서 고슬고슬해질 때까지 굽는다.

3 도중에 수분이 나오는데 완전히 고슬고슬해질 때까지 굽는다.

4 12분 정도 구웠다면 센 불로 올리고 수분을 날리며 굽는다. 구운 고기에서 향이 나며 군데군데 짙은 색이 입혀질 때까지 구웠다면, 소금 3g을 넣고 섞는다.

5 체에 밭쳐서 녹아 나온 기름을 뺀다. 너무 오래 체에 두면 고기의 감칠맛이 빠져나가기 때문에 1분 정도 자연스레 기름이 빠져나가기를 기다린다.

6 5를 다시 프라이팬에 넣고 마늘을 더해서 중간 불에 볶는다. 향이 나기 시작하면 양파, 당근, 셀러리를 더하고 섞는다.

7 우유를 넣고 센 불로 올려 섞어가며 볶는다. 우유는 산미를 부드럽게 해주고 깊은 맛을 내며 고기의 잡내를 없애주는 역할을 한다. 수분이 없어지고 타닥타닥하는 소리가 날 때까지 볶는다. 잘 볶아두지 않으면 다음에 레드와인을 넣었을 때 분리되므로 주의한다.

8 레드와인을 더한다. 수분이 없어질 때까지 졸인다. 거품을 덜어내지 않고 레드와인의 감칠맛을 응축시킨다.

9 졸면 냄비로 옮기고, 잘게 거른 홀토마토(p.238 참조)를 더하고 센 불로 올린다. 처음에는 섞지 않고 끓으면 강약불로 내려 가끔 냄비 바닥을 섞으면서 50분~1시간 정도 끓인다.

10 1시간 정도 지났다면, 여기서부터는 눌어붙지 않도록 주의한다. 수분이 있는 것처럼 보이지만, 아래쪽에 고기가 쌓여 있는 상태. 냄비 바닥을 나무 주걱으로 긁어내듯이 저으며 바닥 전체를 섞는다.

11 냄비 바닥을 나무 주걱으로 긁어서 수분이 나오지 않게 되면 완성. 간을 보고 부족하다면 소금을 약간(1g) 더하고 흑후추를 듬뿍 뿌려서 섞는다. 고기를 손가락으로 눌러봤을 때, 살짝 으깨지는 것이 이상적인 조림 상태.

보관법

미트 소스는 냉동보관도 가능하다. 보관용 비닐봉지에 넣어서 공기를 빼고 평평하게 만들어서 냉동한다. 해동은 전자레인지로 한다. 수분과 고기가 분리되므로 섞어서 사용한다.

미트 소스 ▶ Déclinaison

타르틴

어원은 '바르다'라는 뜻의 타르티네로 얇게 썬 바게트에 버터나 잼, 좋아하는 재료를 바르거나 얹습니다. 프랑스에서는 일상적인 빵 먹는 방법입니다. 치즈, 파슬리, 올리브유는 취향껏.

재료

미트 소스 – 적당량

바게트 – 적당량

마늘(심지를 제거한 것) – 적당량

A 파르미지아노 레지아노(간 것),
   파슬리(잘게 다진 것), 올리브유 – 적당량

1 바게트는 1cm 두께로 썰어서 굽고, 마늘 썬 면으로 문질러서 향을 낸다(사진 a).
2 1에 미트 소스를 바르고 A를 적당량 얹는다.

미트 소스 스파게티

고기와 채소의 감칠맛이 조화를 이루는 맛이 깊은 미트 소스는 조합도 무한대이지만, 역시 파스타로 즐기고 싶습니다. 파스타 삶은 물은 소스의 간을 조절함과 동시에, 파스타와 소스를 하나로 만들어주는 역할도 합니다.

재료 1인분

미트 소스 – 150g   물 – 2L

스파게티 – 100g   소금 – 20g(끓이는 물의 1%)

파르미지아노 레지아노(간 것) – 적당량

1 스파게티는 소금을 넣은 끓는 물에 표시된 시간대로 맞추어 삶고, 체에 밭쳐서 물기를 뺀다. 면수는 따로 둔다.
2 프라이팬에 미트 소스, 1의 파스타, 파르미지아노 레지아노를 넣고 약한 불에서 섞는다. 면수를 50mL 정도 더하고 볶아서 잘 하나로 어우러지게 만든다(사진 a).

미트 소스 ▶ Déclinaison

무사카풍 가지

무사카(moussaka)는 북아프리카가 발상지인데, 현재 그리스, 터키 등에서 대중적인 오븐 요리입니다. 가지, 다진 양고기, 베샤멜 소스를 번갈아 그릇에 담아 오븐으로 굽지만, 지역에 따라 다양한 버전이 있습니다. 여기에서는 소고기 100% 미트 소스의 맛을 느끼기 위해 가지와 빵가루로 심플하게 마무리했습니다.

재료 2인분

* 가로 27cm × 세로 15cm × 깊이 5cm 그라탱 접시

미트 소스 - 150g

가지 - 큰 것 4개(500g)

소금 - 3g

올리브유 - 5큰술

빵가루 - 12g

1 가지는 꼭지를 잘라내지 않고 돌려가며 얇게 칼집을 내어(사진 a) 꼭지의 겉껍질을 벗겨낸다. 세로 길게 반 썰고 안쪽에 격자 모양으로 칼집을 낸다. 소금을 뿌려 살짝 익히고 10분 정도 둔다(사진 b). 빠져나온 물은 떫으므로 닦아낸다.

2 프라이팬에 올리브유를 넣어 달구고 1을 안쪽부터 굽는다. 껍질이 뚜껑이 되어서 열을 가하며 쪄진다. 꼭지를 누르고 숟가락으로 안쪽을 긁어낸다(사진 c). 체에 걸러서 거품과 올리브유를 뺀다(사진 d).

3 볼에 미트 소스와 2를 넣고 섞는다. 그라탱 접시에 담고 빵가루를 뿌린다. 바로 굽지 않고 빵가루가 숨이 죽고 색이 변할 때까지 두어, 가지의 즙을 흡수시킨다. 180℃의 오븐에서 표면이 노릇노릇해질 때까지 굽는다.

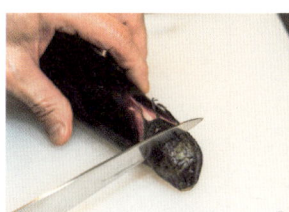

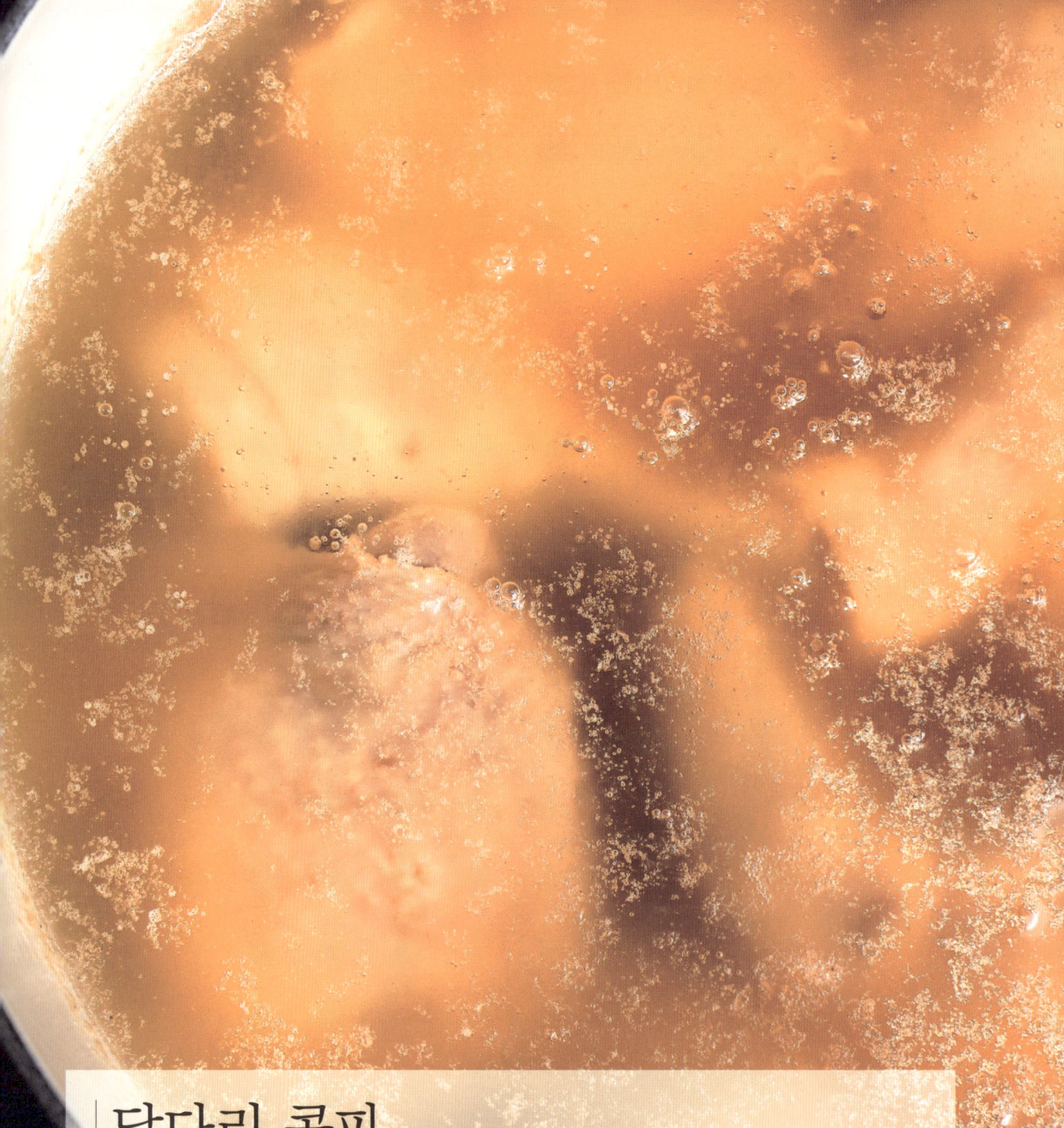

닭다리 콩피

Confit de cuisses de poulet

비스트로 메뉴에서도 친숙한 오리나 닭고기 콩피는 프랑스에서 오랫동안 보관하기 위한 요리로 만들어왔습니다. 낮은 온도의 동물성 기름에서 고기를 푹 부드럽게 삶은 요리로, 그대로 동물성 기름에 절여서 보관합니다. 동물성 기름에 삶고, 게다가 동물성 기름에 절인 닭고기라 하면 끈적하지 않을까 걱정스럽겠지만, 의외로 동물성 기름에 삶으면 고기에 있는 여분의 동물성 기름이 빠져나가서 맛이 담백해집니다. 오히려 물이나 와인으로 삶으면 동물성 기름이 녹아 나오지 않고 남아 있습니다. 콩피에는 거위의 기름이나 라드 등 동물성 기름을 사용하지만, 저장하면 단단하게 굳어서 덜어내기가 어려워지기 때문에, 식물성 기름을 블랜딩하는 레시피를 소개해드립니다.

재료 4인분

뼈 있는 닭다리 - 4개(1200g)

A 소금 - 12g
  통흑후추(냄비 바닥 등으로 굵게 으깬다) - 1.2g
B 식용유 - 500mL
  라드 - 500mL

🍲 지름 24cm 냄비

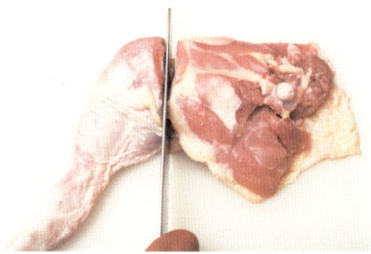

1 [전날] 닭다리를 잘라서 나눈다. 허벅지 쪽을 오른쪽에, 정강이 쪽을 왼쪽에 두고 앞쪽 지방 덩어리의 약간 왼쪽(정강이 쪽)에 있는 관절에 칼을 넣어 잘라서 나눈다.

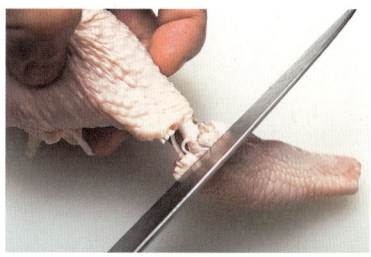

2 발목의 아킬레스건을 자른다. 정강이 쪽 끝에서 약 2cm의 부분에 칼을 대고 빙 한 바퀴 돌린다. 칼끝을 고기의 가장자리에 대고 둥글게 모양을 다듬는다. 아킬레스건을 자르지 않으면 가열했을 때 바짝 수축해 고기가 딸려간다.

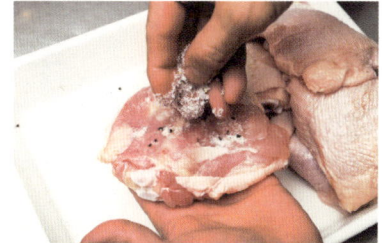

3 작은 볼에 밑간용 양념 A를 섞어서 닭고기에 뿌린다. 일단 허벅지살 쪽에 듬뿍 뿌리고, 껍질을 위로 두께 해 밧드에 올린다. 정강이살 쪽은 단면에 뿌리고 밧드에 올려서 껍질에도 뿌린다. 그러고 나서 손으로 전체적으로 문지른다.

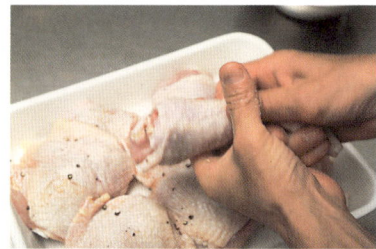

4 잘 스며들면 다시 밧드에 올려놓고, 랩을 씌워서 냉장고에 넣어 하루 동안 재운다. 소금을 뿌리면 닭고기에서 감칠맛을 포함한 수분이 나오는데, 그것을 다시 고기로 되돌려주기 위해 키친타월로 절대 덮지 않는다.

5 [다음날] B를 섞어서 두꺼운 냄비에 소량 넣고 4의 닭고기를 서로 겹치지 않게 늘어놓는다. B의 나머지를 고기가 잠길락 말락 할 정도로 넣는다. 이때 허벅지 쪽은 껍질을 펴고, 정강이 쪽은 다시 한번 손으로 훑어주며 모양을 다듬어서 냄비에 넣으면 예쁘게 넣을 수 있다.

6 5를 중간 불에 올리고 살짝 끓으면 젓가락으로 겹쳐 있는 고기를 살짝 떨어트려서 고기와 고기 사이에도 기름이 흘러가게 한다. 가끔 섞어서 온도를 균일하게 한다. 젓가락으로 냄비 바닥도 긁으며 고기가 눌어붙지 않도록 체크한다.

7 아주 약한 불로 내리고 90℃ 전후에서 아주 가볍고 보글보글한 상태를 유지한다. 중간에 젓가락으로 기름을 섞어 온도를 균일하게 만든다. 표면의 피막(거품)이 생기면 그때그때 국자로 건져낸다.

8 허벅지 쪽이 부풀고 부드럽게 익으면 먼저 꺼내고, 정강이 쪽은 부드러워질 때까지 끓인다. 다 끓은 껍질은 민감하고 손상되기 쉬우므로 집게는 사용하지 않는다.

9 [보관] 8의 잔열이 식으면 닭고기를 건져 올려서 깊이가 있는 용기에 넣는다. 맑은 기름만 떠서 닭고기가 완전히 잠길 때까지 붓는다. 냉장고에서 2주 정도까지 두고 먹을 수 있다.

151

닭다리 콩피 로스트

Sauté de confit de cuisses de poulet

완성된 닭고기 콩피는 프라이팬에서 로스트로. 닭의 껍질을 바삭하게 구워내면 또 다른 별미가 탄생합니다. 살코기를 조려진 상태로 돌린다는 느낌으로 굽습니다. 닭고기에서 수분이 나오지 않아 타기 쉬우니 주의합니다.

1 저장해 둔 닭고기 콩피를 꺼낸다. 프라이팬에 나란히 넣고 허벅지 쪽은 껍질이 아래로 향하게 둔다.

2 중간 불에 올려서 프라이팬을 흔들거나 집게로 들어 올리면서 굽는다. 여분의 기름은 제거한다.

3 뜨거운 기름을 끼얹으며 전체적으로 익힌다.

4 허벅지 쪽 껍질에 노릇노릇하게 색이 입혀지고 바삭하게 구워지면 고기를 뒤집어서 굽는다.

Bonne idée

콩피를 만든 후의 유지와 육즙은 다시 소중하게 사용합니다. 하얀 층의 유지는 다음번에 콩피를 만들 때 사용하는 것 외에도 닭고기나 채소 소테에 버터처럼 사용합니다. 유지의 아래에 있는 갈색의 육즙은 감칠맛의 정수, 냉장하면 젤리처럼 되고 녹이면 맛있는 소스가 됩니다.

Chapitre 5

일품 조림 요리
전통 요리의 저력

"알겠지, 타니? 프랑스 요리에서 시대가 지나도 변하지 않는 것은 가정 요리와 향토 요리야." 처음 일한 레스토랑의 스승님에게서 반복해서 배웠던 이 말을 지금도 기억하고 있습니다. 정말로 그렇다고 생각합니다. 시대를 뛰어넘는 힘을 가진 요리는 훌륭합니다. 그리고 맛있지요. 전통이라고 하면 거창하게 들리겠지만, 요리하는 사람의 연구와 먹는 사람에 대한 애정이 쌓여 생긴 것입니다. 예를 들어, 냉장고가 없던 시절에 보관용 요리였던 조림은, 지금 '밑반찬'이라 부르는 것의 시작점입니다. 미리 준비해둘 수 있어서 가정에서 접대 요리로도 사용하기 좋습니다. 특별히 이야기하고 싶은 조림 요리의 장점은 만든 다음 날 이후에도 요리가 이어진다는 것입니다. 맛있게 만들어진 국물을 덜어서 구운 고기에 끼얹으면 맛이 일품인 소스가 됩니다. 하나로 하는 두 번째, 세 번째 요리도 맛있습니다. 조림은 많은 가능성을 품고 있는 요리입니다.

기본 레슨

맛있게 '끓이기' 위한
5가지 비법

프랑스 요리에서 끓이는 요리는 조림과 수프입니다. 특히 조림은 밑간을 해서 재워두고 푹 삶습니다. 이러한 시간이 맛있게 만들어주는 요리이기도 합니다.
포토푀, 포테, 포타주처럼 '포(Pot): 냄비'로 만드는 요리도 아주 많습니다.

1 | 고기에는 제대로, 정성스럽게 밑간을 한다

고기 조림 요리의 대부분은 만들기 시작한 당일에 조리면 맛이 없습니다. 일단 고기에 소금이나 후추로 밑간을 하고, 랩을 씌워서 냉장고에서 하룻밤 이상 재웁니다. 조리는 도중에는 조미료가 잘 스며들지 않아서 이 단계에서 맛을 속까지 침투시키기 위해서입니다. 그리고 고기에서 감칠맛을 머금은 수분이 나오기 때문에 이 수분이 고기로 다시 흡수되도록 하기 위해서입니다. 그래서 키친타월을 덮는 것은 금물! 맛있는 수분을 흡수해버립니다.

밑간하는 작업은 정성스럽게, 제대로 주물러주는 것이 중요합니다. 단지 소금을 뿌리는 것과는 마무리의 감칠맛이나 식감이 달라집니다. 다른 요리의 맛이 나지요.

조림 요리는 준비한 그 날 먹는 것보다는 하루 두어서 조림 국물이 스며든 것이 더 맛있기 때문에, 가능하면 먹기 하루 전에 조리도록 합시다.

2 | 거품이 굳을 때까지 기다려요!

고기 조림에서는 거품이 많이 나옵니다. 그 정체는 피 같은 단백질. 깨끗하게 제거하고 재료의 순수한 맛만을 맛봅니다.

여기서 조심해야 할 점은 거품이 나와도 바로 제거하지 않는다는 것! 조금만 기다려주세요. 서두르지 않습니다. 보글보글하고 미소 짓듯이 끓어오르는 상태, '미조테'*를 유지하면 거품이 자연스럽게 떠오릅니다. 부글부글 끓이면 거품이 빨리 생기지만, 국물이 탁해지므로 그렇게 하지 않습니다.

그리고 단백질이 굳어져서 국물이 맑아지면, 과감하게 확 한 번에 떠서 버립니다. 이것으로 국물이 깨끗하고 맛있게 됩니다.

또한 굳기 전의 거품은 녹기 때문에 빠른 시간 내에 뜨려고 하면 국물이 탁해지거나 계속해서 거품이 나옵니다. 이것은 아무리 없애려고 해도 제거하기 어렵습니다.

* mijoter: 일반적으로 소스나 국물이 있는 음식을 천천히 익히는 것.-옮긴이

3 | 고기의 근섬유에 국물이 들어가서 부드러워진다

'얼마나 끓여야 하나요?' 이렇게 물으면 저는 '고기가 부드러워질 때까지요'라고 대답합니다. 여기서 소개해드릴 포토푀나 포테 등은 약한 불로 대체로 2~4시간 끓입니다. 그동안 근섬유 하나하나 사이에 뜨거운 국물이 들어가 질긴 고기라도 근섬유가 풀어져서 연해집니다.

그리고 농도 짙은 국물은 근섬유에 서서히 들어가 머물러 있습니다. 감칠맛이 빠져나오기 어려운 동시에 수분이 유지되므로 촉촉하게 조려집니다. 농도를 짙게 하는 방법은 기름기가 적은 사태는 밀가루를 입히는 경우가 있고, 돼지 목살의 지방으로 조림 국물을 유화시키는 방법도 있습니다.

4 | 조림 냄비는 크기에 여유를 둔다

맛있게 조리려면 냄비의 크기가 중요합니다. 빠듯한 크기라면 고기가 겹쳐져 간격이 없어지고, 그 닿은 면에는 조림 국물이 충분히 닿지 않습니다. 고기와 고기 사이를 뜨거운 조림 국물이 여유 있게 오가면서 골고루 익힐 수 있는 지름과 깊이의 냄비를 고릅니다.

덧붙여서 닭고기를 구울 때는 껍질 쪽이 아래로 가게 해 냄비에 넣지만, 조릴 때에는 전체적으로 가열되므로 반드시 그럴 필요는 없습니다.

5 | 고기 주위에 조림 국물이 있을 것

조리는 도중에는 우리가 할 수 있는 것은 별로 없습니다. 단지 부드러워지기를 기다리는 수밖에요. 그렇지만 이것만큼은 해주기를 바라는 2가지가 있습니다.

첫 번째는 가끔 고기끼리 붙지 않게 떼어내어 간격을 만들어주는 것입니다. 이유는 4와 같습니다. 특히 조리기 시작했을 때, 아직 고기의 단백질이 익지 않았을 때 고기끼리 쉽게 잘 붙으니 반드시 해주어야 합니다. 그리고 조림 국물이 줄어들면 가끔 위아래를 뒤집고 공기에 닿아 건조하게 된 부분을 조림 국물에 잠기게 하는 것도 중요합니다.

두 번째는 가끔 냄비를 흔들어서 재료의 아래로 조림 국물이 흘러가게 하는 것입니다. 재료가 조림 국물 속에 떠 있고, 전체 면이 조림 국물로 감싸져 있는 상태에서 익히는 것이 제가 생각하는 조림의 모습입니다. 이것은 소테와도 같습니다. 냄비 바닥에 재료가 붙어 있는 상태로 계속 가열하면 타 버리니까요.

포토푀
Pot-au-feu

직역하면 '불에 올린 냄비'라는 뜻인 포토푀. 소고기 덩어리와 양파, 당근, 셀러리 등 채소를 보글보글 푹 끓인 것이 여러분이 가지고 있는 포토푀의 이미지이지만, 채소를 일부러 사용하지 않는 것이 저의 방식입니다. 깔끔하게 '소고기만!' 왜냐하면 포토푀에서는 고기를 삶아서 생기는 국물(부이용)이야말로 진정한 요리의 주인공이기 때문입니다. 국물은 순수하고 맑아야 합니다! 그래서 채소는 넣지 않습니다. 이것이 포토푀와 포테(p.162 참조)와의 큰 차이입니다. 이런 포토푀에 최적인 부위가 사태입니다. 많이 움직이는 부위라 힘줄이 많고 질겨서 굽기에는 적합하지 않습니다. 그러나 푹 끓이면 젤라틴과 감칠맛이 우러나와 물로만 끓였는데도 최고의 부이용이 되어서, 고기도 부드럽고 맛있어집니다. 심플하고 풍부한 감칠맛은 움직이는 부위의 저력이지요.

재료 3~4인분

소 사태 - 850g

A 통흑후추(냄비 바닥 등으로 굵게 으깬다) - 2.5g
　소금 - 25g
　설탕 - 27g

물 - 적당량

굵은 소금, 디종 머스타드 - 각 적당량

🥘 지름 22cm 냄비

> 이 레시피에는 사태 무게의 3%에 해당하는 소금을 사용하는데, 사용하는 부위에 따라 소금맛을 느끼는 정도가 달라지기 때문에 조절하는 것이 좋다. 예를 들면, 다리살을 사용할 때는 삶으면 푸석푸석해져 소금맛을 쉽게 느끼므로 소금의 양을 줄이고, 기름기가 많은 부위는 소금맛을 잘 느끼지 못하기 때문에 소금의 양을 늘린다.

1 [요리 3일에서 1주일 전] 사태는 6~7등분해서 밧드에 넣는다. A를 전부 섞어 밑간용 양념을 준비한다.

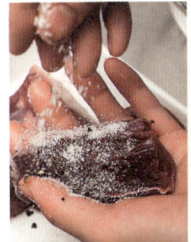 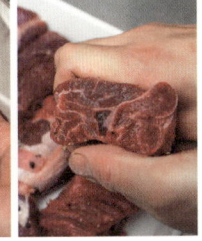

2 고기에 A를 뿌리고 손으로 주물러서 충분히 밑간이 배게 한다. 사태 덩어리의 형태가 망가지지 않을 정도로 힘을 조절해서 다룬다.

3 고기의 표면에 수분이 나오면 랩을 씌우고, 냉장고에서 짧게는 3일 길게는 1주일 재워서 속까지 제대로 간이 배게 한다. 살이 죄어들며 단단해지고 붉은색이 진해진 상태가 잘 재워진 것이다.

4 냄비에 3을 넣고 고기가 잠길 정도까지 물을 부어(약 1.5L) 센 불에 올린다. 끓으면 중간 불로 줄이고 가볍게 끓어오르는 상태를 유지한다. 거품이 생기면 국자의 뒷면으로 한군데로 모으며 굳기를 기다린다.

5 거품이 굳어서 국물이 맑아지면 거품을 걷어낸다. 국자로 과감히 한 번에 떠낸다. 굳기 전의 거품은 물에 풀어져서 국물을 탁하게 하고, 계속해서 나오기 때문에 타이밍을 기다린다.

6 불을 약하게 내리고 가볍게 보글보글 끓는 상태를 유지하며 끓인다. 물이 줄어들면 물을 더하고, 고기가 국물 속에 잠겨 있는 상태를 유지한다.

7 중간중간 센 불로 올려서 국물을 끓이다가 불을 약하게 해 가볍게 끓어오르는 상태에서 거품을 굳히고 떠낸다. 불을 약하게 해서 계속 끓인다. 이렇게 거품을 제거하는 과정을 반복한다.

8 국물이 살짝 끓는 상태를 유지하며 잠시 계속 끓이면 열이 가해진 고기의 힘줄이 투명해진다. 중간에 물이 줄어들면 물을 더하고, 고기가 부드러워질 때까지 끓인다(삶는 시간은 3시간 정도).

9 고기와 국물을 그릇에 담고, 굵은 소금과 디종 머스타드를 따로 준비한다. 고기는 다음 날 잘게 찢어 샐러드로 먹어도 또는 표면을 바삭하게 구워도 맛있으니 다소 넉넉하게 준비해두면 좋다.

양지머리 맥주 조림

Carbonade

이것은 벨기에의 요리로 정석대로는 밀가루를 넣기 전 볶은 양파에 굵은 설탕을 더해서 카라멜리제해 진한 단맛을 냅니다. 저의 레시피에서는 볶은 양파의 단맛과 달콤한 시메이 맥주, 브랜디의 깊은 맛으로 맛을 냅니다. 양지머리 외에 멧돼지고기를 사용해도 무척 어울립니다. 그 외에는 사태, 지방이 적은 돼지고기 삼겹살 등도 좋습니다. 무엇이 되었든 고기는 전체를 제대로 노릇노릇하게 굽는 것 중요합니다.

시메이 CHIMAY

시메이는 벨기에 맥주의 대표적인 브랜드입니다. 그중에서도 과일 향과 원숙한 깊은 맛, 상큼한 단맛의 루쥬(통칭 레드)를 추천합니다. 이 요리의 탄생부터 따져보아도 맥주를 사용한다면 시메이입니다.

재료 4~5인분

소 양지머리 덩어리(힘줄이나 기름을 제거한 것) - 950g

소금 - 9.5g(고기의 1%)

[볶은 양파]

양파 - 3개(600g)

버터 - 20g

밀가루(강력분) - 15g 브랜디 - 50mL

닭뼈 육수 - 500mL 버터 - 20g

맥주[시메이 레드] - 감자 퓌레(p.111 참조)

750mL   - 적당량

◼ 지름 26cm 프라이팬, 작은 프라이팬
◼ 지름 21cm 깊은 냄비

1 소고기는 힘줄, 큰 지방이 있으면 제거한다. 소금을 전체적으로 뿌려서 주물럭거리고 냉장고에 하룻밤 둔다. 냉장고에 길게는 1주일까지 둘 수 있다.

2 소고기는 조리면 2/3 정도까지 크기가 줄기 때문에, 완성 후의 모양을 생각해 큼직하게 썬다.

3 프라이팬에 2의 지방 부분이 아래로 가게 해 넣고 센 불로 굽는다. 두툼한 고기부터 차례대로 시차를 두고 굽는다. 얼추 다 넣었으면 중간 불로 줄이고 기름이 녹아 나오게 한다. 3~4분 구웠다면 뒤집고, 녹아 나온 기름은 버린다. 항상 고기 밑에 기름이 있는 상태를 유지해가며 굽는다. 고기가 줄어들어 프라이팬에 공간이 생기면 얇은 고기를 넣고 똑같이 굽는다.

4 고기를 굽는 동안에 깊은 냄비에 볶은 양파를 만든다(p.81 참조). 다 볶으면 밀가루를 넣고 냄비 바닥에 얇은 막이 생기도록 약중불로 볶는다. 뭉치지 않게 펼쳐서 흐트러뜨리며 절대로 타지 않게 볶는다. 밀가루가 없어지고 향이 나며 눌어붙기 직전까지 볶으면(사진 가운데) 닭뼈 육수를 더한다. 냄비 바닥을 긁어내며 거품기로 뭉치지 않도록 섞는다.

5 3의 소고기는 앞면, 뒷면, 옆면 모두 굽는다. 녹아 나온 기름은 그때마다 버린다. 먹음직스럽게 노릇노릇해진 고기부터 4에 넣는다. 맥주, 브랜디를 넣고 중간 불에서 2시간 정도 끓인다. 가끔 바닥부터 저어주고 너무 졸면 물(분량 외)을 더한다.

6 2시간 정도 끓인 소고기를 꺼내고 위에 떠 있는 기름을 제거한다. 이것은 감칠맛이 아닌 잡내다. 냄비를 기울이면 떠내기 쉽다.

7 작은 프라이팬에 버터를 넣고 센 불로 볶으며 뵈르 누와제트를 만든다(p.236 참조).

8 6의 국물을 끓여서 7에 더해 가볍게 섞는다. 흑후추를 약간(분량 외) 더하고 섞는다. 그릇에 소고기를 담고 국물을 두른 후 감자 퓌레를 곁들인다.

닭고기 크림 스튜

Ragoût de poulet à la crème

닭고기는 물부터 넣을 것! 이것은 고기를 삶을 때의 철칙입니다. 닭고기를 넣은 다음에는 삶으면서 으깨져도 괜찮은 향채소를 넣습니다. 닭고기의 감칠맛에 향채소의 풍미가 얹어져서 부이용이 됩니다. 루 블랑을 부이용으로 풀어내면 훨씬 본격적인 스튜의 베이스가 되지요. 스튜의 농도는 취향에 따라 조절할 수 있어서 상태를 보면서 부이용의 양을 조절해주세요. 마무리에 우유를 넣는데 이때 볶은 카레 가루를 넣으면 카레 스튜가 됩니다.

재료 5~6인분

- 닭다리살 - 2개(600g)
- 양파 - 작은 것 1개(150g)
- 당근 - 1개(160g)
- 감자 - 2개(300g)
- 양송이버섯 - 10개(100g)
- 순무 - 1과 1/2개(150g)
- 콜리플라워 - 1/2개(100g)
- 브로콜리 - 1/2개(100g)
- 줄기콩 - 100g
- 소금 - 3g

[루 블랑]

- 버터 - 100g
- 밀가루(강력분) - 100g

- 닭뼈 육수 - 1.6~1.8L
- 우유 - 200mL
- 흑후추 - 적당량

 지름 24cm 깊은 냄비

1 닭고기는 살코기 쪽에 소금을 뿌리고 잘 주물럭거린다. 실온에 30분 이상 두고 4등분한다.

2 양파는 반달 모양으로, 당근, 감자는 마구 썬다. 양송이버섯은 반으로 썬다. 순무는 껍질을 벗기지 않고 8등분, 작은 것은 6등분한다. 콜리플라워, 브로콜리는 작게 나눈다(p.239 참조). 줄기콩은 반으로 썬다.

3 냄비에 닭뼈 육수 1.6L, 1을 넣고 센 불에 올린다. 닭고기가 달라붙지 않도록 간격을 벌린다. 끓어오르면 거품이 나오는데 조금 기다렸다가 굳어서 갈색이 되기 시작하면 단숨에 걷어낸다. 센 중간 불로 줄이고 양파를 넣어 3분 정도 끓인다. 양파가 연해지기 시작하면 당근을 넣고 5분 정도 끓인다. 꼬치로 찔렀을 때 쑥 들어간다면 양송이버섯을 넣고 2~3분 끓인다. 체에 걸러서 건더기와 국물을 나눈다. 이 국물을 부이용 대신 쓴다. 이때 국물의 양은 1.4~1.5L다.

4 냄비를 씻고 버터를 넣어 약한 불에 올리고 밀가루를 더해서 볶는다. 루 블랑을 만든다(p.236 참조). 3의 국물을 넣고 거품기로 잘 젓는다. 하나로 섞이면 중간 불에 올리고 나무 주걱으로 바꾸어서 냄비 바닥부터 잘 젓는다. 가열하면 점점 걸쭉해진다.

5 4에 3의 건더기를 넣고 감자를 추가해서 끓인다. 중간중간 냄비 바닥부터 젓는다. 감자는 쉽게 뭉개지기 때문에 저을 때는 냄비 바닥을 긁어내듯이 한쪽으로 여러 번, 마지막에는 냄비 둘레를 따라 한 바퀴 돌리면서 젓는다. 5~10분 끓여서 감자가 부드러워지면, 줄기콩, 순무를 더한다. 줄기콩의 풋내가 신경 쓰인다면 미리 삶아두어도 좋다. 이때의 걸쭉함은 천천히 흘러내리는 정도다(사진 아래). 담백한 크림 스튜를 좋아하는 분은 여기에 닭뼈 육수를 200mL 추가한다.

6 우유를 더해서 한 번 섞고 콜리플라워를 넣는다. 따뜻해지면 브로콜리를 넣고 가볍게 섞어 불을 끄고 잔열로 익힌다. 그릇에 담고 흑후추를 뿌린다.

소금에 절인 돼지고기 포테

Potée

포테는 푹 끓인 고기의 감칠맛을 먹는 요리입니다. 이것이 포토푀와의 가장 큰 차이점입니다. 고기의 감칠맛을 끌어내기 위해 돼지고기는 소금에 절입니다. 사용하는 소금의 양은 돼지고기의 3%. 프랑스에서는 '프티 살레(petit salé)'라고 불리는, 이 소금에 절인 돼지고기는 보관을 전제로 한 레시피이기 때문에 염분이 꽤 들어 있습니다. 가장 짧게는 3일간, 가능하면 1주일 동안 냉장고에 재워둡니다. 여분의 수분이 빠지면 속까지 짠맛이 스며들고, 숙성되면 감칠맛이 늘어납니다. 그리고 포테에서 가장 중요한 것은 불조절입니다. 표면이 출렁출렁 흔들릴 정도로 계속 끓이고, 보글보글 끓이지는 않습니다. 국물에는 돼지의 진한 감칠맛과 염분이 빠져나오고, 이것으로 채소를 삶으면 채소의 수분이 빠져나와 알맞은 균형을 이룹니다. 다만 감자는 함께 끓이면 수프도 풍미도 탁해지므로 감자만큼은 따로 익힙니다.

재료 4인분

[소금에 절인 돼지고기]
돼지고기 목살 덩어리 - 800g

A 소금 - 24g(고기의 3%)
   설탕 - 12g(고기의 1.5%)
   흑후추 - 2.4g(고기의 0.3%)

양배추 - 1/2개(370g)
양파 - 1과 1/2개(300g)
당근 - 2개(320g)

셀러리 - 1개(120g)
감자 - 2개(300g)
줄기콩 - 200g

B 흑후추 - 적당량
   디종 머스타드 - 적당량
   소금 - 적당량

지름 21cm 깊은 냄비

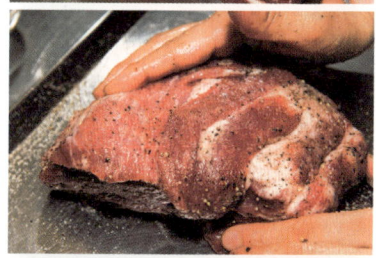

소금에 절인 돼지고기 만드는 방법
볼에 A를 하나로 섞은 다음 돼지고기 표면에 문지른다. 수분이 빠져나올 때까지 문질러서 스며들게 하고 보관용 비닐봉지에 넣어서 공기를 뺀다. 냉장고에서 1주일간, 최소 3일간 둔다. 돼지고기가 숙성, 발효되어 색이 약간 진해진다.

1 냄비에 물을 충분히 넣고(분량 외), 소금에 절인 돼지고기를 넣어 센 불에 올린다. 끓으면 거품이 나오는데 조금 기다렸다가 굳어서 갈색이 되기 시작하면 단숨에 걷어낸다. 거품을 걷어내면 약한 불로 줄이고 2시간 정도 끓인다. 물이 줄어들면 물을 더하고, 고기가 물속에 잠겨 있는 상태를 유지한다.

2 양배추, 양파는 심지를 남기고 반으로 썬다. 당근은 세로로 길게 반, 셀러리는 질긴 부분을 떼어 내고 세로로 반을 썬다.

3 1에 양배추를 더한다. 10분 정도 끓이다 양파, 당근, 셀러리를 더하고 40~50분간 흐물흐물해질 때까지 끓인다.

4 감자는 삶아서 껍질을 벗기고(p.237 참조), 반으로 썬다.

5 3에 줄기콩을 더해서 10분 정도 끓이고, 부드러워지면 완성. 소금에 절인 돼지고기를 잘라서 4와 함께 그릇에 담고 B를 곁들인다.

소금에 절인 돼지고기 포테 ▶ Déclinaison

팡 그라탱

바게트에 맑은 국물을 잘 흡수시킵니다. 나중에 넣는 국물은 찰랑찰랑하지 않게 합니다. 건더기는 표면을 제대로 구워서 바삭하고 고소하게 만들고, 속의 촉촉한 식감의 대비를 즐깁니다. 건더기와 바게트의 비율은 취향에 따라 조절하세요.

재료

소금에 절인 돼지고기 포테(건더기, 국물) - 적당량

바게트 - 적당량

파르미지아노 레지아노(간 것) - 적당량

1 포테의 국물은 하룻밤 두고 위로 떠올라 굳어진 기름을 제거한다. 건더기는 한입 크기로 썬다.
2 볼에 바게트를 넣고 국물을 더해 스며들게 한다(사진 a). 건더기를 넣고 버무린다(사진 b).
3 그라탱 접시에 2를 넣고 국물은 그릇의 2/3 정도의 높이까지 추가한다(사진 c). 파르미지아노를 뿌린다. 전자레인지(600W)에서 데우고, 오븐 토스터에서 충분하게 노릇노릇해질 때까지 굽는다.

a

b

c

소금에 절인 돼지고기 포테 ▶ Déclinaison

니수아즈풍* 샐러드

포테의 삶은 감자, 줄기콩, 소금에 절인 돼지고기를 얇게 썰어 차갑게 만든 한 그릇 요리입니다. 토마토, 삶은 달걀, 안초비를 더해서 니스풍 샐러드로 바꿉니다. 머스터드가 들어간 비네그레트 소스에 남프랑스의 향기, 타프나드 소스를 곁들여서 드세요. 그릇 안에서 잘 섞어서 먹습니다.

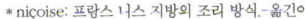

*niçoise: 프랑스 니스 지방의 조리 방식.-옮긴이

재료

소금에 절인 돼지고기 포테(건더기만) – 적당량

삶은 달걀 – 적당량

비네그레트 소스(p.184 참조) – 적당량

A 안초비(필레) – 적당량

  그린 올리브(p.235 마늘과 그린 올리브 콩피 참조) – 적당량

  세미 드라이 토마토(p.235 참조) – 적당량

타프나드 소스(p.210 참조) – 적당량

1 포테의 건더기, 삶은 달걀은 먹기 좋은 크기로 썬다.
2 접시에 1을 담고, 비네그레트 소스를 끼얹고 A를 뿌린 다음 타프나드 소스를 곁들인다.

뵈프 부르기뇽

Boeuf bourguignon

뵈프는 소고기, 부르기뇽은 부르고뉴풍이라는 뜻입니다. 원래는 부르고뉴산 레드와인을 써야 하지만, 저는 쓰지 않습니다. 색이 밝으며 향은 기품 있고 부드러워서 마시기에는 최고이지만 조림용으로는 어떨까요. 저는 요리에는 부르고뉴 와인과 특징이 다른 카베르네 소비뇽이 압도적으로 어울린다고 생각합니다. 시간적 여유가 있다면 졸인 후 하룻밤 재워두고 다음 날 데웁니다. 특별한 깊은 맛이 생기며, 하룻밤 재워두면 졸이는 것도 3시간 정도로 충분합니다. 마지막으로 프로의 숨겨진 비법 하나, 미로와(p.237)에 소스를 체에 걸러 넣는 부분에서 간 마늘을 더합니다. 깊은 풍미가 배어 나와 그 맛에 감탄할 겁니다.

재료 3~4인분

- 소 양지머리 - 600g
- 레드와인(재우는 용) - 500mL
- 식용유 - 30g
- 밀가루(강력분) - 5g
- A
  - 레드와인(조림용) - 300mL
  - 물 - 300mL
- 레드와인(미로와용) - 200mL
- B
  - 물에 녹인 옥수수 전분 - 1작은술
    (* 물과 옥수수 전분을 10 : 1의 비율로 섞는다)
  - 소금 - 2g
  - 흑후추 - 소량
  - 뵈르 누아제트(p.236 참조) - 10g

* 레드와인 총 1L 사용

- 지름 26cm 프라이팬
- 지름 21cm 냄비, 작은 냄비

1 소고기를 큼직하게 썰어서 레드와인 500mL를 붓고 냉장고에 하룻밤 재워둔다.

2 1을 체에 거른다. 레드와인도 다시 사용하니 담아둔다. 이때 레드와인은 탁해진 상태다.

3 냄비에 2의 레드와인을 넣고 센 불로 끓인다. 부드럽게 저어 가며 균일하게 열을 가해 레드와인에 녹아 나온 소고기의 단백질을 응고시킨다. 흘러넘칠 것 같을 때 불을 줄이고 거품이 하나로 뭉쳐져서 굳기를 기다린다. 시노와(또는 체) 2개 사이에 키친타월을 끼운 후 거른다. 레드와인의 탁함이 없어지며 투명한 느낌이 나온다.

4 프라이팬에 식용유를 두르고 2의 소고기를 넣어 센 불에 올린다. 꽤 많은 양의 수분이 나오기 때문에 수분을 날리는 것처럼 굽는다. 이따금 뒤집어 식용유를 둘러 가며 먹음직스럽게 노릇하게 굽는다.

5 4를 냄비로 옮기고 걸쭉함을 더하기 위해 밀가루를 넣고 섞어 냄비 바닥에 얇은 막이 생길 때까지 약중불로 볶는다.

6 3과 A를 더하고 센 불에 끓인다. 끓어오르면 중간 불로 줄이고 거품이 나오면 걷어내며 약한 불로 최저 3시간 졸인다. 거품이 나오기 전에 약한 불로 줄이면 거품이 나오지 않게 되므로 주의. 수분이 줄어들면 고기가 보이지 않게끔 그때마다 물(분량 외)을 더해준다. 3시간 졸인 상태에서 하룻밤 그대로 재워두는 것이 이상적이다.

7 작은 냄비에 레드와인을 졸여서 미로와를 만든다(p.237 참조).

8 6을 데우고 소고기를 건져낸다.

9 8의 국물을 중간 불에 올리고 B를 더해 거품기로 잘 섞는다.

10 7에 9를 체에 걸러 넣고 저은 후 데운다. 데운 소고기를 접시에 올리고 소스를 끼얹는다. 소고기는 소스 안에서 데워도 좋다.

> 뵈프 부르기뇽으로 만든
> **소고기 레드와인 소스**

* 보관은 냉장고에서 1주일간. 냉동실에서 1개월간(사용할 때는 가열해 사용한다).

뵈프 부르기뇽 ▶ Déclinaison

간단 치즈 파스타

푹 끓인 소고기 레드와인 소스를 후다닥 즐기는 리메이크 요리. 파스타의 종류는 펜네를 추천합니다. 파스타의 빈 곳에 소스가 빈틈없이 차 있어 먹는 즐거움이 있습니다. 돼지고기가 없다면 소스만이라도 좋습니다. 다른 재료를 쓴다면 버섯으로, 모든 종류의 고기와 틀림없이 어울립니다.

재료 1인분

펜네 - 100g

돼지고기 삼겹살 - 30g

식용유 - 1작은술

소고기 레드와인 소스(p.167 참조) - 60g

뵈브 부르기뇽의 소고기 - 120g

A   마늘 오일(p.234 참조) - 2작은술

     흑후추 - 적당량

     생크림(유지방분 38%) - 10g

     소금 - 1g

     이탈리안 파슬리(잘게 다진 것) - 5g

파르미지아노 레지아노(가루) - 5g

🍳 지름 24cm 프라이팬

1 돼지고기는 1cm로 깍둑썰기한다. 프라이팬에 기름을 두르고 돼지고기를 넣고 약한 불에 지방을 녹여내며 천천히 바삭해질 때까지 볶는다(사진 a).

2 펜네는 소금(분량 외)을 넣은 끓는 물에 표시된 시간대로 삶는다.

3 프라이팬에 소스를 넣고 데워서 2의 펜네와 소고기를 잘게 찢어 넣고 중간 불에서 저어 가며 섞는다 (사진 b). A와 1을 넣고 섞는다. 접시에 담고 파르미지아노를 뿌린다.

뵈프 부르기뇽 ▶ Déclinaison

외프 앙 뮬렛트*

레드와인 소스에 달걀이 들어 있는 부르고뉴의 향토 요리입니다. 달걀에 열을 가하면 주위의 액체 상태의 흰자가 하얗게 굳고 나서 서서히 안쪽의 농후한 흰자가 굳습니다. 노른자는 반숙으로 몽글몽글한 상태가 되어 맛있습니다. 숟가락을 넣으면 보이는 것 이상으로 익어 있을 겁니다. 빵에도 밥에도 와인에도 틀림없이 어울립니다.

* oeuf en meurette: 와인에 익힌 수란.-옮긴이

재료 3인분

* 지름 8cm, 용량 130mL 코코트 그릇*

달걀 - 3개
버터, 소금 - 각 적당량
레드와인 - 25mL
소고기 레드와인 소스(p.167 참조) - 50g

🍳 지름 24cm 프라이팬, 작은 냄비

* 내열 원형 도기 그릇.-옮긴이

1 작은 냄비에 레드와인을 넣어 미로와를 만들고 (p.237 참조), 소스를 더해서 절반으로 줄어들 때까지 더욱 졸인다. 40g을 기준으로 해서 완성한다.
2 그릇에 버터를 얇게 바르고 소금을 살짝 뿌린다. 작은 볼에 달걀을 깨서 껍질이 없나 체크하고 노른자가 깨지지 않게 그릇으로 옮긴다(사진 a).
3 프라이팬에 물을 붓고 끓인 후 그릇을 넣은 후 중간 불에 올린다(사진 b). 끓는 물의 양은 그릇 높이의 반 정도. 주위가 하얗게 되기 시작하면 불을 끄고 1의 소스를 끼얹는다.

뵈프 부르기뇽 ▶ Déclinaison

뵈프와 말린 과일 타르트

소고기 조림을 이용한 사치스러운 타르트. 그렇지만 리메이크 레시피이므로 고기의 양은 어디까지나 어림잡아서 남은 것을 사용합니다. 다만 맛의 핵심인 소고기 레드와인 소스는 다양한 재료를 하나로 어우러질 수 있도록 만들어주기 때문에, 소량이지만 중요하게 다룹니다. 말린 과일은 절반 정도의 양에 버섯의 즙을 흡수하게 해서 부드럽게 만들면, 풍미도 맛도 놀랄 정도로 변하게 됩니다. 파트 아 퐁세는 단맛에도, 짠맛에도 어울리는 만능 타르트 반죽입니다. 집에서 직접 만들어 맛보세요.

재료 1개분

* **지름 16cm 타르트 틀**

    양송이버섯 - 75g

    A 말린 무화과 - 40g
       말린 살구 - 40g
       말린 크랜베리 - 20g
       건포도 - 15g

    뵈프 부르기뇽의 소고기 - 140g
    소고기 레드와인 소스(p.167 참조) - 3큰술
    버터 - 10g
    흑후추 - 적당량
    파트 아 퐁세(p.171 참조) - 1개분

    지름 24cm 프라이팬

1 양송이버섯은 반으로 썬다. A의 말린 과일 중 큰 것은 작은 한입 크기로 썬다. 소고기도 한입 크기로 썬다.

2 프라이팬에 버터와 양송이버섯을 넣고 중간 불에서 볶는다. 확실하게 색이 나면 불을 끄고 수분이 빠져나올 때까지 기다린다.

3 2를 중간 불에 올리고 흑후추를 뿌린다. A의 1/3을 더해 양송이버섯의 수분을 말린 과일에 흡수시키면서 수분을 날리듯이 볶는다.

4 파트 아 퐁세에 소고기, A의 나머지(2/3의 양)를 올린다. 3도 균형 있게 올리고, 소고기 레드와인 소스를 두른다. 고온(200℃)의 오븐에 표면이 노릇노릇해질 때까지 굽는다.

만능 타르트 반죽

파트 아 퐁세

재료 지름 16cm 타르트 틀 2개 분량

- 버터 - 100g
- A 밀가루(강력분) - 100g
- | 밀가루(박력분) - 100g
- B 물 - 50mL
- | 소금 - 1g
- | 달걀노른자 - 1/2개(10g)
- *남은 반은 반죽에 바른다.

준비
- 버터는 1cm로 깍둑썰기하고 재료는 전부 냉장고에 차갑게 해둔다.
- A는 섞어서 체로 친다.

1 볼에 A를 넣고 버터를 더한다. 손으로 비벼가며 섞고(사진 a), 노란색이 도는 소보로 상태가 될 때까지 섞는다(사진 b).

2 B를 섞어서 녹이고 1에 더해 바닥에서 들어 올리듯이 살짝 섞는다(사진 c). 뭉쳐지면 손으로 눌러가며 반죽한다. 손으로 눌러 보았을 때 눌린 채로 있다면 OK(사진 d). 반죽이 되돌아오는 것은 글루텐이 많이 생길 때까지 지나치게 반죽한 것이다.

3 하나의 덩어리가 되도록 모양을 다듬고 공기가 들어가지 않도록 랩으로 싸서, 냉장고에서 2시간 휴지시킨다(사진 e).

※ 반죽은 이 상태로 냉동보관 가능. 사용 전 냉장고에서 해동시킨다.

4 랩을 깔고 3의 1/2을 놓아서 평평하게 만들고 위에 랩을 씌운다. 이 방법이라면 덧가루를 뿌리지 않아도 괜찮다. 밀대로 2~3mm 두께로 밀어 타르트 틀을 살짝 넘는 크기로 늘린다(사진 f).

5 위의 랩을 벗기고 아래의 랩을 잡고 뒤집어서 틀 위에 올린다. 모서리는 반죽을 들어 올려서 각도를 맞추고 옆면에 붙여가며 공기가 들어가지 않도록 단단히 반죽을 밀어 넣는다. 틀 위에 랩을 씌우고 밀대를 굴려서 여분의 반죽을 제거한다(사진 g). 냉장고에서 10분 휴지시킨다.

6 반죽의 바닥을 포크로 가볍게 찔러 피케를 한다(사진 h). 알루미늄 포일에 버터(분량 외)를 바르고 그 면이 반죽에 닿도록 덮어서 옆면까지 깔끔하게 깐다. 타르트 스톤을 틀 높이의 70%만큼 넣는다. 바깥쪽에서부터 익어가므로 가운데는 조금 더 넣도록 한다.

7 200℃로 예열하고 180℃로 온도를 내린 오븐에 16분 구워서 살짝 갈색이 났을 때 알루미늄 포일과 타르트 스톤을 제거한다(사진 I). 12분 더 구워서 갈색을 낸다. 남은 달걀노른자를 반죽의 바닥, 옆면에 얇게 바른다(사진 j). 피케 구멍을 메꾸어서 얇은 막이 생기고 수분을 잘 흡수하지 않게 된다.

부야베스
Bouillabaisse

부야베스는 '삶는다', '불을 끈다'라는 두 동사로 이루어진 요리로, 순식간에 만들 수 있습니다. 어부가 만들기에 어울리는 호탕함이 매력입니다. 해산물의 종합적인 맛을 즐기기 때문에, 어종은 레시피가 아니어도 여러 종류를 조합하는 것이 맛의 비결입니다. 그 밖에 어울리는 해산물은 쏨뱅이, 능성어, 볼락, 게 등입니다. 그리고 이탈리안 파슬리나 처빌 등 허브를 넣어도 좋습니다. 현지 마르세유 레스토랑에서는 먼저 진한 수프 드 푸아송을 내놓고, 생선은 나중에 두 번으로 나누어서 냅니다.

재료 3~4인분

- 성대 - 2마리(600g)
- 참돔 - 작은 것 1마리(600g)
- 붕장어 - 1마리(150g)
- 머리를 제거하지 않은 새우(블랙타이거) - 6마리
- 소금 - 5g
- 양파 - 1/2개(60g)
- 마늘 - 큰 것 1쪽(10g)
- 토마토 - 3개(390g)
- A 물 - 1L
     화이트와인 - 100mL
     페르노* - 100mL
     홍고추 - 1개
     소금 - 4g
- 사프란 - 1병(0.4g)
- 루이유 소스(p.190 참조) - 적당량

* 아니스 계열의 리큐르.

 지름 24cm 냄비

1 생선은 비늘과 내장을 제거하고 씻는다. 성대는 등지느러미와 꼬리지느러미에 비스듬히 칼을 넣어 뼈째 빼낸다.

2 생선은 2~3등분으로 크게 토막을 낸다. 붕장어는 점액을 제거하고 4등분한다. 새우는 등에 있는 내장을 제거한다. 생선과 붕장어에 소금을 뿌려서 문지른다.

3 양파, 마늘은 얇게 썬다. 토마토는 끓는 물에 데쳐 껍질을 벗기고(p.238 참조), 옆으로 반을 잘라 씨를 빼낸다.

4 냄비에 A, 양파, 마늘을 넣고 센 불에 올린다. 끓으면 성대, 참돔을 넣고 오토시부타*를 덮는다. 센 불로 2분 한소끔 끓인다.

* 냄비 지름보다 작은 나무로 만들어진 뚜껑으로 재료가 조림 국물의 수면 위로 떠 오르지 않게 해 재료에 맛을 잘 배게 한다. 포일이나 지름이 작은 냄비뚜껑 등으로 대체할 수 있다.-옮긴이

5 사프란을 넣고 다시 오토시부타를 덮어 2분 정도 끓인다.

6 새우, 붕장어를 넣고, 토마토는 손으로 으깨어 넣은 다음 다시 오토시부타를 덮는다. 새우가 익을 때까지 2분 정도 끓인다. 그릇에 담고 루이유 소스를 곁들인다.

사프란

사프란은 부야베스에서 빼놓을 수 없는 향신료입니다. 분량은 대부분의 경우가 소량으로 계량하기가 실제로 너무 어렵습니다. 이번에는 0.4g들이 1병을 실제로 사용했습니다.

부야베스에서 만들 수 있는 수프 ▶ 수프 드 푸아송

* 보관은 냉장고에서 2~3일. 냉동실에서는 1개월간(사용할 때는 가열해 사용한다).

부야베스 ▶ Déclinaison

빠에야

빠에야는 카탈루냐어로 프라이팬을 의미하고, 그 발상지는 스페인 발렌시아 지방입니다. 쌀로 유명한 스페인을 대표하는 향토 요리입니다. 부야베스를 다음 날 다시 사용한다면 해산물의 감칠맛이 농축되어 있어 최고로 맛있어집니다. 채소나 고기를 첨가하는 경우에, 쌀과 함께 볶아주세요. 빠에야는 제대로 익힌 부분과 설익은 부분의 고르지 않음이 있어야 합니다. 강함과 부드러움이 함께 있는 것이 좋습니다.

재료 3~4인분

쌀 - 250g

올리브유 - 15mL

수프 드 푸아송(p.173 참조) - 400g

부야베스의 건더기 - 남아 있다면 적당량

* 이번에는 새우 3마리, 성대 2토막 사용

🍳 지름 22cm 무쇠 프라이팬

3 가끔 바닥을 긁으며 저어보고 물기가 없어졌다면 아주 약하게 불을 줄여서 천천히 수분을 흡수시킨다.

1 프라이팬에 올리브유, 쌀을 넣고 센 불로 볶는다.

4 30분 정도 두었다가 숟가락을 프라이팬 바닥에 대었을 때 아직 누룽지처럼 딱딱해지기 전이 건더기를 올릴 타이밍이다.

2 쌀이 투명해지면 수프를 넣고 중간 불에서 저어 가며 끓인다. 끓으면 약한 불로 줄인다.

5 건더기를 얹고 중간 불로 올려서 누룽지를 만든다. 누룽지가 생기기 시작하면서 타다타닥하는 소리가 나는 것이 신호다.

Bonne idée

아로스

스페인에는 빠에야 재료가 없는 버전이 있습니다. 그것이 이 아로스. 농축된 수프 드 푸아송으로 만들어서 심플하지만 사치스럽지요. 일본으로 치자면 전골 요리 뒤에 먹는 죽과 같습니다. 이것은 빠에야 이상으로 누룽지가 중요한 요리입니다!. 타닥타닥 나는 소리와 누룽지의 향을 확인하면서 취향대로 마무리해주세요.

부야베스 ▶ Déclinaison

해산물 무스

수프 드 푸아송의 소스를 사용한 일품요리입니다. 가게에서도 인기가 많은 무스를 가정에서도 잘 만들 수 있도록 분량을 바꾸어서 소개합니다. 다진 어육은 놀래기나 도미 등 시판되는 것을 사용합니다. 무스 반죽 만들기는 모든 공정이 포인트입니다! 부들부들하고 탱글탱글한 맛이 일품인 무스는 순서에 맞추어 레시피대로 진행하면, 반드시 성공할 수 있습니다. 수프 드 푸아송 소스 이외에도, 홀랜다이즈(p.194), 베아르네즈(p.196), 쿨리 드 토마토(p.198) 등도 이 무스와 잘 어울립니다.

재료 12개분

* 지름 5cm, 용량 50mL 푸딩틀

[무스]

다진 어육 – 200g

소금 – 2.5g

달걀(달걀물) – 2개(100g)

버터(실온상태) – 100g

생크림(유지방 38%) – 100g

[틀에 바르는 용]

버터, 밀가루(강력분) – 각 적당량

[소스]

수프 드 푸아송(p.173 참조) – 250g

페르노* – 60mL

버터 – 25g

* 아니스 계열의 리큐르.

3 달걀물은 1/10 정도 남겨두고, 4~5회 걸쳐서 2에 넣으며 넣을 때마다 푸드 프로세서를 돌린다. 매끄러워지면 일단 그릇에 꺼낸다.

4 빈 푸드 프로세서에 부드러워진 버터를 넣고 가볍게 돌린다. 남겨둔 달걀물을 조금씩 넣고 매끈해질 때까지 돌린다.

1 [무스] 틀에 버터를 바르고 밀가루를 전체적으로 입힌 후 여분의 밀가루는 털어낸다. 쉽게 떼어낼 수 있도록 모서리까지 확실하게 바른다.

5 4에 3의 다진 어육을 2~3큰술 정도씩 넣으며 넣을 때마다 돌린다. 다진 어육이 전부 다 들어가면, 생크림은 레시피의 1/2을 조금씩 넣어가며 돌린다.

2 푸드 프로세서에 다진 어육, 소금을 넣고 점성이 생길 때까지 돌린다. 소금은 결착제 대신으로 사용하며 점성을 강하게 한다.

6 5를 볼에 옮기고 남은 생크림을 2회에 걸쳐 나누어 넣고, 넣을 때마다 바닥에서 위로 들어 올리며 잘 섞는다.

7 6을 짤주머니에 넣고 1의 틀에 80%까지 짜 넣는다. 틀을 조리대에 쳐서 공기를 빼고 표면을 평평하게 만든다.

8 밧드에 그물망을 넣고 여기에 7을 올리고 끓는 물을 찰랑찰랑하게 밧드의 높이까지 붓는다. 물의 양은 반죽과 같은 높이가 이상적. 100℃의 오븐에서 1시간 동안 중탕으로 굽는다. 물이 줄어들면 중간에 끓는 물을 더한다.

9 표면에 반점이 생겼다면 다 구워진 것. 잔열이 식으면 손바닥에 뒤집어 틀에서 빼낸다. 잘 빠지지 않으면 틀 가장자리를 향해서 입김을 불어 넣는다.

10 [소스, 마무리] 냄비에 수프 드 푸아송, 페르노를 넣고 센 불에 올려 끓으면 버터를 넣고 유화시킨다. 거품기 등으로 섞지 않아도 보글보글 끓기 시작할 때 넣으면 유화된다. 양이 반으로 줄어들 때까지 졸인다. 그릇에 무스를 담고 소스를 끼얹는다.

굴라쉬

Goulache

소고기와 양파, 헝가리에서 발생된 파프리카를 사용한 스튜입니다. 조림 고기는 제대로 노릇노릇하게 구워야 합니다. 그렇게 하지 않으면 조리는 동안 표면이 녹아내려서 맛이 없어집니다. 그리고 거품이 잘 나지 않습니다. 마지막의 조림 국물은 졸여서 걸쭉하게 하지 않고, 주르륵 흘러내리게 하는 편이 조림 고기와 궁합이 잘 맞는다고 생각합니다. 산뜻하게 마무리하는 게 좋을 것 같아서, 감자는 함께 조리지 않고 곁들임으로 두었습니다.

재료 4~5인분

- 소 사태(힘줄을 제거한 것) – 850g
- 소금 – 8g(고기의 1%)
- 양파 – 1개(200g)
- 식용유 – 2큰술
- 파프리카 파우더 – 10g
- 흑후추 – 적당량
- 물 – 700mL
- 홀토마토 통조림 – 1캔(400g)
- 감자(메이퀸) – 2개(300g)

* 감자는 삶아서 껍질을 까고, 적당한 크기로 썬다(p.237 참조).

- 지름 26cm 프라이팬
- 지름 21cm 깊은 냄비, 얕은 냄비

3 양파를 넣고, 중간 불에서 녹아 나온 소고기의 기름을 흡수시키면서 볶는다. 썬 단면에 기름이 배어 맛있어질 때까지 볶는다.

7 고기의 근섬유가 끊어져서 없어질 정도로 부드러워지면 고기를 꺼낸다.

4 파프리카 파우더, 흑후추를 넣어 볶고 향이 나면 깊은 냄비로 옮긴다.

8 조림 국물을 시노와(또는 체)에 걸러서 냄비에 넣는다. 국자 등으로 눌러가며 짜내듯이 거른다.

1 소고기는 큼직하게 한입 크기로 썬다. 소금을 뿌려 주물러서 실온에 1시간 둔다. 양파는 마구 썬다.

5 소고기를 볶은 프라이팬에 물 500mL를 넣어 냄비에 붙어 있는 감칠맛을 떨어내고, 홀토마토를 넣고 큼직하게 으깬다.

9 조림 국물을 센 불에서 졸이고, 거품이 생기면 굳을 때까지 기다렸다가 걷어낸다. 그릇에 소고기를 올리고 조림 국물을 끼얹는다. 따로 삶은 감자를 곁들인다.

2 프라이팬에 식용유를 넣어 달구고 소고기를 넣어서 센 불로 볶는다. 끊임없이 뒤집어가며 수분을 날리고, 먹음직스럽게 색을 입힌다.

6 4의 냄비에 5, 물 200mL를 더하고 센 불에 올린다. 끓으면 약한 불로 줄이고, 거품이 나오면 걷어내며 2시간 30분 끓이고 30분 휴지시킨다. 중간에 고기가 수면 위로 나오지 않도록 조림 국물이 줄어들면 물을 더한다.

> 굴라쉬에서 만들 수 있는 소스 ▶
> ## 소고기 파프리카 소스

* 보관은 냉장고에서 3일. 냉동실에서는 1개월간(사용할 때는 가열해 사용한다).

굴라쉬 ▶ Déclinaison

파프리카와 소고기 테린느

굴라쉬로 만들 수 있는 또 하나의 일품요리 테린느. 테린느는 젤리 부분이 적고 건더기가 꽉 차 있는 것이 이상적입니다. 붉은 파프리카는 더 많이 넣어도 좋고, 굴라쉬의 소고기 대신에 라따뚜이 등을 사용해도 좋습니다. 차갑게 굳히는 도중에 따뜻한 소스를 표면에 붓는 것은 깔끔하게 마무리하기 위한 테크닉으로, 테린느가 살짝 녹아서 한층 더 소스와 잘 어우러지게 됩니다. 완성품을 알루미늄 포일에 말면 모양이 망가지는 것을 막고 잘 썰립니다.

재료 틀 1개분

* 폭 8cm × 길이 25cm × 깊이 6.5cm, 용량 1200mL 테린느 틀

붉은 파프리카 - 큰 것 4개(껍질과 씨를 제거한 것 300g)

소고기 파프리카 소스(p.179 참조) - 300g

굴라쉬의 소고기 - 430g

판젤라틴 - 15g(액체의 5%)

🍳 지름 21cm 냄비

준비
- 소스는 식혀서 소고기 기름을 굳혀둔다.
- 판젤라틴은 물에 담가 불린다.

1 붉은 파프리카는 껍질을 구워서 벗긴다(석쇠에 올려서 센 불에 새까맣게 될 때까지 구워서 냉수에 넣어 식히고 탄 껍질을 벗긴다). 씨, 꼭지, 심지는 제거하고 3cm로 네모나게 썬다.

2 소고기 파프리카 소스는 걸러서 기름을 제거한다. 냄비에 소스, 소고기를 넣고 센 불에 올려 고기를 데우면서 소스로 부풀린다. 붉은 파프리카를 넣고 따뜻해지면 판젤라틴을 넣어서 잘 섞는다.

3 틀에 물을 뿌리고 랩을 깐다. 공기가 들어가지 않도록 모서리까지 딱 맞게 랩을 깔고, 2를 넣는다. 이때 2의 소스를 50mL 정도 남겨둔다.

4 위에서도 랩을 씌우고 틀 모양의 판(스티로폼이나 두꺼운 종이 등)을 얹는다. 밧드에 그물망을 놓고 틀을 올리고 얼음을 넣는다.

5 판 위에 무게를 얹고(위의 사진에서는 통조림을 사용), 냉장고에서 표면이 굳을 때까지 1~2시간 정도 식힌다.

6 랩을 벗기고 남겨둔 소스를 한 번 데운 다음 틀에 붓는다. 랩을 씌우지 않고 냉장고에서 표면이 굳을 때까지 식힌 후, 랩을 씌우고 더욱 차갑게 굳힌다.

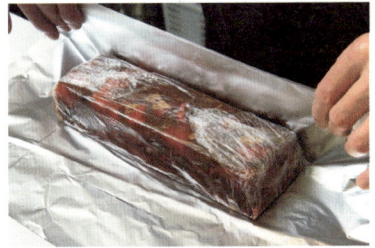

7 틀의 랩을 벗겨서 새로운 랩으로 감고, 알루미늄 포일로 모양을 잡아가며 만다. 저장할 때도 이 형태로 저장한다.

8 알루미늄 포일째 원하는 두께로 썰고 알루미늄 포일을 벗겨서 그릇에 담는다.

진하고 깊은 맛의 조미료

치즈

주로 사용하는 치즈는 이 4가지
- **로크포르 치즈**(왼쪽 위) 세계 3대 푸른곰팡이 치즈 중 하나로 다른 것으로는 대체할 수 없는 독창적인 풍미와 압도적인 존재감을 뿜냅니다. 저는 오믈렛에 넣거나 드레싱 대신에 둥글둥글하게 썰어서 채소와 조합하거나 스테이크 소스에 더하기도 합니다.
- **콩테**(오른쪽 위) 프랑스 동부의 쥐라산맥에서 만들어진 숙성 하드 타입. 프랑스에서 가장 인기 있는 치즈입니다. 풍미가 뛰어나고 풍부하며 로크포르처럼 맛을 지배하지 않고, 맛있는 조연으로서 빠질 수 없는 치즈입니다.
- **그뤼에르 치즈**(오른쪽 아래) 스위스 그뤼에르 지방이 원산지로 프랑스 요리에서는 키슈, 어니언 그라탱 수프에 쓰이는 것이 대표적. 녹아내리는 모양을 원할 때 그뤼에르를 사용합니다.
- **파르미지아노 레지아노**(왼쪽 아래) 이탈리아 치즈의 왕. 초경질의 치즈로 아미노산이 가장 많아서 그야말로 감칠맛 덩어리입니다. 사용할 때마다 갈거나 그라인더 등으로 가루를 내어 씁니다. 개성을 살리고 싶을 때 사용합니다.

홀그레인 머스타드

향이 더욱 필요하면 알갱이째로 사용합니다. 브라운 머스타드를 가루로 갈지 않고 만들어서 디종 머스타드(p.74)보다 더욱 향이 강합니다.

레드와인 식초

예를 들면, 조림같이 깊은 감칠맛을 내고 싶을 때 편리합니다. 제조 과정에서 포도의 껍질을 사용하기 때문에 향이 강합니다. 예전에는 화이트와인 식초로 비네그레트 소스를 만들었는데, 적은 양으로도 존재감이 있는 레드로 바꾸었습니다. 그렇지만 화이트와인 식초나 쌀식초로도 대체할 수 있습니다. 수중에 있는 것으로 만드는 편이 가장 좋습니다.

안초비(필레)

멸치를 소금에 절여서 숙성·발효시켜 올리브유를 첨가한 보관식. 프로방스 요리에는 없어서는 안 될 식재료로 니스풍 샐러드나 타프나드, 앙슈아야드* 등에 사용하는 것이 대표적입니다. 제가 사용하는 것은 필레 타입으로, 감칠맛을 내는 것이 목적입니다. 절임 국물도 사용해주세요. 남은 필레는 올리브유에 담가두면 되고 샌드위치에 발라도 생채소에 얹어서 먹어도 OK. 조미료로 사용할 때는 페이스트 타입도 괜찮습니다.

* 안초비, 케이퍼, 올리브유, 마늘을 베이스로 만든 소스.-옮긴이

셰리 식초

산미가 강한 소스나 요리에 빠질 수 없습니다. 좋은 향과 절제된 단맛, 부드러운 풍미가 매력입니다. 단독으로 사용하기도 하고, 레드와인 식초에 더해서 사용하기도 합니다. 비네그레트에도 잘 어울리고 맛있습니다.

포로네기

영어로 '리크', 프랑스어로 '포와로', 일본에서는 일반적으로 '포로네기'라고 합니다. 지금은 벨기에나 네덜란드에서 수입되는 것 외에 일본산도 있습니다. 일본의 파와 비교하면 진액이 없고 익혔을 때의 단맛, 감칠맛이 강합니다. 다른 것으로 대체한다면 시모니타 대파*가 가장 비슷합니다.

* 일본 군마현에서 재배되는 대파의 품종으로 익히면 달고 부드러운 식감을 준다.-옮긴이

코니숑

아주 작은 오이가 코니숑입니다. 일반적으로 피클(초절임)로 팔리고 있습니다. 소금과 식초만으로 만들어져 단맛이 없는 아삭하고 신맛이 특징으로, 주로 고기 종류의 요리에 어울립니다. 산미가 고기의 풍미를 살립니다.

Chapitre 6

맛이 깊어지는 소스와 콩디망

존경하는 선배님이 항상 말씀하셨습니다. "알겠지, 타니! 프랑스 요리의 영혼은 소스야." 30년 이상 전부터 저희가 일하던 레스토랑 주방은 소스 지상주의였습니다. 닭이나 소 육수(퐁)를 베이스로 하기 때문에 완성되기까지의 공정은 끝이 없었고, 변형도 무수히 많았습니다. 어느덧 저도 요리학교의 교단에 서면서 소스에 대해 긴 시간을 할애해 가르쳤습니다. 그러나 결국에는 지금 제가 중요하게 여기는 것은 '콩디망(condiment)', 수제 조미료입니다. 친숙한 마요네즈나 드레싱, 이것도 훌륭한 소스입니다. 귀찮은 퐁은 필요 없습니다. 마지막 장에서는 앞 장에서 소개한 심플한 요리에 더욱 깊이를 더해주는 소스와 조미료를 소개합니다. 이것만 외워둔다면 '도깨비방망이'가 될 것입니다.

유화 소스

친숙한 만능 타입

유화는 원래 물과 기름처럼 섞이지 않는 식재료가 잘 섞여 있는 상태를 말합니다. 유화 소스의 대표는 비네그레트로, 샐러드에 쓰이는 것 외에 고기, 생선과도 궁합이 좋아 실제로는 만능 소스입니다. 노른자를 넣으면 친숙한 마요네즈, 마늘을 첨가한다면 루이유가 됩니다. 홀랜다이즈, 베아르네즈 등보다 진한 소스가 만들어집니다.

비네그레트 소스
sauce vinaigrette

소스라는 이름이 붙지만, 일반적으로는 드레싱으로 사랑받고 있습니다. 식초와 기름의 종류를 바꾸는 것만으로도 변형이 자유자재. 저는 머스타드가 들어간 비네그레트 무타드를 기본으로 하고 있습니다. 채소뿐만 아니라 고기나 생선에 사용하면 산미와 향이 어우러져 한 단계 올라간 요리가 됩니다. 사용법을 샐러드로만 한정하는 것은 아까울 따름입니다.

재료 만들기 쉬운 분량

A 레드와인 식초 - 40mL
　　디종 머스타드 - 20g
　　소금 - 3g
올리브유 - 120mL

* 보관하는 것은 추천하지 않음. 사용할 때마다 만든다.

1 믹서에 A를 넣고 돌려서 잘 어우러지게 한다. 또는 볼에 넣고 거품기로 잘 섞어준다.
2 올리브유를 조금씩 넣어가며 믹서를 돌리고, 걸쭉해질 때까지 잘 섞어서 유화시킨다.

▶ [비네그레트 소스]를 사용한

혀가자미 뫼니에르

뫼니에르는 밀가루를 아주 얇게 입힙니다. '이렇게 얇아도 되는 거야?'라고 생각할 정도가 괜찮습니다. 그것은 표면을 바삭하게 굽기 위해서입니다. 가루가 많으면 굽는 도중에 벗겨져버립니다. 그리고 넉넉한 기름에 구우면 이상적인 식감에 가까워집니다. 뫼니에르는 뵈르 누와제트와 먹는 것이 전통적이지만, 산미가 살아 있는 비네그레트도 잘 어울립니다! 바삭하게 구워서 뜨거워진 순간에 비네그레트를 더해서 단숨에 완성합니다.

재료 2인분

혀가자미 - 2마리(200g)　　　간장 - 5mL
밀가루(강력분) - 적당량　　　소금 - 2.5g
비네그레트 소스(왼쪽 참조) - 30mL　　올리브유 - 40mL
꽈리고추 - 20개(80g)

🍳 지름 26cm 프라이팬

1 혀가자미는 양면의 껍질을 벗기고 소금 2g을 뿌려서 가볍게 문지른다. 밀가루를 입히고 여분의 밀가루는 두들겨서 털어낸다.
2 프라이팬에 올리브유 30mL를 두르고 1의 혀가자미의 두꺼운 껍질이 있었던 면이 아래로 해 놓고 센 불에 생선 아래로 항상 기름이 있는 상태를 유지하며 굽는다(사진 a). 기름이 나오면 여분의 기름은 키친타월로 닦아낸다.
3 먹음직스럽게 노릇노릇하게 구워지면 뒤집어서 올리브유 5mL를 추가하고 중간 불에서 굽는다. 뼈의 바로 옆을 눌렀을 때 쩍 갈라지는 듯한 느낌이 든다면(사진 b), 비네그레트를 더해서 재빨리 버무린다.
4 다른 프라이팬에 올리브유 5mL를 두르고 꽈리고추를 넣어 센 불에 올린다. 노릇노릇하게 구워지면 소금 0.5g을 뿌리고 섞어서 간장을 냄비의 옆면을 따라 돌려가며 넣어서 꽈리고추에 버무린다. 3과 함께 그릇에 담는다.

유화 소스

▶ [비네그레트 소스]를 사용한

삶은 돼지고기와 잎채소 샐러드

돼지고기를 기름이 들어간 끓는 물에 삶는 것은 중국요리의 기법과도 통하는 점이 있습니다. 다만 이것은 끓는점을 올리기 위해서가 아니라, 풍미를 더하기 위해서입니다. 그래서 과일향 올리브유 등 개성적인 기름이 적합합니다. 비네그레트는 돼지고기가 뜨거울 때 입혀서 제대로 맛을 머금게 합니다. 잎채소 샐러드는 잎이 찢어지지 않도록 볼의 가장자리로 비네그레트를 붓고, 부드럽게 버무립니다.

재료 2인분

돼지고기 등심 얇게 썬 것 - 200g

올리브유 - 적당량(30mL)

크레송 - 10g

어린잎채소 - 100g

브로콜리 - 6조각

비네그레트 소스(p.184 참조) - 40mL

흑후추 - 소량

소금 - 적당량

🍳 지름 15cm 냄비

1 돼지고기는 10cm 길이로 썬다. 냄비에 물(분량 외)을 넣고 센 불에 올려 끓으면 올리브유를 더한다. 물과 올리브유의 비율은 물 1L당 올리브유 30mL가 기준.

4 크레송, 어린잎채소는 씻어서 물에 담그고, 아삭아삭해지면 물기를 뺀다. 큰 것은 먹기 좋은 크기로 잘라서 다른 볼에 넣는다. 볼 가장자리를 따라 비네그레트 20mL를 넣는다.

2 돼지고기를 넣고 풀면서 살짝 데친다. 체에 밭쳐서 물기를 뺀다.

5 양손으로 아래에서부터 들어 올리듯이 잘 버무린다. 간을 보고 소금을 뿌리고 섞는다.

6 브로콜리는 크기를 맞추어 작게 나누고 살짝 소금물에 데친다. 3, 5와 함께 그릇에 담는다.

3 볼에 2를 넣고 뜨거울 때 비네그레트 20mL를 더해서 버무린다. 흑후추를 더해서 섞고 간을 보며 소금을 뿌리고 섞는다.

Bonne idée

잎채소는 비네그레트로 버무리는 것뿐만 아니라 허브 퓌레(p.234 참조)를 적당히 조합하는 것도 추천합니다. 향기롭고 산뜻한 전채요리가 됩니다.

유화 소스

▶ [비네그레트 소스]를 사용한

프라이드 치킨

프라이드 치킨이라고 하면 정말 캐주얼하지만, 튀긴 닭고기를 비네그레트 소스에 버무리면 산미와 풍미를 즐길 수 있는 프렌치 일품요리가 됩니다. 저의 레시피에서는 밀가루는 전부 강력분으로, 이 프라이드 치킨도 예외는 아닙니다. 강력분을 쓰는 편이 튀김옷이 더욱 바삭해지지요. 밑간은 확실하게 합니다. 이것은 고기 요리의 기본입니다. 비네그레트는 닭고기가 식으면 스며들기 어려워지므로, 반드시 뜨거울 때 입혀서 충분히 흡수시킵니다. 비네그레트는 에샬롯을 넣은 레시피로 했는데, 기본의 머스타드가 들어간 것도 궁합이 좋으므로 취향대로 드셔보세요.

재료 2인분

닭봉 - 10개(600g)
소금 - 4g
셰리주(또는 소흥주) - 50mL
밀가루(강력분) - 2큰술
튀김기름 - 적당량
에샬롯 비네그레트(오른쪽 참조) - 2큰술

1 볼에 닭고기를 넣고 소금을 뿌려서 잘 주물럭거린다. 셰리주를 넣고 더 주무른다. 1시간 이상 두어 수분이 닭고기에 스며들게 해 육즙 넘치는 상태로 만든다.

2 1에 밀가루를 넣고 껍질이 찢어지지 않도록 주의하며 입힌다. 글루텐을 내면서 밀가루를 잘 입히고 밑간이 빠져나가지 않게 한다.

3 튀김기름은 170℃로 달구고(빵가루를 시험 삼아 넣었을 때 확 흩어지는 정도가 기준) 닭고기의 끝을 들어 살이 붙어 있는 쪽을 넣고, 들고 있는 채로 막을 만들며 입수시키듯이 조심스레 넣는다. 많은 기름에 튀기는 경우에는 뒤집어 주지 않아도 되지만, 적다면 도중에 뒤집어 주면서 튀긴다. 거품이 작아지며 먹음직스러운 색이 될 때까지 6~7분 튀기고, 기름을 뺀다(걱정된다면 대나무 꼬치로 두꺼운 부분을 찔러봤을 때 쑤욱 들어간다면 익은 것이다).

4 볼에 갓 튀긴 닭고기를 넣고 뜨거울 때 에샬롯 비네그레트를 둘러 가며 뿌린다.

에샬롯 비네그레트

재료 만들기 쉬운 분량

에샬롯(간 것) - 20g
레드와인 식초 - 40mL
소금 - 4g
올리브유 - 120mL

1 볼에 에샬롯, 레드와인 식초를 넣고 거품기로 잘 젓는다.
2 소금을 더하고 녹을 때까지 거품기로 잘 저어 가며 섞는다.
3 올리브유를 조금씩 흘려 넣고, 손을 멈추지 않고 잘 저어 가며 섞는다. 손에 무게가 느껴지며 걸쭉해지면 완성.

셰리주

셰리주는 스페인 헬레스 지방에서 나오는 화이트 주정강화 와인으로, 깔끔하고 날카로운 맛이 매력. 단맛을 누르며 마무리하고 싶은 요리에 최적입니다. 프라이드 치킨에는 매운맛의 '피노*'를 깊은 맛을 내기 위해 사용했습니다. 다른 것을 사용하고자 한다면, 화이트와인은 신맛이 너무 강하므로 일본술에 쌀식초를 조금 더해서 사용해주세요.

* fino: 가장 드라이하고 투명한 셰리주.-옮긴이

유화 소스

마요네즈 소스
sauce mayonnaise

유화 소스는 한 방향으로만 쉬지 않고 섞습니다. 왜냐하면 그래야 유화가 잘 되고 분리가 잘 일어나지 않기 때문입니다. 와인 식초는 화이트도 좋지만, 저는 감칠맛 있는 레드가 좋습니다. 올리브유를 조금씩 넣지만, 식초는 단번에 더해도 괜찮습니다.

재료 만들기 쉬운 분량

달걀노른자 - 2개   올리브유 - 100mL
소금 - 2g   레드와인 식초 - 8g
백후추 - 소량   * 보관은 냉장고에서 2~3일.

1 볼에 노른자를 넣고 거품기로 푼다. 소금, 백후추를 넣고 잘 저어 가며 섞는다.
2 올리브유는 조금씩 가볍게 흘려 넣고 저어 가며 섞는다(사진 a). 서서히 하얘지고 단단해진다. 쉬지 않고 잘 저어 가며 섞는다(사진 b).
3 식초를 더하고 잘 섞는다(사진 c).

루이유 소스
sauce rouille

루이유는 프로방스를 대표하는 해산물 요리, 부야베스에 곁들입니다. 마늘의 풍미를 살린 한 방이 있는 소스로 향신료로도 사용할 수 있습니다. 부야베스 외의 해산물 요리에 잘 어울리고 데친 채소에 곁들이거나 바게트에 바르는 것만으로도 맛있습니다.

재료 만들기 쉬운 분량

사프란 - 30개   올리브유 - 100mL
A 달걀노른자 - 2개   뜨거운 물 - 1/2작은술
  마늘(간 것) - 2쪽(10g) * 보관은 냉장고에서 2~3일.
B 소금 - 3g
  카이엔 파우더 - 소량(0.1g)

1 사프란은 전자레인지(600W)에서 1분 30초 정도 가열해 건조시키고, 숟가락 뒷부분으로 눌러서 으깬다(사진 a).
2 볼에 A, 1을 넣고 거품기로 비벼가며 섞는다. B를 더하고(사진 b) 더 섞는다.
3 올리브유는 조금씩 가볍게 흘려 넣고 쉬지 않고 잘 저어 가며 섞는다.
4 뜨거운 물을 넣고 잘 섞는다(사진 c). 뜨거운 물은 잘 분리되지 않게 하는 효과가 있다.

▶ [마요네즈 소스]를 사용한

외프 마요네즈

외프는 프랑스어로 달걀을 뜻합니다. 비스트로에서 자주 나오는 전채요리로, 이른바 프랑스인의 소울푸드입니다. 삶은 달걀에 수제 마요네즈를 곁들이기만 하면 되는 간결한 조합이지만, 맛있는 마요네즈가 없다면 성립되지 않습니다. 소스가 있기에 가능한 한 그릇입니다. 삶은 달걀은 물이 끓고 나서부터 3분 30초가 되면 걸쭉하고 부드러운 반숙, 4분이면 노른자 주위가 굳은 반숙인데 취향에 따라 삶아주세요.

재료 2인분

달걀 - 4개

마요네즈 소스(p.190 참조) - 20g

 지름 24cm 냄비

1 냄비에 달걀이 잠길 정도로 물을 붓고, 센 불에 올려서 끓으면 불을 줄이고 10분 삶는다. 부드럽게 두들겨 깨고 얇은 막째 껍질을 벗긴다.

2 1을 세로로 반 잘라서 그릇에 담고 마요네즈 소스를 곁들인다.

▶ [마요네즈 소스]를 사용한
바나나와 사과 샐러드

마요네즈와 요거트를 섞어서, 과일에 잘 버무리면 삼투압 효과로 과즙이 빠져나옵니다. 많은 과즙으로 촉촉한 것이 맛의 비결입니다. 저는 가끔 아침 식사로 이 샐러드를 볼 가득 담아서 먹습니다.

재료 2인분

- A 마요네즈 소스(p.190 참조) – 150g
-   요거트(무가당) – 50g
- 바나나 – 1개(160g)
- 사과 – 1/2개(160g)
- 서양배 – 1/2개(150g)
- B 흑후추 – 소량
-   이탈리안 파슬리(잘게 다진 것) – 소량
-   핑크 페퍼 – 적당량

1 볼에 A를 넣어 섞는다.
2 바나나는 세로로 길게 가르고 5~10mm 폭으로 썬다. 사과와 서양배는 바나나와 같은 크기로 썬다.
3 1에 2를 더하고 잘 섞는다. B를 넣고 살짝 섞어서 그릇에 담는다.

▶ [루이유 소스]를 사용한

주키니와 파프리카 샐러드

같은 지방의 것은 절대적으로 어울린다는 것이 제 요리의 기본 이념입니다. 주키니와 피망은 남프랑스의 채소, 루이유는 남동쪽 마르세유의 소스이기 때문에 궁합이 맞는 것은 당연합니다. 힘이 넘치는 루이유와 신선한 남쪽 채소의 조화를 즐기실 수 있는 샐러드입니다.

재료 2인분

빨강, 주황, 노란 미니 파프리카 - 각 1개 (1개 20g)

녹색 미니 주키니 - 1/2개 (15g)

노란 미니 주키니 - 1/2개 (15g)

소금 - 1g

루이유 소스 (p.190 참조) - 5~10g

1 파프리카는 과도로 꼭지를 도려내어 씨와 심지를 제거하고 둥글게 썬다. 주키니도 둥글게 썬다.
2 볼에 파프리카를 넣고, 소금 0.5g을 뿌려 모양이 망가지지 않도록 잘 섞으면 표면이 젖어든다. 그 상태로 담는다. 주키니도 같은 양의 소금을 뿌린다 (사진 a).
3 그릇에 루이유 소스를 점을 찍 듯 간격을 두고 놓고 2를 담는다.

유화 소스

홀랜다이즈 소스
sauce hollandaise

홀랜다이즈는 거품을 내는 소스입니다. 머랭을 만들 때처럼 공기를 충분히 머금게 합니다. 그렇게 해두지 않으면 중탕으로 데울 때 표면만 굳어져 버려서 맛있는 소스를 만들 수가 없습니다. 볼은 중탕에 올려놓기 때문에 열전도가 좋은 스테인리스가 좋습니다. 원래는 맑은 버터*를 쓰는데 저는 녹인 버터로 감칠맛을 남겨둡니다.

* 버터를 녹였을 때 침전물이 아래로 가라앉아서 윗부분은 맑아지는 데 그 윗부분만 사용하는 것.-옮긴이

재료 만들기 쉬운 분량

달걀노른자 - 2개	녹인 버터 - 50g
물 - 8mL	짠 레몬즙 - 소량
소금 - 극소량(약 0.5g)	

* 보관은 버터가 굳어버려서 불가능함.

1 스테인리스 볼에 노른자, 물을 넣고 거품기로 젓는다. 8자를 그리듯 거품기를 움직여 공기를 포집시킨다(사진 a). 소금을 더하고 젓는다.
2 1을 중탕에 올려서 약한 불에서 쉬지 않고 젓는다. 먼저 굳기 시작하는 옆면에 붙어 있는 소스를 떼어가며, 볼의 바닥을 긁어 자국이 남을 정도로 걸쭉해질 때까지 거품을 낸다(사진 b).
3 녹인 버터를 조금씩 더하고 공기를 포집시키며 젓는다. 걸쭉해지면(사진 c) 불에서 내린다. 리본 모양의 자국이 남을 정도면 너무 되직한 것이다. 레몬즙을 짜 넣어서 섞고 시노와(또는 체)로 거른다.

a   b   c

▶ [홀랜다이즈 소스]를 사용한

데친 화이트 아스파라거스

이 요리의 간은 삶는 물과 소스로 결정됩니다. 그래서 조금 짭짤하게 느껴지는 물에 삶습니다. 삶을 때는 풍미를 강하게 하기 위해 아스파라거스의 껍질을 더하는데, 거품을 걷어내고 맑은 상태에서 아스파라거스를 넣습니다. 삶은 물에서 식히는 것은 아스파라거스의 풍미를 되살리고, 잔열로 즙이 부드러워지게 하기 위함입니다. 홀랜다이즈 소스를 듬뿍 뿌려서 드셔보세요.

재료 2인분

화이트 아스파라거스 - 4개(1개 90g)	
물 - 1.2~1.3L	
소금 - 20g	
홀랜다이즈 소스(왼쪽 참조) - 적당량	

🍳 지름 26cm 냄비 또는 프라이팬

1 아스파라거스는 필러로 껍질을 벗기고, 껍질은 따로 둔다.
2 냄비에 물, 소금, 껍질을 넣고 센 불에 올린다. 끓으면 거품을 걷어내고 아스파라거스를 넣고 껍질로 덮는다. 1분 30초 데쳤을 때 위아래를 뒤집고 껍질로 덮어서, 다시 1분 30초 데친 후 불을 끈다. 가늘다면 총 1분 정도도 괜찮다. 삶은 물에 담근 채로 손을 넣을 수 있는 온도가 될 때까지 식힌다.
3 아스파라거스는 물기를 빼고 뿌리 쪽의 단단한 부분을 2cm 정도 잘라낸다. 접시에 담고 홀랜다이즈 소스를 뿌린다.

▶ [홀랜다이즈 소스]를 사용한
두부 그라탱

일본·프랑스를 절충한 창작 레시피입니다. 홀랜다이즈는 풍미가 부드러운 소재와 어울리기 때문에, 두부는 꼭 맞는 파트너입니다. 구운 생햄으로 짠맛과 씹는 맛에 악센트를 주었습니다. 홀랜다이즈에는 달걀이 들어 있어서 가열하면 굳는 성질이 있습니다. 다 구워지면 표면에 노르스름한 층이 생깁니다.

재료 1그릇분

* 지름 14cm × 깊이 4.5cm 그라탱 접시

두부 - 1모(400g)

생햄 - 1장(20g)

A 생크림(유지방 38%) - 100mL
   소금 - 1.5g

흑후추 - 적당량

홀랜다이즈 소스(p.194 참조) - 50g

🍳 지름 15cm 냄비

1 두부는 6등분으로 썰고 전자레인지(600W)로 3분 동안 가열한 후 물기를 뺀다. 생햄은 80℃의 오븐에 30분 정도 구워서 건조시킨다.
2 냄비에 A를 넣고 센 불에 올려서 끓으면 두부를 넣는다. 살짝 으깨면서 끓인다. 두부가 속까지 따뜻해지면 생햄의 2/3를 손으로 쥐어 으깨가며 넣고, 흑후추를 뿌려 가볍게 섞는다(사진 a).
3 그라탱 접시에 2를 넣고 홀랜다이즈 소스를 두르고(사진 b), 남은 생햄을 으깨서 뿌린다. 고온(200℃ 정도)의 오븐에 표면이 노릇노릇해질 때까지 굽는다.

a

b

유화 소스

베아르네즈 소스
sauce béarnaise

지금은 별로 볼 일이 없어졌지만, 베아르네즈는 전통적인 고기 소스입니다. 에샬롯과 허브 에스트라곤을 더한 식초를 졸여서 노른자와 버무리고 버터를 유화시켜서 만듭니다. 소스 이름은 '베아른풍 소스'라는 의미로 미식가로 유명한 베아른 태생의 앙리 4세를 기념하기 위해 붙여진 것입니다.

재료 만들기 쉬운 분량

A 에샬롯(잘게 다진 것) - 25g
　에스트라곤(잎을 따서) - 30g
　화이트와인 - 100mL
　화이트와인 식초 - 20mL
　통흑후추(으깬 것) - 7알
물 - 20mL
달걀노른자 - 5개
녹인 버터 - 100g
토마토케첩 - 5g
소금 - 1.5g
이탈리안 파슬리(잘게 다진 것) - 1.5g
* 보관은 버터가 굳어버려서 불가능함.

지름 15cm 냄비

1 냄비에 A를 넣어 센 불에 올리고 가끔 흔들어가면서 수분이 없어질 때까지 졸인다(사진 a). 물을 더해서 끓으면 불을 끄고 잔열을 식힌다.
2 스테인리스 볼에 노른자, 1을 잎이 들어 있는 채로 넣고(사진 b) 거품기로 잘 젓는다.
3 2를 중탕해 약한 불에서 8자를 그려가며 쉬지 않고 젓는다. 거품기로 떠서 걸쭉하게 흘러내릴 정도의 농도가 되었다면 중탕에서 멈춘다(사진 c).
4 녹인 버터를 조금씩 더해가며(사진 d) 잘 저어서 유화시킨다. 토마토케첩을 더해 섞고 간을 보고 소금을 넣고 섞는다. 시노와(또는 체)에 거르고(사진 e), 이탈리안 파슬리를 더해서 섞는다.

▶ [베아르네즈 소스]를 사용한
스테이크 프리트

스테이크 미닛에 푸짐한 감자 프리트, 프랑스인이 좋아하는 한 그릇 요리입니다. 스테이크에 베아르네즈를 조합하는 것이 의외라고 생각할 수도 있지만 사실은 이상적이지요. 클래식한 조합이 오히려 신선합니다. 사슴고기 등에도 사용되는 프랑스 요리의 대표적인 소스입니다. (스테이크는 p.24, 곁들임의 프리트는 p.117의 뽐므 알뤼메트 참조)

채소 소스

향과 색감을 즐긴다

부이용 등 동물성 퐁을 사용하지 않고 채소가 주인공인 소스를 소개합니다. 토마토나 향채가 주체가 되지만 맛도 있습니다. 프랑스에서도 남쪽 지방의 향이 나는 소스는 어울리는 요리도 범위가 넓어서 기억해두면 편리합니다. 색이 선명하고 향기로운 채소 소스는 지금의 레스토랑에서도 주류가 되어가고 있습니다.

쿨리 드 토마토
coulis de tomate

프랑스 요리에서는 채소 또는 과일 등 재료를 그대로 다른 재료를 더하지 않고 그것만 사용해 퓌레 상태로 만든 것을 쿨리라고 부릅니다. 토마토는 껍질에 감칠맛을 포함한 팩틴이 많으므로, 껍질을 벗기지 않고 조리합니다. 그리고 이 소스는 거품도 제거하지 않습니다. 토마토를 먹었을 때 떫은맛은 느껴지지 않지요? 그것이 이유입니다.

재료 만들기 쉬운 분량

토마토 - 중간 크기 8개(1kg)

소금 - 2g

* 보관은 냉장고에서 2~3일. 냉동실에서는 1개월간(사용할 때는 가열해 사용한다).

🍳 지름 21cm 냄비

1 토마토 2개를 적당한 크기로 썰고 믹서에 넣어 돌린다. 액체 상태가 되면 나머지 토마토를 통째로 1개씩 넣고 넣을 때마다 믹서를 돌린다.
2 1을 시노와(또는 체)에 거르고 냄비에 넣는다. 국자 등으로 눌러가며 짜내도록 한다(사진 a).
3 2의 냄비를 센 불에 올리고 끓으면 약한 불로 줄여 가끔 저어주며 졸인다(사진 b). 믹서에 돌렸을 때 생긴 거품이 잦아들고 조금 졸아들면 소금을 넣어 저어 더욱 졸인다(사진 c). 냄비 바닥을 긁어서 자국이 남을 정도까지 졸였다면 완성(사진 d).

▶ [쿨리 드 토마토]를 사용한
토마토 샐러드

소스가 토마토라면 재료도 토마토! 접시 안의 모든 것이 토마토로 합쳐진 샐러드입니다. 토마토끼리 조합해 가열한 소스와 신선함의 대비가 생겨나고, 토마토의 다양한 면을 충분하게 맛볼 수 있습니다. 토마토를 자를 뿐만 아니라 소금과 올리브유에 버무립니다. 이 세심한 한 번의 공정이 중요합니다. 작은 궁리가 큰 맛의 차이를 만듭니다.

재료 2인분

미니토마토 - 7가지 종류를 합친 것(150g)
소금, 올리브유 - 각 소량
쿨리 드 토마토(p.198 참조) - 1큰술

1 토마토는 2~4등분하고 소금, 올리브유로 버무린다.
2 접시에 쿨리 드 토마토를 깐다. 세르클을 사용해 둥글고 평평하게 되도록 다듬는다(사진 a).
3 2에 1을 올린다.

* 이 샐러드에 사용한 미니토마토는 7종인데, 토마토 자체에 각각의 차이가 있으므로 2~4등분으로 다양하게 썹니다. 다양한 색이 재미있어 여러 종류가 있으면 즐거운 한 접시가 됩니다.

a

채소 소스

▶ [쿨리 드 토마토]를 사용한
새우 석쇠구이

쿨리 드 토마토는 기존에 만들어 온 토마토 계열의 소스의 복합적인 맛과는 다르게 순수하고 단순합니다. 이 소스는 덧셈을 할 수 있다는 것이 좋습니다. 예를 들면, 마늘이나 레몬 등으로요. 이번에 더한 것은 고소함입니다. 새우 석쇠구이인데 프라이팬으로는 얻을 수 없는 눌은 껍질에 새콤달콤한 소스가 근사하게 잘 어울립니다.

재료 2인분

[새우 석쇠구이]

머리를 제거한 새우 – 8마리

소금 – 적당량

밀가루(강력분) – 적당량

올리브유 – 적당량

[소스]

스위트 바질 – 2g(잎 4장)

올리브유 – 5mL

쿨리 드 토마토(p.198 참조) – 200g

흑후추 – 소량

🥘 지름 15cm 냄비

1 새우는 껍질째로 세로로 반 가르고 내장을 제거한다. 볼에 넣고 소금, 밀가루 적당량을 뿌려서 껍질이 망가지지 않게 주물러서 표면의 미끈거리는 것을 제거한다. 물(분량 외)을 더해서 헹구어 미끈거리는 것을 떼어내고 흐르는 물에 재빨리 씻는다.

2 키친타월에 올려 물기를 제거하고 안쪽에 소금 1g을 뿌린다.

3 소스를 만든다. 스위트 바질은 변색을 막기 위해 올리브유 5mL를 더해가며 잘게 다진다. 냄비에 쿨리 드 토마토, 물 5mL(분량 외)를 넣고 중간 불에 올린다. 끓으면 스위트 바질을 더하고 섞고 불을 끈다. 흑후추를 더하고 섞는다.

4 2의 안쪽에 밀가루를 뿌리고 올리브유를 발라서 표면을 고르게 한다.

5 석쇠를 달군다. 석쇠는 불과 거리를 두고 불은 세게 한다. 안쪽을 아래로 가게 두고 20~30초 정도 살짝 굽는다.

6 살짝 젖혀지면 뒤집고 껍질 쪽도 살짝 굽는다. 살이 볼록해지고 수분이 나오면 다 구워진 것이다. 굽는 시간은 약 1분 미만이 기준. 접시에 3을 담고 새우를 올린다.

채소 소스

피스투 소스
sauce pistou

피스투는 남프랑스 프로방스 지방의 소스로, 소스와 동일하게 피스투라는 이름이 붙는 수프가 있을 정도로 대중적입니다. 바질은 썬 단면이 공기에 닿으면 색이 나빠지므로, 변색을 막기 위해 처음부터 올리브유를 더합니다. 하나 더, 푸드 프로세서를 쉽게 작동시키기 위한 목적도 있습니다.

재료 만들기 쉬운 분량

A   스위트 바질 - 잎 만으로 50g
     마늘 - 3쪽(15g)
     파르미지아노 레지아노(간 것) - 30g
     소금 - 1g
올리브유 - 100mL

* 보관은 냉장고에서 1주일.

1 마늘은 반으로 썰고 심지를 제거한다.
2 푸드 프로세서에 A, 올리브유를 레시피의 반을 넣고 돌린다(사진 a). 옆면에 붙어 있는 것은 떨어뜨린다. 어느 정도 매끄럽게 되었다면 나머지 올리브유를 넣고 더 돌린다(사진 b).

▶ [피스투 소스]를 사용한

자몽 샐러드

잎사귀 샐러드도 마찬가지지만, 섞을 때 소스를 직접 뿌리지 않는 것은 재료의 모양을 아름답게 유지하기 위해서입니다. 가장자리에서 소스를 흘려보내기 때문에, 볼은 크기가 큼직한 것이 쉽게 섞을 수 있어 좋습니다. 피스투 소스는 산미가 많은 일반적인 자몽이 잘 어울립니다. 핑크 자몽은 단맛이 맛을 희미하게 해서 추천하지 않습니다.

재료 2인분

자몽 - 2개
피스투 소스(왼쪽 참조) - 30g
흑후추 - 적당량
스위트 바질 - 적당량
튀김기름 - 적당량

1 스위트 바질은 아무것도 입히지 않고 그대로 튀긴다.
2 자몽은 작게 나누고 껍질을 벗겨 볼에 넣는다. 가장자리로 피스투 소스를 넣고(사진 a), 과육이 으깨지지 않도록 섞는다. 흑후추를 더하고 섞는다. 그릇에 담고 1로 장식한다.

채소 소스

▶ [피스투 소스]를 사용한
꽁치와 사과 마리네

등 푸른 생선은 소금을 뿌리는 것만으로 특유의 비린내가 없어지고, 보존성도 좋아집니다. 주무르면 살이 으깨지기 때문에 소금은 위에 올리는 것만으로도 괜찮습니다. 뼈를 제거하지 않는 것은 소금이 쉽게 들어가서 짜지는 것을 막기 위함으로 식초에 절인 후에 제거합니다. 신 것을 좋아하는 분은 절이는 시간을 길게 해도 좋습니다. 플레이팅은 대담하게, 칼질하는 즐거움을 거리낌 없이 느껴보세요.

재료 2인분

꽁치(횟감용) - 2마리
소금 - 40g
곡물식초(또는 쌀식초) - 적당량
사과 - 큰 것 1/2개(180g)
피스투 소스(p.202 참조) - 60g

1 꽁치는 척추를 기준으로 왼쪽, 오른쪽, 척추 세 부분으로 나누어 가른다. 가운데의 뼈는 뽑지 않는다. 밧드에 얇게 소금을 뿌리고 꽁치의 껍질이 아래로 가게 해 놓는다. 안쪽 살에 소금을 듬뿍 뿌려 덮어두고, 냉장고에서 한 시간 정도 둔다.

2 만졌을 때 살이 수축되어 있으면(사진 a) 식초로 소금을 씻어낸다. 새로운 밧드에 꽁치의 껍질이 아래로 가도록 늘어놓고 잠길 정도로 식초를 붓는다(사진 b). 5~15분간 냉장고에 둔다.

3 키친타월로 2의 식초를 닦는다. 여기서 가운데 뼈를 뽑는다(사진 c). 머리 쪽의 껍질과 살 사이에 칼날을 넣어 껍질을 손으로 누르고 칼을 세운 채 수평으로 이동시키며 껍질을 벗긴다(사진 d).

4 사과는 껍질에 줄무늬를 넣어가며 깎고 세로로 반을 가른 후 아주 얇게 썬다. 소금 1g(분량 외)을 넣어 버무린다.

5 그릇에 3, 4를 교차해가며 쌓으며 담고, 피스투 소스를 곁들인다.

a

b

c

d

채소 소스

토마토 소스
sauce tomate

많은 재료의 감칠맛을 응축시킨 이 소스는 같은 토마토 소스 그룹이라도 쿨리와는 전혀 맛이 다릅니다. 처음부터 토마토와 함께 넣는 물은 이를테면 마중물 같은 것으로 토마토의 수분, 즉 감칠맛을 쉽게 끌어내기 위함입니다. 나중에 넣는 물은 쉽게 거르기 위한 것으로 소스의 범용성을 높이기 위함입니다. 다 만든 다음엔 물을 더해도 풍미가 떨어지지 않으니 걱정하지 마세요. 프랑스 요리에서 토마토 소스는 버터에 볶는 것이 특징입니다. 다만 남쪽으로 가면 올리브유를 사용하는 경우도 있다고 합니다.

재료 만들기 쉬운 분량

토마토 - 중간 크기 5개(600g)

당근 - 1개(100g)

셀러리 - 1/2개(50g)

양파 - 1개(150g)

마늘 - 2쪽(15g)

베이컨 슬라이스 - 50g

버터 - 20g

토마토 페이스트 - 30g

물 - 250mL

소금 - 4g

* 보관은 냉장고에서 3~4일, 냉동실에서는 1개월 간(사용할 때는 가열해 사용한다).

지름 21cm 냄비

1 토마토는 잘게 썬다. 당근, 셀러리, 양파는 1cm로 네모나게 썬다. 마늘은 얇게 썬다. 베이컨은 1cm 폭으로 썬다.

2 냄비에 버터를 중간 불에서 녹이고 베이컨을 넣어 볶는다. 향이 나기 시작하면 토마토 외의 채소를 넣고(사진 a) 볶는다. 냄비 바닥이 희미하게 노릇노릇해지고 채소의 단맛이 나면 토마토 페이스트를 더해서(사진 b) 약한 불에 볶으며 산미를 날린다. 냄비 바닥에 붙은 감칠맛을 긁어서 떼가며 타지 않도록 볶는다.

3 토마토, 물 100mL를 넣고 센 불에 올린다. 끓기 시작하면 약한 불로 줄이고 채소가 부드러워질 때까지 끓인다. 소금 2g을 더하고 한 번 섞어서 30분 정도 끓인다.

4 수분이 없어지고 물컹물컹해지면 거의 완성(사진 c). 물 150mL를 더하고 냄비 바닥의 감칠맛을 긁어가며 저어서 끓인다. 소금 2g을 더하고 한 번 섞어서 고운 체로 거른다(사진 d).

▶ [토마토 소스]를 사용한
가지와 양파 조림

이 요리의 포인트는 양파를 단맛이 날 때까지, 그러나 타지 않도록 끈기 있게 볶는 것과 가지에 기름을 넣어가며 속까지 부드럽게 굽는 것입니다. 가지는 기름이 없으면 얼룩이 생겨버리기 때문에, 조금씩 기름을 넣습니다. 순식간에 기름을 흡수하고 또한 그 양도 많아서 좋은 기름을 추천합니다. 국물이 남지 않도록 마무리하는 것이 제 스타일의 '가벼운 조림'입니다. 파스타가 잘 어울리니 완성되는 타이밍에 맞추어 꼭 준비해두세요.

1 양파, 마늘은 얇게 썬다. 냄비에 A를 넣고 중간 불로 볶는다.
2 가지는 세로로 길게 반 썰고, 껍질 쪽에 5mm 폭으로 격자 모양으로 잘게 칼집을 낸다. 안쪽에 소금 1.5g을 뿌리고 표면이 젖으면 닦는다.
3 프라이팬에 올리브유 5mL를 두르고 2를 안쪽이 아래로 가게 해 넣고 중강불에서 굽는다. 항상 기름이 고루 퍼질 수 있도록 그때그때 올리브유를 15mL 정도 더해가면서 굽는다(사진 a). 올리브유는 여기까지 총 80mL 사용한다.
4 1의 수분이 없어지면 물 40mL 정도(분량 외) 더하고, 타지 않게 주의하면서 단맛이 날 때까지 볶는다.
5 3이 먹음직스럽게 노릇노릇해지면 집게로 집었을 때 부드러우면 뒤집고, 프라이팬의 옆면을 사용하면서 껍질 전체를 굽는다(사진 b).
6 4에 화이트와인을 더하고 불을 세게 해 산미를 날린다. 소금 1g을 뿌리고 섞는다.
7 5의 프라이팬에 6, 토마토 소스를 더한다(사진 c). 어우러지게 볶고 물 50mL(분량 외), 소금 1g, 흑후추를 더하고 가볍게 졸인다. 파르미지아노를 뿌리고 살짝 섞는다.

재료 2인분

가지 - 5개(450g)
A 양파 - 작은 것 2개(200g)
　 마늘 - 2쪽(10g)
　 올리브유 - 15mL
　 물 - 50mL
소금 - 3.5g
올리브유 - 80mL

화이트와인 - 25mL
토마토 소스(p.206 참조) - 100g
흑후추 - 적당량
파르미지아노 레지아노(가루) - 8g

● 지름 21cm 냄비
● 지름 26cm 프라이팬

채소 소스

▶ [토마토 소스]를 사용한
양 등심 허브 구이

이른바 만능인 토마토 소스는 어린 양과 같이 개성이 강한 고기에 적합합니다. 프랑스에서 어린 양은 북쪽에서 남쪽까지 지방 고유의 품종이 있는데, 토마토 소스에 잘 맞는 것은 남쪽의 품종입니다. 같은 지방의 것들끼리 어울리는 법이지요.

재료 2인분

어린양 등심(뼈가 붙어 있는 것) - 4개(350g)

소금 - 3.5g

올리브유 - 25mL

A 로즈메리 - 5g

　　타임 - 5g

　　세이지 - 5g

　　에스트라곤 - 5g

　　월계수 잎 - 3g

흑후추 - 적당량

토마토 소스(p.206 참조) - 100g

물 - 1큰술

🍳 지름 26cm 프라이팬, 작은 냄비

1 어린 양고기는 바깥쪽의 지방을 제거하고 소금을 뿌려서 가볍게 주무른다. 실온에 최소 15분 둔다.

2 프라이팬에 올리브유, A를 넣고 센 불에 올려 기름에 향을 입힌다. A를 집게로 집어서 살짝 가벼워지면 꺼내 따로 둔다.

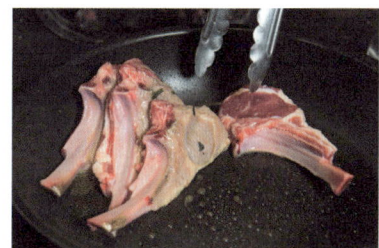

3 2의 허브 풍미의 기름에 1을 굽는다. 옆면을 구워 희미하게 구워진 갈색을 입혔다면 세워서 지방이 있었던 옆면을 굽는다.

4 옆면이 노릇노릇하게 익으면 넘어트려서 굽지 않았던 면을 아래로 가게 두고 녹아 나온 기름을 끼얹어가면서 굽는다.

5 표면이 볼록하게 부풀고 구운 면에 먹음직스럽게 노릇노릇해지면 다시 한번 뒤집고 똑같이 기름을 끼얹어가면서 굽는다.

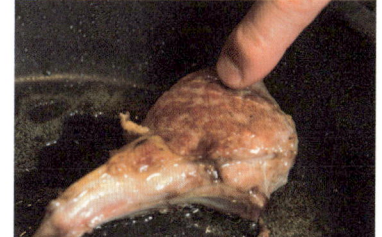

6 표면에 희미하게 피가 나오기 시작하면 미디엄으로 구워진 것. 이 상태가 되었다면 흑후추를 뿌리고 센 불로 올려서 후추의 향을 낸다.

7 작은 냄비에 토마토 소스, 물을 넣고 데운다. 그릇에 올리고 6과 2를 담는다.

감칠맛 소스

향토 요리에서 태어났다

올리브나 안초비, 코니숑 등의 절임류와 발사믹과 같은 양조식초, 이런 감칠맛이 가득한 식재료로 만드는 소스입니다. 저는 '콩디망(조미료)'이라고 부르는데 타프나드나 라비고트 등 원래 향토 요리에서 태어난 것들입니다. 두루두루 쓰일 수 있어서 프랑스 요리 이외의 메뉴에도 쉽게 더할 수 있는, 그야말로 전천후이지요.

타프나드 소스
sauce tapenade

타프나드의 발상지는 프로방스 지방입니다. 블랙 올리브를 주재료로 한 페이스트 상태의 소스로, 농후한 감칠맛과 산미가 있습니다. 블랙 올리브의 맛이 거침없이 나오기 때문에 질 좋은 올리브를 사용합니다. 푸드 프로세서로 여러 번 돌리면 쉽게 뭉치지 않고 매끄러워지고, 열이 생기지 않습니다.

재료 만들기 쉬운 분량

블랙 올리브(통조림, 씨 없는 것) - 150g

안초비(통조림) - 1캔(56g)

마늘 - 1쪽(5g)

스위트 바질 - 5g

케이퍼 - 1큰술(염분을 뺀 것 10g)

올리브유 - 30~60mL

* 보관은 냉장고에서 1주일간.

1 마늘은 심지를 제거하고 굵게 다진다.
2 푸드 프로세서에 올리브유 이외의 재료를, 안초비는 기름째 넣는다(사진 a). 푸드 프로세서를 조금씩 돌린다. 옆면에 붙은 것들을 떼어 내가며 여러 번 돌린다.
3 전체적으로 섞이면 올리브유를 조금씩 흘려 넣으며 돌린다(사진 b). 올리브유의 양은 취향껏 조절하고 너무 잘지 않아도 괜찮다(사진 c).

▶ [타프나드 소스]를 사용한
돼지고기와 버섯 타르틴

타르틴은 프랑스식 오픈 샌드위치입니다. 돼지고기는 들러붙지 않도록 미리 기름을 둘러두고, 구울 때는 기름을 사용하지 않습니다. 샌드위치와는 다르므로 버섯의 즙이나 소스가 바게트에 스며들어도 OK. 오히려 그게 더 맛있기도 합니다.

1 돼지고기는 5~6cm 길이로 썰고 올리브유 5mL를 두르고 소금 1g을 뿌린다. 버섯은 먹기 좋은 크기로 썬다.
2 프라이팬에 올리브유 10mL를 두르고 표고버섯, 새송이버섯을 나란히 넣는다. 소금을 뿌려서 센 불에 굽는다 (사진 a). 수분을 날리고 노릇노릇해지면 마늘 오일을 둘러서 향을 입힌다. 다른 버섯은 3회 정도로 나누어 굽고 그때마다 올리브유를 10mL, 소금은 버섯 전량에 2g을 사용한다. 버섯을 프라이팬에 하나로 모으고 타프나드 소스 20g을 더해서 센 불에 가볍게 볶는다(사진 b).
3 다른 프라이팬에 돼지고기를 펼쳐놓고 중간 불로 구워 먹음직스럽게 색을 입힌다.
4 바게트는 길게 반으로 갈라 머스타드를 바르고 2, 3을 올려 타프나드 소스를 군데군데 올린다.

재료 2인분

돼지고기 등심 얇게 썬 것 - 150g
표고버섯 - 5개(110g)
새송이버섯 - 2개(80g)
만가닥버섯 - 130g
양송이버섯 - 8개(120g)
올리브유 - 적당량
소금 - 3g

마늘 오일(p.234 참조) - 소량
타프나드 소스(p.210 참조) - 45g
바게트 - 1개
디종 머스타드 - 40g

🍳 지름 26cm 프라이팬

▶ [타프나드 소스]를 사용한

오리 가슴살 로스트

오리도 닭과 손질법은 같습니다. 입에 닿았을 때의 느낌이 좋지 않은 힘줄을 철저하게 제거하는 것이 저의 철칙입니다. 오리는 단단한 정맥이 있어서 이것도 제거합니다. 이것이 유일하게 닭과 다른 점입니다. 크고 작게 나누어진 고기는 시차를 두고 굽습니다. 잔열로 익힐 때도 바삭함을 유지하기 위해서 껍질을 위로 가게 하고 휴지시킵니다. 타프나드를 더하고 흑후추를 많이 뿌려도 맛있습니다.

재료 2인분

오리가슴살 – 1개(320g)

소금 – 2g

타프나드 소스(p.210 참조) – 30g

🍳 지름 26cm 프라이팬

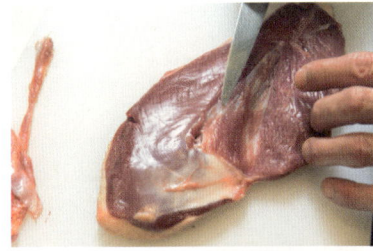

1 오리고기는 힘줄을 제거하고 근섬유 덩어리의 가운데에 있는 힘줄도 제거하며 거기서부터 둘로 잘라서 나눈다. 표면의 피막을 제거하고 정맥도 제거한다.

2 살코기 모양에 맞추어 조금 큼직하게 껍질을 잘라낸다. 껍질 쪽에 1~2cm 폭으로 격자 모양의 칼집을 살코기가 상하지 않도록 얇게 넣는다. 살코기에 소금을 뿌려 문지르고 상온에 10분 정도 둔다.

3 프라이팬에 큰 쪽 오리고기를 껍질이 아래로 가게 해서 넣은 다음 중간 불로 굽는다. 3분 정도 있다가 약한 불로 줄이고 고기 아래에 녹아 나온 기름이 있는 상태를 유지하면서 굽는다.

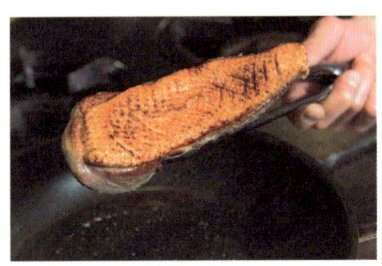

4 먹음직스럽게 노릇노릇 구워지면 시차를 두고 작은 쪽 오리고기를 넣어 똑같이 굽는다. 작은 쪽에는 껍질이 없다.

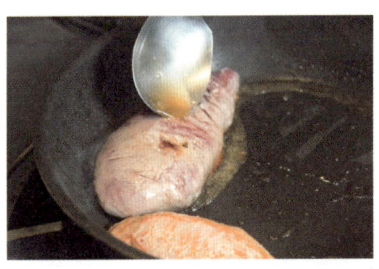

5 빠져나온 기름을 끼얹으며 윗면도 간접적으로 익힌다. 균등하게 익히기 위해서 두꺼운 부분에는 기름을 많이 끼얹는다.

6 고기를 눌렀을 때 붉고 투명한 육즙이 나오면 다 구워진 것이다. 껍질 쪽이 위로 가게 해 밧드 등에 옮겨놓고 휴지시켜서 잔열로 익힌다.

7 6을 세로로 반을 가르고 타프나드 소스를 껍질 쪽에 바른다. 그릇에 담고 자두 레드와인조림을 곁들인다.

곁들임
자두 레드와인 조림

재료 만들기 쉬운 분량

자두(세미 드라이, 씨 있는 것) – 220g

레드와인 – 300mL

1 내열 용기에 자두를 넣는다.

2 냄비에 레드와인을 넣어서 센 불에 올려 끓으면 1에 붓는다(사진 a). 서로 달라붙지 않도록 떨어트려 주고 잔열이 식으면 냉장고에 넣어 하루 둔다. 다음날부터 먹을 수 있고 3년 정도 보관이 가능하다. 자두가 레드와인을 흡수해 부풀기 때문에 자두의 꼭지가 튀어나올 것 같으면 끓인 레드와인을 더한다.

a

감칠맛 소스

발사믹 소스
sauce balsamico

재료는 발사믹 식초뿐인 지극히 심플한 소스입니다. 졸이면 발사믹의 풍미가 응축해 깊이 있는 단맛이 생깁니다. 가게에서도 늘 갖추어놓고 있는 소스로, 저는 디스펜서에 넣어서 드레싱처럼 사용하고 있습니다. 걸쭉함은 졸이는 정도로 정해지지만, 너무 되지 않게 반 정도만 졸이는 것이 베스트입니다.

재료 만들기 쉬운 분량

발사믹 식초 - 500mL

* 보관은 상온에서 1개월간.

🍳 지름 18cm 냄비

1 냄비에 발사믹을 넣고 센 불에 올린다. 끓으면 약한 불로 줄이고 부글부글 끓는 상태로 불을 조절하며 졸인다. 불순물이 올라오면 걷어낸다 (사진 a).
2 전체적으로 거품이 생기면 쉽게 타기 때문에 주의(사진 b). 처음에 나오는 거품과는 다르므로 비교하며 본다.
3 반 정도로 졸여서 윤기와 걸쭉함이 생기는 것이 완성의 기준(사진 c). 식히면 되직해지므로 조금 이르게 불을 끈다. 이때의 실제 분량은 225mL이다.

▶ [발사믹 소스]를 사용한

구운 채소

한 그릇으로 다양한 채소를 맛봅니다. 채소는 크게 썰고 감칠맛과 단맛이 나도록 천천히 굽습니다. 잘 익지 않는 것부터 차례대로, 새로운 채소를 더할 때마다 올리브유 3mL 정도를 함께 넣습니다. 단호박은 잘 으깨져서 프라이팬에 넓게 펼쳐 따로 굽습니다.

재료 2인분

단호박 - 120g

주키니 - 2개(200g)

가지 - 2개(140g)

양파 - 1/2개(70g)

붉은 파프리카 - 1개(170g)

소금 - 4g

올리브유 - 적당량

발사믹 소스(왼쪽 참조) - 20~30g

🍳 지름 26cm 프라이팬

1 단호박은 군데군데 껍질을 벗기고 1cm 폭으로 썬다. 주키니는 세로로 반 썬다. 가지는 세로로 반 썰어서 안쪽에 1cm, 껍질 쪽은 5mm 폭으로 격자 모양 칼집을 넣는다. 양파는 링 모양으로 둥글게 썬다. 파프리카는 구워서 껍질을 벗겨(p.238 참조), 3~4등분한다.
2 1에 골고루 소금을 뿌린다. 주키니와 가지에서 빠져나오는 수분을 닦는다.
3 프라이팬에 올리브유를 10mL, 양파, 가지를 껍질 쪽이 위로 가게 해 넣고 약중불에서 굽는다. 구워져서 갈색이 되면 뒤집고 주키니, 올리브유 3mL를 넣어 양면을 굽는다. 기름이 부족하면 그때마다 더한다. 키친타월을 깐 밧드에 올려 기름을 제거한다(사진 a). 단호박은 따로 굽고, 붉은 파프리카도 같은 방법으로 굽는다(사진 b). 그릇에 채소를 담고 발사믹 소스를 뿌린다.

▶ [발사믹 소스]를 사용한
돼지다리살과 뿌리채소 볶음

중국 음식에 대한 존경을 표하는 프랑스판 탕수육이라고도 할 수 있는 한 그릇. 채소를 그대로 튀기는 것은 수분을 빼기 위한 것으로, 노릇노릇한 색을 입히는 것은 프라이팬에 옮긴 다음부터입니다. 많이 섞지 않고 튀겨서 돼지고기와 함께 먹음직스럽게 노릇노릇하게 굽고, 소스는 가열해서 향을 냅니다. 채소는 뿌리채소를 골랐는데, 당근이나 양파, 표고버섯과 같은 단골 채소도 어울리기 때문에 취향대로 선택합니다. 말린 과일의 산미와 단맛이 맛의 악센트가 되고 깊이도 더해줍니다.

재료 2인분

- 돼지다리살 - 300g
- 연근 - 큰 것 1/2개(120g)
- 고구마 - 100g
- 참마 - 100g
- 밀가루(강력분) - 4g
- 튀김기름 - 적당량
- 올리브유 - 10mL
- 블루베리(세미 드라이) - 20g
- 크랜베리(세미 드라이) - 20g
- 소금 - 3.5g
- 흑후추 - 적당량
- 발사믹 소스(p.214 참조) - 25g

🍳 지름 26cm 프라이팬

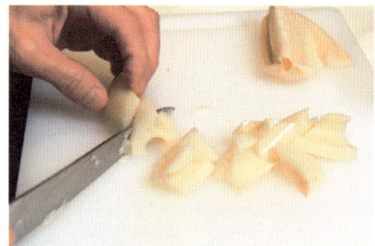

2 연근은 껍질을 벗겨서 물에 담갔다가 마구 썬다. 고구마는 껍질에 줄무늬를 내어 벗겨서 물에 담갔다가 마구 썬다. 참마도 마구 썬다.

5 프라이팬에 올리브유를 넣고 센 불로 달구어서 4를 넣고 소금 1.5g, 흑후추를 뿌려 굽는다. 너무 많이 섞지는 않는다.

3 1에 밀가루를 넣고 섞는다. 튀김기름을 150℃로 달구어서 돼지고기를 넣고 서로 붙지 않도록 저어 가며 튀긴다. 노릇노릇해지면 체에 올려서 기름을 빼고 잔열로 익힌다.

6 노릇노릇해지면 불을 끄고, 발사믹 소스를 두른다. 잘 섞은 다음 센 불에 올려 볶는다.

1 돼지고기는 한입 크기로 썰어서 소금 2g을 뿌리고 가볍게 주무른다. 실온에 5분 정도 둔다.

4 튀김기름을 150℃로 달구어서 고구마를 튀긴다. 얇게 노릇노릇해지면 연근, 참마를 더하고 노릇노릇해지면 3의 체에 건진다.

7 구워진 발사믹 향이 나기 시작하면 말린 과일을 넣고 잘 섞는다.

▶ [발사믹 소스]를 사용한
코틀레트

코틀레트(côtelette)는 커틀릿을 의미하며 송아지나 어린 양고기 등을 빵가루를 묻혀 적은 양의 기름에 튀겨 굽는 요리입니다. 튀김옷은 밀가루가 가장 중요합니다! 튀길 때 벗겨지는 것을 막기 위해 꼼꼼하게 튀김옷을 입히고 여분의 밀가루는 털어냅니다. 기름의 양은 고기의 윗부분이 살짝 나올 정도로 합니다. 처음에 튀겨 굽는 면은 먹음직스러운 색이 되고, 뒷면의 빵가루가 굳어졌다면 다 튀겨진 것입니다. 속은 레어로 마무리합니다.

재료 1인분

소 갈빗살 - 1.2cm 두께 1개(160g)
소금 - 1.5g
밀가루(강력분) - 적당량
달걀물, 빵가루 - 각 적당량
올리브유, 튀김기름 - 각 적당량
발사믹 소스(p.214 참조) - 15g

🍳 지름 26cm 프라이팬

1 소고기는 여분의 지방을 제거하고 힘줄을 잘라서 양면에 소금을 뿌리고 실온에 5분 정도 둔다.
2 1에 밀가루를 골고루 입히고 여분의 가루는 털어낸다. 달걀물을 입히고 빵가루를 묻힌다. 꾹 눌러서 모양을 다듬는다.
3 프라이팬에 튀김기름을 깊이 약 1cm 정도로 넣고 160~165℃로 달구어 2를 차분하게 넣는다(사진 a). 풍미를 입히기 위해 버터(분량 외, 10g)를 더해도 좋다. 고기는 집게 등으로 들어서 밑으로 기름이 들어가게 하며 튀긴다(사진 b). 먹음직스럽게 노릇노릇해지면 뒤집는다. 양면은 빵가루가 굳을 때까지 튀기고 기름을 뺀다.
4 그릇에 곁들임의 채소 소테를 올리고 3을 잘라서 담아 발사믹 소스를 뿌린다.

곁들임
채소 소테

재료 1인분

오크라 - 4개(30g)
스냅피* - 4개(20g)
어린 깍지콩** - 6개(20g)
줄기콩 - 50g
올리브유 - 5mL
버터 - 5g
소금 - 1.5g

* 강낭콩의 한 종류로 납작하거나 혹은 통통한 모양의 짧은 깍지콩.-옮긴이
** 키누사야, 꼬투리째 먹는 어린 완두콩.-옮긴이

1 냄비에 물을 가득 끓이고 올리브유를 소량(분량 외)을 넣어 중간 불에서 채소를 살짝 데친 후 체에 걸러 물기를 뺀다.
2 프라이팬에 올리브유 5mL를 넣고 1을 더해, 중간 불에서 한 번 섞어가며 버터와 소금을 넣고 굽는다.

라비고트 소스
sauce ravigote

라비고트(ravigote)는 프랑스어로 '원기를 회복시킨다'라는 뜻으로, 코니숑이나 향채소 등을 잘게 다져 넣은 소스입니다. 재료의 산미와 매콤한 맛이 살아 있는 차가운 소스로, 비네그레트처럼 사용할 수도 있습니다. 또는 맛이 농후한 요리에도 잘 어울립니다. 채소에서 수분이 나오는 것은 '망한' 증거. 푸드 프로세서는 덩어리가 남을 수 있도록 상태를 보아가며 조금씩 돌려주세요.

재료 만들기 쉬운 분량

양파 – 1개(100g)

A 코니숑 – 100g
　　케이퍼 – 1큰술(염분을 뺀 것 10g)
　　이탈리안 파슬리 – 잎만 1g

흑후추 – 적당량

올리브유 – 8mL

* 보관은 냉장고에서 1주일간.

1 양파는 잘게 썰어 푸드 프로세서에 넣어 물이 나오지 않을 정도로 잘게 다진다(사진 a).
2 1에 A를 더하고(사진 b) 옆면에 붙은 것을 떼어가며 조금씩 돌린다. 물이 나오지 않도록, 또는 페이스트 상태가 되지 않도록 덩어리를 남긴다(사진 c).
3 흑후추, 올리브유를 넣고 푸드 프로세서를 한 번 더 돌린다.

감칠맛 소스

▶ [라비고트 소스]를 사용한
오징어와 셀러리 샐러드

아주 간편하고 간단한 샐러드입니다. 오징어는 취향에 맞는 종류로 하셔도 괜찮지만, 두께가 있다면 격자무늬로 칼집을 넣는 것이 좋습니다. 셀러리는 껍질이나 심지를 제거하는 것이 입에 닿을 때 느낌이 좋고, 오징어의 식감과도 잘 어울립니다. 다른 허브 종류 등을 추가하면 호화로운 한 그릇이 되어 손님 접대용으로도 좋습니다.

재료 2인분

오징어(횟감용) - 2마리(껍질과 다리를 제거한 것 180g)
셀러리 - 100g
A   라비고트 소스(p.219 참조) - 50g
    올리브유 - 10mL
    소금 - 0.5g
    이탈리안 파슬리(잘게 다진 것) - 2g
    흑후추 - 소량

1 오징어는 3cm로 네모나게 썬다. 셀러리는 얇게 껍질을 벗기고 어슷하게 썬다.
2 냄비에 물을 끓이고 2% 정도의 소금(분량 외)을 더하고 오징어를 넣고 살짝 데친다. 체에 걸러서 물기를 잘 뺀다.
3 볼에 2를 넣고 셀러리, A를 넣고 섞는다.

▶ [라비고트 소스]를 사용한
전갱이 튀김

라비고트는 생선 요리에도 튀김 요리에도 잘 어울립니다. 소스의 기본이 코니숑과 양파이기 때문에, 마요네즈를 더하기 전의 산뜻한 타르타르 소스 같은 느낌으로 사용할 수도 있습니다. 새우튀김에도 잘 어울립니다. 전갱이는 너무 많이 익히면 질겨지므로 고온에서 살짝 튀겨냅니다.

재료 2인분

전갱이 – 2마리(1마리 100g)
소금 – 0.5g
밀가루(강력분) – 적당량
달걀물 – 적당량
빵가루 – 적당량
튀김기름 – 적당량
라비고트 소스(p.219 참조) – 10g

1 전갱이는 척추를 기준으로 왼쪽, 오른쪽, 척추 세 부분으로 나누어 손질하고 소금을 뿌린다.
2 1에 밀가루를 골고루 입히고 여분의 밀가루는 털어낸다(사진 a). 달걀물을 입히고 빵가루를 묻힌다. 꾹꾹 눌러서 모양을 가다듬는다.
3 튀김기름을 170℃까지 달구고 2의 꼬리 쪽을 잡아서 차분하게 기름에 넣는다(사진 c). 도중에 뒤집고 거품이 작아지며 먹음직스럽게 노릇노릇해질 때까지 2분 정도 튀긴다. 키친타월을 깐 밧드에 올려서 기름을 뺀다. 그릇에 담고 라비고트 소스를 곁들인다.

화이트 소스

마스터하고 싶은 절대 소스

이것만은 꼭 외워두세요! 이것이 화이트 소스입니다. 화이트와인과 버터 만능 소스, 베샤멜로 대표되는 화이트 루를 사용한 소스입니다. 그 베샤멜에서 파생된 소스에는 모르네, 알망드, 수비즈 등이 있습니다. 스튜나 그라탱과 같은 친숙한 요리 맛의 핵심이 되는 소스입니다. 부드럽고 깊은 맛, 바로 이것이 프랑스 요리의 묘미이지요.

방 블랑 소스
sauce vin blanc

재료 2인분

대구 - 2토막(1토막 100g)
소금 - 1.5g
버터 - 적당량
방 블랑 소스(왼쪽 참조) - 120mL

1 대구는 살코기 쪽에 소금을 뿌리고 가볍게 문지른다(사진 a).
2 밧드 또는 내열 접시에 얇게 버터를 바르고 대구를 껍질 쪽이 위로 가게 해 나란히 둔다.
3 증기가 올라오는 찜기에 넣고(사진 b), 뚜껑을 덮어 4~5분간 찐다.
4 그릇에 데운 방 블랑 소스를 깔고 매시드포테이토를 담아서 3을 올린다. 방 블랑 소스를 뿌린다.

직역하자면 화이트와인 소스입니다. 해산물 요리에 빠질 수 없는 단골 소스이지요. 와인의 풍미를 남기면서 일체감을 전체적으로 내기 위해, 버터 이외의 재료를 합쳐서 걸쭉해질 때까지 졸입니다. 화이트와인은 취향에 맞는 것으로 골라도 되지만, 제가 사용하는 것은 알리고테나 루아르의 소비뇽블랑 '푸이퓌메' 등입니다.

재료 만들기 쉬운 분량

화이트와인 - 150mL   버터 - 50g   * 보관은 냉장고에서 3~4일간.
에샬롯(잘게 다진 것) - 30g   닭뼈 육수 - 150mL   가능하면 빨리 전부 사용할 것.

🍳 지름 18cm 냄비

1 냄비에 버터 외의 재료를 넣고(사진 a), 센 불로 졸인다.
2 걸쭉해져서 에샬롯이 살짝 수면 위로 나왔다면(사진 b), 버터를 넣고(사진 c), 거품기로 잘 섞는다(사진 d).

곁들임
매시드포테이토

재료 2인분

감자 - 2개(160g)
생크림(유지방 38%) - 50mL
소금 - 1g

1 감자는 삶아서 껍질을 벗기고 대강 으깬다.
2 냄비에 1, 생크림, 소금을 넣고 중간 불에 올려서 가볍게 으깨면서 섞는다.

▶ [방 블랑 소스]를 사용한

대구 바푀르

바푀르(vapeur)란 찜 요리라는 뜻입니다. 의외일 수 있으나 프랑스 요리 역사에서는 비교적 새로운 조리법으로, 찜기를 이용합니다. 대구는 프랑스에서도 친숙한 생선으로 서민들의 든든한 아군이지요. 가정 요리에도 실제로 자주 등장합니다. 방 블랑 소스는 찌거나 데친 재료와 궁합이 좋기 때문에 듬뿍 뿌려서 드셔보세요.

화이트 소스

▶ [방 블랑 소스]를 사용한
민꽃게 방 블랑

방 블랑으로 하나 더. 석쇠로 구운 갑각류 특유의 고소함을 얹은, 심플하면서도 사치스러운 요리입니다. 게 껍데기는 그릇 대신으로, 조금 깊게 잘라서 굽는 도중에 게의 육즙이 흘러나오지 않게 합니다. 구울 때 뒤 집지 않습니다. 이 소스는 새우 그릴 구이 또는 석화 구이, 가리비 소테 등 살짝 익힌 조개류와도 궁합이 매우 좋습니다.

재료 2인분

민꽃게 - 1/2 마리(430g)
방 블랑 소스(p.222 참조) - 50mL
대파 - 1개

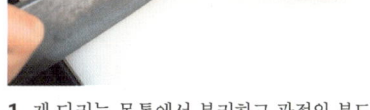

1 게 다리는 몸통에서 분리하고 관절의 부드러운 곳에 칼을 넣고 길이를 반으로 자른다.

2 집게다리는 집게 뒷면의 부드러운 곳에 칼을 넣고 길게 반으로 자른다.

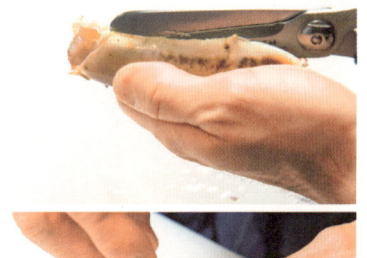

3 두꺼운 다리는 껍질의 하얀 부분에 주방용 가위를 넣어서 다리 폭의 반 정도보다 조금 더 잘라 껍질을 제거한다. 살을 자르지 않도록 주의한다.

4 몸통은 반으로 나눈다.

5 석쇠를 달구고 다리, 집게, 몸통을 껍질이 아래로 가게 놓는다. 석쇠는 불과 거리를 두고, 불은 세게 해서 뒤집지 않고 굽는다. 껍질은 타도 괜찮다.

6 살을 눌렀을 때 탄력감이 있고 통통해지면 다 구워진 것이다.

7 방 블랑 소스를 숟가락으로 껍질에 흘려 넣듯이 바른다.

8 대파는 7~8cm 길이로 잘라서 게와 똑같이 석쇠에 구워서 게와 함께 접시에 담는다.

화이트 소스

베샤멜 소스
sauce béchamel

여러분들에게 친숙한 화이트 소스, 바로 베샤멜입니다. 재료는 3가지뿐으로, 그 비율은 밀가루 1 : 버터 1 : 우유 10이 기본입니다. 버터를 중탕해서 나오는 위에 뜨는 맑은 부분, 즉 정제버터를 이용하는 방법도 있지만, 그때 제외되는 유청에는 감칠맛이 들어 있습니다. 그래서 저는 버터를 그냥 사용해 감칠맛을 최대한 살립니다.

재료 만들기 쉬운 분량

밀가루(강력분) - 50g   우유 - 500mL
버터 - 50g

* 보관은 냉장고에서 3일간. 가능하면 빨리 전부 사용할 것.

🍲 지름 21cm 냄비

1 루 블랑을 만든다(p.236 참조).
2 루 블랑에 우유를 7~8차례 걸쳐서 더한다. 처음에는 50mL 정도 넣고 잘 저어서 한 덩어리로 만든다. 불을 끄고 우유 70mL 정도 넣어서 잘 저어서 한 덩어리로 만든다(사진 a). 불을 끄는 것은 온도 차가 없도록 해 덩어리지지 않게 하기 위해서이다. 다시 한번 동량의 우유를 넣고 네 번째에 더할 때는 약한 불에 둔다.
3 우유를 3/4 정도 더하면 매끈해진다. 냄비 옆면이 말랐다면 고무주걱 등으로 깨끗하게 정리한다(사진 b). 거품기로 바꾸어서 나머지 우유를 넣고 잘 젓는다(사진 c). 이때 알루미늄 소재의 도구가 냄비에 닿게 되면 색이 나오게 되므로 닿지 않게 젓는다. 윤기가 나고 찰기가 있다면 완성(사진 d).

모르네 소스
sauce mornay

베샤멜에 치즈를 넣은 것이 모르네입니다. 이때 치즈는 베샤멜 무게의 1/10만 넣습니다. 치즈는 그뤼에르 등 취향대로 사용하셔도 괜찮지만, 저는 맛이 진하고 감칠맛이 있는 파르미지아노를 사용합니다. 베샤멜은 식으면 굳습니다. 처음에 물을 넣는 것은 베샤멜을 쉽게 풀기 위해서라, 갓 만들어진 베샤멜이라면 물을 더할 필요는 없습니다.

재료 만들기 쉬운 분량

베샤멜 소스(왼쪽 참조) - 200g
파르미지아노 레지아노(간 것) - 20g

* 보관은 냉장고에서 3일간. 가능하면 빨리 전부 사용할 것.

🍲 지름 18cm 냄비

1 냄비에 물 20mL를 넣고 끓여 베샤멜을 넣는다(사진 a). 중간 불에서 베샤멜을 원래 상태로 되돌린다.
2 매끄러워졌다면 불을 끄고(사진 b), 파르미지아노를 더해서 섞는다. 그뤼에르처럼 걸쭉해지지는 않고 살짝 산뜻하게 마무리된다(사진 c).

알망드 소스
sauce allemande

화이트 루 소스는 베샤멜이 유명하지만, 그 변형은 여러 갈래로 뻗을 수 있습니다. 이 알망드도 그중 하나입니다. 정의에는 여러 가지 설이 있지만 저는 모르네에 노른자를 더한 것이 알망드라고 하고 있습니다. '베샤멜에 치즈와 노른자를 더한 소스'라고 해도 좋을 것 같네요.

재료 만들기 쉬운 분량

모르네 소스(p.226 참조) – 50g

달걀노른자 – 1개

* 보관은 추천하지 않음. 사용할 때마다 만든다.

1 볼에 모르네 소스는 넣고 거품기로 부드러워질 때까지 풀어준다.
2 달걀노른자를 더하고(사진 a), 섞는다(사진 b).

수비즈 소스
sauce soubise

제대로 잘 볶아 단맛을 낸 양파에 베샤멜 소스를 합친 것이 수비즈입니다. 수비즈의 농도는 용도에 따라 달라지지만, 반드시 시노와에 거르기 전에 물로 조절합니다. 우유를 더하면 애써 만든 양파의 향이 밀리게 됩니다. 양파의 참맛을 살려주세요.

재료 만들기 쉬운 분량

양파 – 1개(130g)

버터 – 20g

베샤멜 소스(p.226 참조) – 200g

생크림(유지방 38%) – 40g

소금 – 1g

* 보관은 냉장고에서 3~4일간. 가능하면 빨리 전부 사용할 것.

🍳 지름 18cm 냄비

1 양파는 얇게 썬다. 냄비에 양파, 버터, 물 100mL(분량 외)를 더하고 가끔 저어주며 중간 불에서 볶는다. 물을 더하는 목적은 타는 것을 방지하고 제대로 익혀서 단맛을 내기 위해서다. 수분이 없어지면 그때그때 더해서 하얀 상태로 마무리한다.
2 양파에서 단맛이 나면 베샤멜 소스를 더한다(사진 a). 이때 양파의 수분은 잘 날린다. 한 번 섞은 후 생크림을 넣고 조금 끓여서 양파의 향을 옮긴다. 소금을 더해서 간을 맞춘다.
3 시노와(또는 체)에 거른다. 국자 등으로 눌러가며 짜내듯이 거른다 (사진 b).

화이트 소스

▶ [베샤멜 소스]를 사용한
콩테 치즈와 생햄 크레이프

크레이프 반죽은 산뜻한 편이 실패하지 않고 맛있습니다. 우유의 양은 상태를 보며 조절하고 시험 삼아 구워보는 것도 좋습니다. 반죽은 한 번에 굽는 것이 좋으므로 불은 강하게 조절합니다. 주위가 구워져 갈색이 보이면 뒤집고 뒷면은 살짝 굽습니다. 부었을 때 '쫘아' 하는 소리가 들린다면 구워지고 있다는 신호입니다. 베샤멜은 필링에도 소스에도 사용합니다. 풍부한 맛을 만끽하세요.

재료

[크레이프]
지름 18cm 크레이프 약 7장분
달걀 - 1개
밀가루(강력분) - 40g
우유 - 130mL
소금 - 0.5g
뵈르 누와제트(p.236 참조) - 10g
버터 - 적당량

[필링] 크레이프 2장분
콩테 치즈 - 60g
베샤멜 소스(p.226 참조) - 100g
생햄 - 큰 것 2장

[소스] 크레이프 2장분
베샤멜 소스(p.226 참조) - 40g
우유 - 40mL
소금 - 1g

지름 24cm(밑면 18cm) 프라이팬, 작은 냄비

1 [크레이프 반죽] 볼에 달걀, 밀가루를 넣고 거품기로 글루텐이 생길 때까지 잘 섞는다(사진 a).

2 1에 우유를 조금씩 넣어가며 섞는다. 손가락으로 떠봤을 때, 남는 것이 없이 사르르 흘러내리는 농도로 맞춘다(사진 b). 소금을 더하고 섞는다. 뵈르 누와제트를 더해서 섞고 시노와(또는 체)로 거른다.

3 프라이팬에 버터 소량을 강중불에 넣어 달구어서 연기가 나면 2의 약 1/7을 넣는다. 프라이팬을 돌려가며 전체에 펼치고 여분은 볼에 다시 담는다(사진 c). 튀어나온 부분은 잘라내고 주위가 노릇노릇해지면 뒤집는다(사진 d). 잠깐 두었다가 꺼낸다. 나머지도 똑같이 굽는다.

4 [필링] 콩테 치즈는 1cm로 깍둑썰기한다. 냄비에 콩테 치즈와 베샤멜 소스를 넣고 약한 불에 올려서 저으며 하나로 섞이게 한다.

5 [성형] 크레이프는 먼저 구운 면을 아래로 가게 두고 생햄을 올린다. 4의 1/2을 중심에서 옆으로 길게 올린다(사진 e). 좌우를 접어서 누르고 앞에서부터 맞은편으로 만다(사진 f).

6 [소스 마무리] 냄비에 우유와 소금을 넣고 중간 불에 올린다. 데워졌다면 베샤멜 소스를 더해서 잘 섞으면서 녹인다. 그릇에 5를 담고 소스를 두른다.

화이트 소스

▶ [모르네 소스]를 사용한
토란 그라탱

파르미지아노 레지아노의 감칠맛이 나는 이 소스는 어떠한 재료에도 잘 어울립니다. 감자류는 물론 다른 뿌리채소, 잎채소에도 물론이고요. 마카로니 등을 추가한 전통적인 그라탱도 좋습니다. 토란은 삶아도 괜찮습니다. 마구 썰어서 일부러 크기를 맞추지 않는 것이 좋습니다. 크고 작음의 대비가 있어야 식감도 즐길 수 있고, 구울 때 옅고 진함을 입히기에 효과적입니다.

재료 2인분

*지름 15cm, 용량 200mL 내열 그릇

토란 - 3~4개(240g)
A 생크림(유지방 38%) - 40mL
  물 - 40mL
  소금 - 1g

모르네 소스(p.226 참조) - 200g
백후추 - 소량
파르미지아노 레지아노(가루) - 5g

🍳 지름 15cm 냄비

1 토란은 껍질을 벗기고 내열 용기에 올려서 증기가 나는 찜기에 넣어 뚜껑을 덮고 중간 불에서 15분 정도 찐다(사진 a). 껍질을 벗기고 마구 썬다.
2 냄비에 A를 넣고 중간 불에 올린다. 데워졌다면 모르네 소스를 더하고 저어서 녹인다. 백후추, 파르미지아노를 넣고 섞는다. 졸졸 흐르는 상태가 되면 된다(사진 b).
3 내열 그릇에 토란을 넣고 2를 부어서 넣는다(사진 c). 200℃ 정도의 오븐에서 표면이 노릇노릇해질 때까지 굽는다.

▶ [알망드 소스]를 사용한
수플레

수플레 그릇은 옆면이 곧은 것을 선택합니다. 단차가 있으면 잘 올라가지 않습니다. 만일 단차가 있다면 단차가 생긴 곳까지 반죽을 넣습니다. 옆면에 바르는 버터와 밀가루는 부풀어 오르는 데에 방해가 되기 때문에, 반죽을 흘려 넣었다면 단차의 윗부분은 꼭 닦아냅니다. 처음에 전자레인지로 데우는 것은 실패를 막기 위해서입니다. 불에 직접 가열하는 것도 같은 이유입니다. 이 작은 수고를 들여서 조금 부풀려두는 것으로 수플레의 성공률이 확 올라갑니다.

재료 2인분

* 지름 8cm, 용량 160mL 코코트 그릇

알망드 소스(p.226 참조) - 50g

A   달걀흰자 - 80g
    | 소금 - 1g
    | 크림 타르타르(팽창제) - 2.4g

파르미지아노 레지아노(가루) - 5g

버터, 밀가루 - 각 적당량

1 그릇 안쪽 전체에 버터를 얇게 바르고 밀가루를 바른 후 여분의 밀가루는 털어낸다(사진 a). 냉장고에 넣어 차갑게 만든다.
2 볼에 A를 넣고 뿔이 생길 때까지 단단히 거품을 낸다(사진 b).
3 다른 볼에 알망드 소스, 파르미지아노를 넣고 2를 한 국자 떠서 섞는다(사진 c). 나머지도 넣고 살짝 섞는다.
4 1의 그릇에 3을 넣는다. 양은 그릇 윗부분의 단차가 생긴 곳까지. 용량은 130mL. 단차 윗부분의 버터와 밀가루는 닦아낸다(사진 d).
5 전자레인지(500W)에서 15초 가열한다. 밧드에 그물망을 넣고 그릇을 올리고 뜨거운 물을 부어 센 불에 올린다. 주위가 부풀어 오르면(사진 e), 200℃ 오븐에서 10분, 중탕으로 굽는다.

화이트 소스

▶ [수비즈 소스]를 사용한
닭고기와 버섯 프리카세

베샤멜과 양파를 합친 수비즈는 조림 요리에도 딱 맞은 소스입니다. 저는 보통 닭고기가 뒤집히는 것을 막기 위해 살코기 쪽부터 굽는데, 이 요리는 힘줄을 자르고 작게 썰기 때문에 껍질 쪽부터 구워도 괜찮습니다. 그래도 기본은 똑같습니다. 버섯의 종류, 양은 취향껏. 닭의 감칠맛을 버섯이 빨아들이게 하면서 가열하면 버섯 자체에서 감칠맛이 나오기 때문에, 소스의 맛이 한층 올라갑니다.

재료 2~3인분

닭다리살 – 2개(500g)

소금 – 3.5g

버섯(새송이버섯, 표고버섯, 양송이버섯, 만가닥버섯, 잎새버섯 등) – 다 합쳐서 350g

흑후추 – 적당량

수비즈 소스(p.227 참조) – 50g

🍳 지름 26cm 프라이팬

3 고기의 표면에서 투명한 육즙이 나오고, 껍질이 먹음직스럽게 노릇노릇해지면 뒤집는다.

4 살코기에 가볍게 갈색이 입혀지면 버섯을 더한다.

6 버섯이 닭고기의 기름을 흡수하면 수비즈 소스를 더한다.

1 닭고기는 힘줄을 잘라 오그라드는 것을 막고, 큼직하게 한입 크기로 썬다. 소금 2g을 뿌리고 주물러서 잘 스며들게 한 다음 실온에 최소 15분 둔다. 버섯은 밑동이 있는 것은 썰고 먹기 좋은 크기로 썬다.

5 버섯이 닭고기의 감칠맛을 빨아들일 수 있도록 섞으며, 소금 1.5g, 흑후추를 뿌리고 섞는다.

7 센 불로 한소끔 끓인다. 수비즈 소스는 익히면 부드러워지고, 버섯의 수분(감칠맛)이 더해져 산뜻해진다.

2 프라이팬에 닭고기를 껍질이 아래로 가게 해 넣고 중간 불에서 굽는다. 닭고기에서 기름이 녹아 나오는데 프라이팬 위에서 미끄러지듯 움직이며 항상 고기 밑에 기름이 있는 상태를 유지한다. 숟가락으로 기름을 떠서 고기에 끼얹으면서 굽는다. 기름이 너무 많은 것 같다면 덜어낸다. 다만, 이 기름으로 버섯을 구워야 하기 때문에 너무 많이 버려지지는 않는다.

그 밖의 콩디망

허브 퓌레

재료 만들기 쉬운 분량

딜 - 3g
처빌 - 4g
에스트라곤 - 1g
이탈리안 파슬리 - 7g
올리브유 - 30mL
* 보관은 냉장고에서 약 1주일간.

1 허브는 한데 모아서 잘게 다진다.

2 도마 위에서 올리브유를 더한다. 올리브유는 여러 번 나누어서 넣고, 그때마다 칼로 다지며 섞어서 허브를 더욱 잘게 만든다. 올리브유를 더하면 색이 변하는 것을 막을 수 있다.

3 올리브유를 섞었다면 고운 체에 거른다. 가정에서 사용할 때는 거르지 않아도 괜찮다. 믹서는 열이 가해져서 떫은맛이 나오게 되므로 사용하지 않는다.

마늘 오일

재료 만들기 쉬운 분량

마늘 - 25g
올리브유 - 150mL
* 보관은 냉장고에서 며칠간.

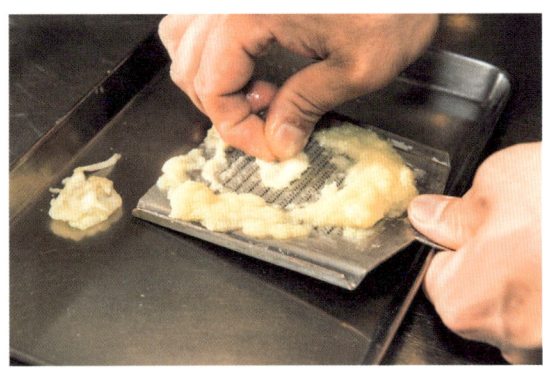

1 마늘은 강판에 간다. 꼭지는 섬유질이 있어서 갈리지 않기 때문에 사용하지 않는다.

2 볼에 마늘을 넣고 올리브유를 조금씩 흘려가며 넣고 거품기로 잘 섞는다. 간 마늘 사이로 올리브유가 깔끔하게 들어가지 않으면 뭉치기 때문에 올리브유를 조금씩 넣고, 쉬지 않고 확실하게 잘 섞는다. 손에 묵직하고 찰기가 있는 느낌이 든다면 완성.

[세미 드라이 토마토]

재료 만들기 쉬운 분량

토마토 - 6개(600g)

소금 - 3g

올리브유 - 1큰술

* 보관은 냉장고에서 약 2~3주일간.

1 토마토는 8등분으로 반달 모양으로 썰고 밧드에 나란히 놓아서 소금을 골고루 뿌린다.

2 토마토에서 살짝 수분이 나오면 올리브유를 뿌린다.

3 오븐을 예열하고 150℃에서 5분 동안 굽는다. 100℃로 내리고 2시간 정도 건조시킨다. 상태를 보아가며 타지 않도록 온도를 조절한다.

[시트론 살레]

재료 만들기 쉬운 분량

레몬(무농약) - 5개   소금 - 100g

설탕 - 500g   물 - 500mL

* 보관은 냉장고에서 약 2주일간.

1 레몬은 꼭지에서부터 십자로 칼집을 넣는다. 깊이는 2/3정도.

2 볼에 설탕 50g, 소금 10g을 섞어서 5등분하고 1의 칼집 안에 채워 넣는다. 병에 칼집 넣은 부분이 위로 가게 해 넣는다.

3 냄비에 나머지 설탕과 소금, 물을 넣고 센 불에 올려 거품기로 저어 가며 녹인다. 식혀서 2에 부어 넣는다. 다음날부터 사용할 수 있다.

[마늘과 그린 올리브 콩피]

재료 만들기 쉬운 분량

마늘 - 통마늘   올리브유 - 400mL

4개(260g)   로즈메리 - 1줄기

그린 올리브(통조림,   타임 - 6~7줄기

씨 없는 것) - 150g

* 보관은 상온 또는 냉장고에서 약 1주일간.

1 마늘은 껍질째 한쪽씩 나누고, 그린 올리브와 함께 냄비에 넣는다. 올리브유를 더하고 센 불에 올린다.

2 부글부글 끓으면 약한 불로 줄이고, 작은 거품이 나는 상태를 유지하며 천천히 가열한다. 튀기는 것이 아니므로 타지 않도록 주의해 불을 조절한다.

3 마늘에 대나무 꼬치가 쑥 들어갈 때까지 30분 정도 가열한다. 병으로 옮겨 담고 로즈메리, 타임을 넣어 잔열이 식으면 뚜껑을 닫는다. 하룻밤 두면 사용하기에 적당하다.

기본 테크닉

루 블랑

재료
재료·분량은 각 요리의 페이지 참조
* 보관은 냉장고에서 약 1주일간.

1 냄비에 버터를 넣어 중간 불에 올리고 녹기 시작하면 불을 끄고, 완전히 녹았다면 밀가루를 한 번에 넣는다(a). 뜨거우면 덩어리가 생기기 때문에 불을 끈 채 젓는다.

2 약한 불에 올려 나무 주걱으로 냄비 바닥에서부터 전체적으로 쉬지 않고 젓고 타지 않도록 볶는다(b). 처음에는 경단 같은 모양이 된다.

3 볶고 있으면 경단 같은 모양이 매끄러워지고 윤기가 난다. 나무 주걱으로 냄비 바닥을 긁으면 자국이 남는 상태(c).

4 더 볶으면 부글부글 거품이 나기 때문에 불을 약하게 한다. 노란빛이 돌던 색이 하얗게 되고, 휘저을 때 손에 가벼워지는 느낌이 났다면 밀가루가 익었다는 신호. 나무 주걱으로 냄비 바닥을 긁으면 자국이 남지 않고 바로 되돌아온다. 이것이 루 블랑. 여기서부터는 용도에 맞게 액체를 더한다.

> * 루 블랑은 소스의 베이스입니다. 버터 분량을 10~20% 정도 많게 해야 실패하지 않습니다. 더하는 액체에 따라 소스 이름이 달라집니다. 또한 용도에 따라 농도(액체의 비율)가 바뀝니다.
>
> [소스]
> 루 블랑에 우유를 더하면
> ▶베샤멜 소스
> 루 블랑에 콩소메를 더하면
> ▶브루테 소스
>
> [용도]
> 수프 ▶밀가루 1 : 버터 1 : 액체 20~25(뜨면 주르륵 흘러내리는 정도)
> 그라탱 ▶밀가루 1 : 버터 1 : 액체 10~25(살짝 둔하게 흘러내리는 정도)
> 크림 크로켓 ▶밀가루 1 : 버터 1 : 액체 6~10(잠시 후 둔하게 떨어지는 정도)

뵈르 누와제트 (태운 버터)

재료
버터 - 분량은 각 요리의 페이지 참조

1 작은 프라이팬에 버터를 넣고 센 불에 올린다. 프라이팬을 기울여 움직이면서 버터를 돌리며 녹인다.

2 버터가 녹으면서 큰 거품이 나오는데 탄 정도를 균일하게 하기 위해 계속 돌린다.

3 희미하게 색이 나오지만 거품은 아직 그대로 큰 상태.

4 거품이 작아지다 쏙 떨어져 없어지는 순간이 온다. 이 상태가 뵈르 누와제트다.

미로와

재료

레드와인 - 분량은 각 요리의 페이지 참조

1 냄비에 레드와인을 넣고 센 불에 올리고 냄비를 돌려가며 졸인다.

2 수분이 없어지며 미끄러지듯 흘러내리지 않아 냄비 바닥이 보이며 윤기가 난다. 이 반짝반짝한 상태가 미로와다. 미로와는 프랑스어로 '거울'이라는 의미.

* 진하고 깊은 맛을 내고 싶은 경우에는 브랜디, 깨끗함을 원한다면 레드와인 식초, 둥근 느낌을 더하고 싶다면 크림 드 카시스를 각각 레드와인에 더해서 미로와를 만든다.

채소 손질법

감자 삶아서 껍질 벗기기

감자는 물에서부터 천천히 삶는 것이 원칙. 시간을 들이면 호화되기 쉽고 점착성이 나옵니다. 프랑스 요리에서는 '미소 짓듯이 삶는다'라고 하는데 결코 보글보글 끓이지 않고, 미세한 거품이 부드럽게 흔들리는 정도로 불을 조절합니다. 가게라면 감자를 4~5개 삶는 데에 최소 1시간이 걸립니다. 급한 경우라면 잘라서 삶아도 괜찮습니다.

• 냄비에 감자와 충분한 양의 물을 넣고 센 불에 올린다. 끓으면 약한 불로 줄인다.

• 꼬치를 꽂아 보아서 쑥 들어간다면 다 삶아진 것.

• 뜨거운 물을 털고 껍질을 벗긴다. 뜨거우면 키친타월이나 행주를 사용한다.

양파 볶기

양파를 볶는 목적은 단맛을 끌어내기 위해서입니다. 양파는 익으면 달아지는데 타버리면 안 됩니다. 제대로 익히기 위해 물을 추가합니다. 넣는 타이밍은 처음부터. 가끔 섞으면서 약중불로 가열합니다. 수분이 없으면 고르게 익지 않아서, 물이 졸면 그때마다 2~3큰술씩 더합니다. 매운맛이 사라지고 단맛이 난다면 다 볶은 것입니다. 잘게 다지거나 얇게 네모나게 썰거나 어떠한 모양이든 볶는 법은 동일합니다.

• 처음에 더하는 물은 양파가 잠길락말락 할 정도로 해도 괜찮다.

• 수분이 부족하면 탄다. 하얗게 마무리하고 싶다면 타지 않도록 물을 더한다.

기본 테크닉

채소 손질법

토마토 데쳐서 껍질 벗기기

토마토는 껍질을 벗기고 사용하는 것이 기본. 껍질은 가열해도 부드러워지지 않기 때문에, 입안에 남아서 식감이 좋지 않습니다. 가열하면 껍질이 수축하며 젖혀져서 벗기기 쉬워집니다.

- 토마토에 끝이 얇은 칼을 비스듬히 넣어 꼭지를 따고 반대쪽에 십자로 칼집을 넣는다.

- 냄비에 물을 끓여 펄펄 끓을 때 토마토를 넣는다. 6~7초 후 건져낸다.

- 바로 찬물에 넣어 식힌다.

- 잔열이 식으면 칼로 껍질을 잡아 일으키듯이 벗긴다.

토마토 구워서 껍질 벗기기

개수가 적은 경우에는 구워서 벗기는 편이 손이 덜 갑니다. 포크는 타도 상관없는 것을 사용해주세요.

- 꼭지 부분에 포크를 꽂아서 불에 대고 전체를 굽는다. 껍질이 갈라지면 데쳐서 껍질 벗길 때와 마찬가지로 찬물에 넣어 식히고 껍질을 벗긴다.

파프리카 구워서 껍질 벗기기

파프리카는 껍질이 질기므로 제거해 입안에 닿는 느낌을 좋게 합니다. 또한 가열하면 과육이 응축되어 폭신폭신해집니다. 다만, 신선한 느낌을 남기고 싶은 경우에는 굽지 않고 벗깁니다.

- 석쇠를 센 불에 올려서(또는 그릴) 파프리카를 얹고 전체가 새까맣게 될 때까지 굽는다.

 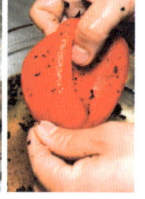

- 찬물에 넣어서 식히고 새까맣게 탄 껍질을 벗긴다.

통조림 토마토 거르기

입에 느낌이 좋은 것은 맛있는 요리의 대전제. 통조림 토마토도 곱게 걸러서 조리합니다. 가게에서는 시노와를 사용하지만, 체로도 충분히 곱게 거를 수 있습니다.

- 볼 위에 체를 올리고 손으로 토마토를 체에 눌러가며 거른다.

화이트 아스파라거스 껍질 벗기기

화이트 아스파라거스는 원래 껍질이 질기므로 두껍게 껍질을 벗깁니다. 골고루 껍질을 벗기기 위해 단면이 둥글게 되도록 합니다.

- 아스파라거스를 돌려가며 필러로 봉우리 쪽부터 벗긴다.

- 모서리가 생기지 않도록 둥글게 벗기면 질긴 부분이 남지 않는다.

아스파라거스 손질법

아스파라거스는 수확하고 시간이 지나면 표면이 건조해져서 질겨집니다. 질긴 부분은 반드시 제거해 쉽게 씹을 수 있도록 부드럽게 만듭니다.

- 줄기 중간중간 튀어나와 있는 삼각형 모양의 옅은 갈색의 잎을 도려낸다. 중간에 남아 있는 어린 싹은 제거하지 않는다.

- 뿌리의 맨 끝과 5cm 정도 되는 부분을 잡고 구부려서 구부려지기 시작하는 지점을 자른다. 이 뿌리 쪽이 질긴 부분이다.

- 질긴 뿌리 쪽은 한 번 더 껍질을 벗긴다.

채칼로 채 치기

비네그레트를 재료에 제대로 버무리고 싶은 샐러드 등은 채칼을 사용합니다. 칼로 썬다면 단면이 평평해서 반질반질하지만, 채칼을 사용하면 요철이 생겨서 표면적이 넓어져 비네그레트를 쉽게 버무릴 수 있습니다.

- 세로로 길게 채를 친다.

브로콜리를 작게 나누기

'작게 나눈다'라는 것은 뿌리를 잘라서 작은 덩어리로 나누는 것입니다. 심지도 손질해서 낭비 없이 사용합니다.

- 작은 덩어리 안쪽에 칼을 넣어서 잘라서 나눈다.

- 가운데의 큰 덩어리는 가는 줄기의 바로 아래에서 잘라내고 바닥에서부터 칼을 넣어서 나누어서 크기를 맞춘다.

- 줄기는 뿌리의 단단한 부분을 잡고 3~5cm 길이로 자른다. 주위를 잘라내고 심지가 없어질 때까지 껍질을 벗기듯이 깎아 썬다.

양파 써는 법

양파는(양파뿐만 아니라 다른 재료 전반에 걸쳐서 말할 수 있지만) 균일하게 익힐 수 있도록 크기를 맞추는 것이 중요합니다. 결과적으로는 보기에도 좋습니다. 또 바깥쪽이 말라 있거나 주름이 져 있거나 노랗게 변해 있다면 삶거나 볶아도 맛있어지지 않으므로 반드시 제거합니다.

- 안쪽부터 바깥쪽까지 3등분 정도로 나누고 따로따로 썬다.

줄무늬 넣기

세로로 1~2cm 간격으로 껍질을 벗기는 것을 '줄무늬를 넣는다'라고 합니다. 빨리 익고 맛이 잘 배어드는 것 외에, 색감도 보기 좋아집니다. 오이의 경우에는 껍질의 맛이 너무 강해서 강한 맛을 완화하는 효과도 있습니다.

- 같은 간격으로 벗기는 데에는 필러를 사용하면 쉽다.

모서리 깎기

모서리 깎기란 네모나게 썰거나 둥글게 썰어서 한입 크기로 한 채소의 모서리를 얇게 깎는 것입니다. 삶을 때 모양이 망가지는 것을 방지합니다.

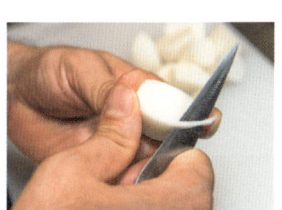

- 썬 단면의 각을 얇게 깎아내고 둥글게 만든다.

양파·오이의 소금 밑간

식재료에 소금을 뿌려 가볍게 주무르는 것이 소금 밑간입니다. 미끄러움을 제거하고 씹는 맛을 좋게 하는 등 식재료에 따라 효과가 달라집니다. 양파나 오이의 소금 밑간은 매운맛이나 떫은맛 등 요리에 방해가 되는 잡스러운 맛을 제거하고 씹는 맛을 좋게 해 줍니다.

- 소금을 뿌리고 손으로 주무른다.
- 수분이 빠져나오면 물에 헹구고 꽉 짠다.

오크라 도마 굴리기

오크라 도마 굴리기를 하면 솜털이 제거되고 표면이 매끄러워지며 색이 선명해지고 떫은맛이 제거되는 등의 효과가 있습니다.

- 꼭지의 끝과 단단한 곳을 잘라낸다.
- 도마 위에 오크라를 올리고 전체적으로 소금을 묻힌다. 손바닥으로 표면을 문지르듯 굴리며 소금을 문질러서 바른다.

타니 노보루 셰프의
비스트로풍 완전 레시피

발행일 2024년 2월 19일 초판 1쇄 발행
지은이 타니 노보루
옮긴이 최선영
발행인 강학경
발행처 시그마북스
마케팅 정제용
에디터 최윤정, 최연정, 양수진
디자인 김문배, 강경희

등록번호 제10-965호
주소 서울특별시 영등포구 양평로 22길 21 선유도코오롱디지털타워 A402호
전자우편 sigmabooks@spress.co.kr
홈페이지 http://www.sigmabooks.co.kr
전화 (02) 2062-5288~9
팩시밀리 (02) 323-4197
ISBN 979-11-6862-201-2 (13590)

Le Mange-Tout TANI NOBORU CHEF NO BISTRO RYU KANZEN RECIPE by Noboru Tani
Copyright © 2023 by Noboru Tani
All rights reserved. No part of this book may be reproduced in any form without the written permission of the publisher.
Originally published in Japan in 2023 by Sekaibunka Books Inc., Tokyo.
This Korean language edition is published by arrangement with Sekaibunka Holdings Inc., Tokyo in care of Tuttle-Mori Agency, Inc., Tokyo, through AMO AGENCY, Korea.

撮影 原務(p.2, 11, 43, 75, 99, 153, 183, 240)
写真 日置武晴(p.12-41, 44-49, 51-63, 65-69, 150-152, 154-157)
　　　原務(p.4-5, 10, 42, 50, 53, 64, 70-74, 76-98, 100-149, 158-182, 184~239)

이 책의 한국어판 저작권은 AMO에이전시를 통해 저작권자와 독점 계약한 **시그마북스**에 있습니다.
저작권법에 의해 한국 내에서 보호를 받는 저작물이므로 무단 전재와 무단 복제를 금합니다.

파본은 구매하신 서점에서 교환해드립니다.

* **시그마북스**는 (주)시그마프레스의 단행본 브랜드입니다.